DIDEROT

OBRAS VI

O ENCICLOPEDISTA

HISTÓRIA DA FILOSOFIA I

Coleção Textos

Dirigida por:

João Alexandre Barbosa (1937-2006)
Roberto Romano
Trajano Vieira
João Roberto Faria
J. Guinsburg

Equipe de realização – Preparação de texto: Adriano Carvalho Araújo e Sousa; Revisão: Marcio Honorio de Godoy; Ilustrações: Rita Rosenmayer; Projeto de capa: Adriana Garcia; Produção: Ricardo W. Neves, Sergio Kon e Raquel Fernandes Abranches.

DIDEROT

OBRAS VI
O ENCICLOPEDISTA

HISTÓRIA DA FILOSOFIA I

J. GUINSBURG E ROBERTO ROMANO
Organização

NEWTON CUNHA
Tradução e Notas

PERSPECTIVA

Dados Internacionais de Catalogação na Publicação (CIP)
(Câmara Brasileira do Livro, SP, Brasil)

Diderot, Denis, 1713-1784.
Diderot: obras VI: O enciclopedista: história da Filosofia, parte 1 / J. Guinsburg e Roberto Romano, organização; Newton Cunha, tradução. – São Paulo :Perspectiva, 2007. – (Coleção textos ; 12)

Título original: Enciclopédie.
ISBN 978-85-273-0800-7

1. Enciclopédias e dicionários – Obras anteriores a 1800
I. Guinsburg, J.. II. Romano, Roberto. III. Título. IV. Série.

07-8339 CDD-034.1

Índices para catálogo sistemático:

1. Enciclopédia e dicionários : Obras anteriores a 1800
034.1

EDITORA PERSPECTIVA S.A.

Av. Brigadeiro Luís Antônio, 3025
01401-000 São Paulo SP Brasil
Telefax: (11) 3885-8388
www.editoraperspectiva.com.br

2007

SUMÁRIO

3

NOTA DOS ORGANIZADORES

A *Enciclopédia* é um projeto singular na história da cultura filosófica. Coletivo, o trabalho foi dirigido por um cérebro, o do irriquieto Diderot. Ambicioso em todos os sentidos, nele se tentou abarcar os saberes antigos e abrir sendas para novos conhecimentos, técnicas, artes. Prático e teórico, nos seus verbetes surgiram idéias novas travestidas de antigüidade e idéias antigas cobertas pelo manto do inédito. Sem Platão, Aristóteles, Leibniz, Locke, as páginas do dicionário seriam ininteligíveis. Mas sem a presença de Francis Bacon, quase nada sobraria do empreendimento. Entre a *Instauratio Magna* baconiana e a *Enciclopédia* existe mais do que simples continuidade. Trata-se de uma pesada crítica à metafísica e uma proposta de filosofia que não se perde nas essências, mas se apega à modificação do mundo rumo ao melhor. Este fato foi ignorado mesmo por um intelectual atilado como Jean-Paul Sartre. Em *O Existencialismo é um Humanismo*, o pensador acusa Diderot e as Luzes de estarem presos no campo da essência, o que mostra o quanto a *Enciclopédia* foi distorcida pelos seus inimigos, na França e no mundo.

Um projeto imenso como o da *Enciclopédia* não permite absoluta originalidade. O coordenador e seus auxiliares estavam imersos em lutas várias em prol de seus alvos. Além da luta pelo pão cotidiano, inúmeras tarefas tomavam o seu tempo. Um aspecto interessante é a presença de eclesiásticos, tanto no lado dos mais sérios inimigos do empreendimento quanto nas suas trincheiras. Dentre os adversários, os jesuítas e seu *Dicionário de Trevoux*, ciumentos do sucesso conseguido pela *Enciclopédia* e que temiam os resultados da secularização cultural empreendida por Diderot e seus colaboradores. E atrás dos jesuítas vieram os jansenistas, os recoletos, os protestantes e mesmo o irmão de Diderot, o padre Didier Diderot. Para coroar o trabalho de sapa contra a *Enciclopédia*, após a morte dos seus autores, depois mesmo da Revolução, vieram as *Mémoires* do padre Barruel, o famoso *Abrégé des mémoires pour servir à l'histoire du jacobinisme*. Entre a Revolução francesa na sua face mais radical e terrorista e o grupo diderotiano, o elo estava definitivamente estabelecido...

Simone Goyard-Fabre indica, com base nos trabalhos de Jacques Proust sobre a *Enciclopédia*, a presença de nove sacerdotes na elaboração do dicionário. Diderot confiou a redação dos artigos filosóficos aos padres Yvon, Pestré e de Prades. O primeiro escreveu os verbetes "alma", "aristotelismo", "ateu", "ateísmo", "bárbaros", "celtas", "harmonia pré-estabelecida". Prudente e imprudente ao mesmo tempo, Yvon reluta em assinar os textos, mas aceita que Diderot, seguindo seu modo habitual de interferir nos trabalhos, aumente alguns deles com considerações pouco piedosas em relação à metafísica. Assim no escrito sobre a "alma", o filósofo se pergunta sobre a sua sede, terreno explosivo da moderna filosofia desde os infortúnios de René Descartes. O padre Pestré redige os verbetes "Bacon", "Campanella", "Cardano" e, ajudado por D'Alembert, escreve sobre o "cartesianismo". Prades produz o verbete "certeza", o mais explosivo no que se refere ao nexo entre filosofia secular e teologia escolástica. Ele denuncia o que hoje chamaríamos de "fundamentalismo", a busca de informações no texto sagrado sem questionar as fontes cuja origem é religiosa ou mítica.

O caso dos padres enciclopedistas é importante porque neles encontramos todas as qualidades e os defeitos dos intelectuais empenhados do século XVIII e, talvez, da modernidade. Se o *Dicionário* do Padre Claustre inspirou Diderot em sua primeira tentativa de organizar a *Enciclopédia*, se nove sacerdotes estiveram em suas fileiras, as fontes filosóficas mais conspícuas em todos os verbetes são encontradas em John Locke, em Boreau-Deslandes (*Histoire critique de la philosophie, où l'on traite de son origine, de ses progrès et des diverses révolutions qui lui sont arrivées jusqu'à notre temps*, 1737), em J. Brücker (*Historia critica philosophiae a mundi incunabilis ad nostram usque aetatem deducta*, 1744). Note-se que os dois dicionários de filosofia usados pelos padres enciclopedistas anunciavam já no seu título a tentativa de trazer o pensamento especulativo para os tempos modernos. Este programa foi cumprido por Diderot e por seus colaboradores, clérigos ou leigos. Mas o *aggiornamento* filosófico não seria possível sem o ataque à metafísica e à ordem política baseada no cristianismo. Daí a importância estratégica de verbetes como o dedicado à certeza. O ceticismo de P. Bayle entra pela porta dos fundos da *Enciclopédia* e, com ele, a tese insuportável para a ordem estabelecida de que um ateu pode ser cidadão exemplar em termos éticos e morais. É no âmago da secularização que se instala a tarefa empenhada dos enciclopedistas, projeto perfeitamente entendido pelos jesuítas e seus correligionários. Todo o potencial de escândalo produzido contra a *Enciclopédia* possui este núcleo duro. A obra de Francis Bacon, que visava controlar todos os *idola* que impediam o avanço dos saberes encontra o seu estilo eficaz, o estilo descrito por Hegel na *Fenomenologia*: uma espécie de infecção que toma todo o ar existente, derruba o ídolo religioso em proveito da livre experiência e da crítica. Kant mostrou entender semelhante estilo quando proclamou, no intróito da *Razão Pura*, que os tempos modernos definem-se como a idade da crítica, contra a qual a religião e sua santidade, o Estado e sua majestade seriam impotentes.

A *Enciclopédia*, sobretudo em seus verbetes filosóficos, não é um trabalho sistemático. Ela corresponde mais ao ideal eclético defendido por Diderot. Diríamos que se trata de um *bricolage*, ao modo definido por Lévi-Strauss. Mas se não ostenta rigor escolástico, o trabalho inteiro exibe uma lógica implacável: destruir a base teológico-política do mundo oficial (e Spinoza é uma das "presenças ausentes" no empreendimento) e abrir caminhos para uma civilização tolerante, democrática, secularizada, esperançosa e feliz. É possível, com Theodor Adorno, apontar nas Luzes os elementos de uma racionalização perversa que hoje impera no mercado irrestrito, se é possível dizer, como J. Mayer, que as mesmas Luzes fracassaram em seu intento libertador. Mas não é menos verdadeiro enunciar que todos os elementos negativos da vida contra a qual se levantaram Diderot e seus auxiliares, padres e leigos, existem em nossos dias. O terror que se cobre com as vestes da religião, a ignorância das técnicas, das artes e das ciências que prende milhões de seres humanos nos braços de líderes assassinos, a falta de liberdade noética, a mentira industrializada, tudo isto mostra aos leitores honestos a importância de esquadrinhar os verbetes filosóficos da *Enciclopédia*. Eles atualizam as batalhas de Sócrates em prol do saber corajoso, num universo que parece inclinado definitivamente à servidão voluntária.

A editora Perspectiva, levando à frente o seu projeto de publicação das obras de Denis Diderot, apresenta aos leitores brasileiros este primeiro volume de um conjunto de três tomos de verbetes filosóficos escolhidos da *Encyclopédie*. Os organizadores, ao efetuarem a sua seleção, tiveram em mente que, além da contribuição aos estudos acadêmicos de filosofia, história das idéias, política e história, os textos assim reunidos – por sua própria natureza e pelo espírito que guiou seu autor ao redigi-los e em toda a sua vasta, corajosa e revolucionária obra filosófica e científica – poderiam servir aos seus leitores em português, mais uma vez e no momento de crise tão profunda que atravessamos nacional e internacionalmente, como um chamado de pensamento crítico à racionalidade e à tolerância, que são os fundamentos do humanismo democrático. Entretanto, qualquer que seja a leitura que venha a ser feita destes escritos, o certo é que a sua publicação em vernáculo se tornou possível graças à participação do Prof. Newton Cunha não só na escolha, como na tradução dos verbetes, tarefa que ficou inteiramente a seu cargo. A proficiência com que a realizou, com rigor textual e atenção do idioma, patenteia-se inclusive na forma de enunciação que, numa série de referências, constitui um aprimoramento da expressão filosófica em nossa língua. De seu labor, com certeza, novas investigações sobre o pensamento diderotiano, sobre as Luzes e sobre a filosofia moderna surgirão em nosso meio, para proveito dos estudiosos, universitários ou inseridos em contextos mais amplos de vida.

R. Romano e J. Guinsburg

CRONOLOGIA

1713 Nasceu em Langres, em uma família de artesãos abastados (o pai é mestre cuteleiro).

1726 Destinado pela família à carreira eclesiástica, estudou com os jesuítas, em Langres, e foi tonsurado.

1726 Prossegue os estudos em Paris, no colégio de Harcourt.

1732 Recebe o grau de bacharel em Artes pela Universidade de Paris.

1742 Trava amizade com Jean-Jacques Rousseau e Grimm.

1743 Casa-se com Anne-Toinette Champion, contra a vontade do pai.

1746 O editor Lebreton contrata-o para traduzir a *Cyclopaedia* de Chambers.

1747 É encarregado, com d'Alembert, de dirigir a redação da *Encyclopédie* (Enciclopédia).

1749 É detido e encarcerado em Vincennes por causa da publicação de *Lettre sur les aveugles* (Carta Sobre os Cegos).

1751 Sai o primeiro volume da *Enciclopédia*. Entre os seus verbetes mais célebres e de grande repercussão pública figura o artigo sobre a "Autoridade Política". Publica

Lettre sur les sourds et muets (Carta Sobre Surdos e Mudos) e suas *Additions* (Adições).

1753 Nascimento da filha, Marie-Angélique.

1756 Liga-se a Sophie Volland.

1757 Aparece o tomo VII da *Enciclopédia*. O artigo "Genebra" provoca vivos protestos do partido devoto e o rompimento com Rousseau.

1758 Aparece *De la poésie dramatique* (Da Poesia Dramática), cujo capítulo final discorre sobre "Autores e Críticos".

1759 A *Enciclopédia* é condenada como subversiva pelo Parlamento. O rei revoga a licença de impressão e ordena a queima dos sete volumes publicados. O Papa coloca a obra no *Index*. Os manuscritos em poder do Enciclopedista são apreendidos, mas seu amigo Malesherbes, chefe da polícia, os esconde em sua casa. Diderot lança-se à crítica de Arte, iniciando *Les Salons* (Os Salões), série de nove ensaios publicados até 1781.

1760 Possível início da composição de *Jacques le fataliste* (Jacques, o Fatalista), cuja redação parece ter se estendido, intermitentemente, até 1780.

1761 Julga-se que neste ano ou em 1762, Diderot começou a redigir *Le neveau de Rameau* (O Sobrinho de Rameau), obra cujo término é situado entre 1775 e 1776.

1762 Edição de *Éloge de Richardson* (Elogio a Richardson).

1765 Os dez últimos tomos da *Enciclopédia*, impressos secretamente na Holanda, aparecem com endereço falso. Catarina II compra a biblioteca de Diderot, para que ele possa prover o dote de casamento da filha.

1766 Término do *Salão de* 1765, que inclui o escrito intitulado "Fragonard" e os "Essais sur la peinture" (Ensaios Sobre a Pintura), editados separadamente em 1795.

1769 Composição do *Entretien entre d'Alembert et Diderot* (Diálogo entre d'Alembert e Diderot), do *Rêve de d'Alembert* (O Sonho de d'Alembert) e dos *Principes philosophiques sur la matière et le mouvement* (Princípios Filosóficos Sobre a Matéria e o Movimento). "Regrets sur ma vieille robe de chambre" (Lamentações Sobre Meu Velho Robe), fragmento do *Salão de* 1767, é divulgado pela *Correspondance littéraire*.

1771 A *Correspondance littéraire* difunde o *Entretien d'un père avec ses enfants* (Colóquio de um Pai com Seus Filhos).

1772 Aparece *Sur les femmes* (Sobre as Mulheres). Conclusão de *Ceci n'est pas un conte* (Isto não é um Conto) e *Mme de La Carlière*. Primeira versão do *Supplément au Voyage de Bougainville* (Suplemento à Viagem de Bougainville). Edição de *Traité du beau* (Tratado Sobre o Belo).

1773 Esboça o *Paradoxe sur le comédien* (Paradoxo Sobre o Comediante), viaja para a Rússia e para a Holanda.

1774 Delineia o *Entretien d'un philosophe avec Mme la maréchale* (Colóquio com a Marechala).

1784 Diderot morre em Paris, no dia 30 de julho.

A IMPORTÂNCIA DA *ENCICLOPÉDIA*

Newton Cunha

A *Enciclopédia* dita francesa, ou ainda o *Dicionário Raciocinado das Ciências, das Artes e dos Ofícios*, constitui o resultado de um longo, árduo e arrojado esforço de pesquisa, de escritura e de organização empreendido por Denis Diderot e Jean Le Rond D'Alembert, à frente de, aproximadamente, 160 colaboradores, no período que vai de 1747 a 1772. O ano inicial corresponde ao de assinatura de contrato com os livreiros Le Breton, Durand, Davi e Briasson. O segundo marca a edição do último volume, o 28º, sendo dezessete deles consagrados a textos (os últimos saíram em 1766) e onze a estampas (total de 2.885 pranchas ilustradas).

Os volumes de texto contêm, em média, 950 páginas fólio cada um, divididos em duas colunas, totalizando cerca de 72 mil artigos. Alguns verbetes encontram-se subdivididos em acepções gerais e particulares, como, por exemplo, a palavra "alma", que apresenta não só o significado propriamente teológico, como expressões do tipo "alma das plantas" e "alma dos animais".

Muito mais do que isso, no entanto, por seu conteúdo, importância histórica e finalidade, a *Enciclopédia* configura um dos símbolos máximos do humanismo e da esperança iluminista.

Do humanismo porque, inicialmente, rememora e interpreta as contribuições do passado:

> as finalidades de uma Enciclopédia são as de reunir os conhecimentos esparsos sobre a superfície da Terra, expor um sistema geral aos contemporâneos e transmiti-lo aos que virão depois, a fim de que os esforços dos séculos precedentes não tenham sido trabalhos inúteis para os séculos posteriores; que os nossos descendentes, tornando-se mais instruídos, venham a ser também mais virtuosos e felizes e não morramos sem termos sido merecedores do gênero humano[1].

Ora,

> o primeiro passo a dar nesta pesquisa é examinar [...] a genealogia e a filiação de nossos conhecimentos, as causas que devem tê-los feito nascer e as características que os distinguem: numa palavra, remontar até a origem e a formação de nossas idéias[2].

Na seqüência, porque investiga e esclarece as ciências, as técnicas e as artes do tempo, fazendo do homem o princípio, o centro e o fim do conhecimento. Donde o aforismo: "o homem é o termo único de onde se deve partir e ao qual tudo deve retornar"[3].

Da esperança iluminista porque valoriza a razão, as novas ciências aplicadas, o enriquecimento da sensibilidade e a educação moral, sem deixar de reconhecer a naturalidade das forças vitais, o que, em síntese, e usando-se uma típica expressão da época,

1. Diderot, Encyclopédie, *Encyclopédie de Diderot et d'Alembert,* ou *Dictionaire raisonné des sciences, des arts et des métiers,* Marsanne: Ed. Redon, CD-ROM Macintosh.

2. D'Alembert. Discours préliminaire, *Encyclopédie de Diderot et d'Alembert.*

3. Diderot, *Pensées philosophiques et Addition aux pensées philosohiques*, Paris: Flammarion, 2007.

conduziria à formação desejada de um *bel esprit*[4]. Concluir pela prevalência da natureza, tanto quanto pela necessidade de sua investigação e domínio foi, na opinião de Cassirer, um dos eixos principais do iluminismo. Segundo ele,

> natureza não designa apenas a esfera da existência *física*, a realidade material em que se teria que distinguir a parte "intelectual" ou "espiritual". O termo não se refere unicamente ao ser das coisas, mas à origem e ao fundamento das verdades. Pertencem à natureza, sem prejuízo de seu conteúdo, todas as verdades suscetíveis de um fundamento imanente, que não exija qualquer revelação transcendente, aquelas que são, em si mesmas, certas e evidentes [...] Porque são essas as verdades que fazem do nosso mundo um mundo *único*, um cosmos assentado sobre si mesmo, possuindo em si mesmo seu centro de gravidade[5].

Ainda para Denis, mesmo a religião não pode ter outro fim

> senão o conhecimento das verdades essenciais e a prática dos deveres mais importantes [...] É em vão conhecer os deveres se permaneço estagnado no erro ou na ignorância das verdades essenciais. É em vão o conhecimento das verdades e dos deveres se a graça de praticá-los me é recusada[6].

Se o homem é o único ente capaz de intelecção e consciência, então os conhecimentos são-lhe, simultaneamente, necessidade primária e tarefa permanente de investigação e de aperfeiçoamento, ou seja, aplicáveis tanto à existência pessoal quanto à vida em sociedade.

A *Enciclopédia* teria, portanto, que concretizar uma das proposições mestras de seus organizadores – a de democratizar os saberes e educar os indivíduos do terceiro Estado. Ser, conse-

4. Pessoa ao mesmo tempo culta, talentosa e de reconhecido caráter moral.

5. *La philosophie des lumières*, Paris: Fayard, 1983.

6. De la suffisance de la religion naturelle, disponível em: <http://www.ebookslib.com/wp/sendbk.php/f_Acrobat/book_1671/Diderot,_D-De_la_suff-1671.pdf>, acesso em: 19 jun. 2007.

qüentemente, educativa e revolucionária. Não é por outro motivo que dos textos ressalta o ardor de um combate desejado e do qual está ausente o zelo de uma suposta imparcialidade. Luta-se contra a superstição, contra a ignorância e as idéias prontas, contra as injustiças sociais e políticas, contra os dogmas das religiões, contra os vícios. E em defesa do materialismo, do vitalismo e dos prazeres naturais, da razão, da experimentação científica, dos ofícios e trabalhos, do progresso, das liberdades públicas e das virtudes. Valores antitéticos que uma arguta frase de Diderot exemplifica: "Se a razão é um dom do céu e o mesmo se pode dizer da fé, deu-nos o céu dois presentes incompatíveis e contraditórios"[7]. Cabe ao homem, portanto, uma escolha, aquela mesma que faz da *Enciclopédia* um instrumento crítico e filosófico, baseado em três faculdades que, ao menos didaticamente, podemos separar no universo da consciência: memória, razão e imaginação. Essas colunas edificam um sistema dos saberes que a ordem alfabética, embora mais simples e útil para consulta, não tem como realizar por si só. Por fim, como instrumento auxiliar e inovador, os organizadores introduziram as remissões intervocabulares.

Jacques Proust, autoridade nas origens e no desenvolvimento da obra, nos lembra que

> em sua época, e ainda que seu conteúdo não fosse o que é, a *Enciclopédia* seria, com certeza, uma empresa verdadeiramente revolucionária, tanto pela novidade da concepção, pela grandeza dos meios financeiros e técnicos em jogo, pela extensão do público alcançado, quanto pelas pesquisas dos colaboradores, o progressivo e seguro desenvolvimento do negócio e os vários perigos enfrentados, nem sempre de ordem ideológica ou política[8].

Amigos e Inimigos: a Batalha das Edições

Em 1750, Diderot escreveu e distribuiu o *Prospectus*, peça na qual expunha a forma e os objetivos do projeto editorial. Assim,

7. *Pensées philosophiques et Addition aux pensées philosohiques*, op. cit.
8. Jacques Proust, *Diderot et l'Encyclopédie*, Paris: Albin Michel, 1962.

quando o primeiro tomo veio a lume, em junho de 1751, a *Enciclopédia* já contava, antecipadamente, com dois mil subscritores. Suas vicissitudes, no entanto, não seriam poucas.

Desde o momento do *Prospectus*, ela sofreu a réplica vigorosa dos jesuítas e de seu jornal *Mémoires de Trevoux*. O primeiro volume provocou debates entre Diderot e o padre Berthier, editor do periódico da Companhia. Em contrapartida, as críticas que Diderot ali fazia ao absolutismo por direito divino, no termo "Autoridade Política", deram-lhe o apoio precioso de pessoas importantes, como Voltaire, Malesherbes, Montesquieu e Madame de Pompadour, amante do rei e das artes, e inimiga dos jesuítas. Com a edição do segundo volume, no entanto, a *Enciclopédia* e seus organizadores viram-se envolvidos nas controvérsias despertadas pela tese do abade de Prades e nas perseguições que se seguiram.

Colaborador da *Enciclopédia*, Jean-Martin de Prades havia defendido com brilhantismo sua tese de doutorado – *Jerusalém Celeste* – na Sorbonne, tendo por tema os fundamentos da crença – os que se valem da lei natural e da razão, e os que aceitam a revelação e seus mistérios. Alguns dias mais tarde, porém, os doutores da universidade perceberam haver muitas semelhanças entre as argumentações da tese e aquelas contidas em *Da Suficiência da Religião Natural*, de Diderot, no "Discurso Preliminar" da *Enciclopédia*, de D'Alembert, e ainda no verbete "Certeza", do segundo volume, escrito pelo mesmo Prades. A tese foi condenada pela Sorbonne e pelo Papa e as acusações de complô com os enciclopedistas ganharam força, até que o conselho do rei, em 7 de fevereiro de 1752, mandou interromper o empreendimento por defender "máximas que tendem a destruir a autoridade real, a estabelecer o espírito de independência e revolta e, sob termos obscuros e equívocos, a criar os fundamentos do erro, da corrupção dos costumes, da irreligião e da incredulidade". Prades refugiou-se em Berlim e, segundo alguns, Diderot achou melhor esconder-se também por um tempo, temeroso de voltar à prisão.

Foi nesse momento que a intervenção de Malesherbes tornou-se decisiva para a continuidade da obra. Diretor da Librairie, órgão do governo encarregado de avaliar e supervisionar as publicações do reino, Malesherbes acreditava na liberdade de imprensa, de escrita e de opinião como fator insubstituível de progresso material e desenvolvimento cultural. Por sua influência, o conselho reformulou a primeira decisão, ou seja, em lugar de suspender totalmente a iniciativa, optou pela supressão dos dois volumes iniciais. Para Arthur M. Wilson[9], deve-se ainda ter em conta que

> a jurisprudência do *Ancien Régime* era particularmente ciosa dos direitos de propriedade e essa consideração pelas prerrogativas dos assinantes explica claramente o motivo da obra não ter sido definitivamente interrompida.

Em 1753, saiu então o terceiro tomo e, mais uma vez, instituiu-se a condenação do conselho real, logo abandonada, mas sem que houvesse, em contrapartida, uma permissão tácita. Daí D'Alembert ter escrito no terceiro volume: "O governo pareceu desejar que uma empresa dessa natureza não fosse abandonada". E assim, apesar das censuras e interdições judiciais (ou mesmo por causa delas), tal foi a repercussão na Europa que o número de assinaturas subira, em 1757, para quatro mil e duzentas, enquanto estavam sendo publicados os volumes de números IV, V, VI e VII. As vendas alcançavam não apenas a França, mas a Suíça, a Inglaterra, a Itália e até mesmo a Rússia.

Mas foi a partir desse momento de maior difusão que as coisas voltaram a se complicar. No volume VII havia um artigo de D'Alembert a respeito de Genebra (com a provável influência de Voltaire), cujo conteúdo provocou uma reação ácida da comunidade protestante da cidade e de Rousseau. Em 1758, o livro *De l'esprit*, de Helvétius, amigo dos enciclopedistas e também mecenas do empreendimento, suscitou

9. *Diderot, sa vie et son oeuvre*, Paris: Lafont-Ramsay, 1985.

um escândalo ainda maior do que a tese de Prades seis anos antes. Adepto radical do sensismo* e antecessor do que veio a ser o behaviorismo, sob o ponto de vista educacional, o livro foi considerado subversivo e vinculado às idéias empiristas e materialistas da *Enciclopédia*, o que levou o parlamento a revogar definitivamente ambas as *cartas de privilégio* e condenar os livros à fogueira. Na seqüência, a Igreja incluiu as duas obras no seu *index librorum proibitorum*.

D'Alembert abandonou então o projeto, desavindo-se com Diderot. Os manuscritos que estavam em poder de Denis foram recolhidos, mas, ainda e sempre, Malesherbes conseguiu escondê-los em sua própria casa. A Academia de Ciências acusou os livreiros associados de, por intermédio de seus gravadores, terem pilhado os arquivos da instituição, ao copiarem as pranchas existentes sobre as artes e as profissões.

A continuação da obra deu-se então nas sombras, com Le Breton assumindo o papel de censor prévio dos artigos, à revelia de Diderot, que se despediu da *Enciclopédia* em 1764, inconformado com a situação. Nos dois anos seguintes, saíram os dez últimos volumes de textos, impressos secretamente (isto é, sem carta de privilégio recebida), com endereço de Neuchâtel (Suíça).

Autorias, Contribuições e Estudos

Aquele que participa do projeto – homem de letras, médico, matemático, artista ou artesão – é um *philosophe*, num sentido

* Sensismo – corrente filosófica segundo a qual todas as faculdades do homem podem ser reduzidas à sensação física, inclusive memória, comparação e juízo. O auto-interesse baseado no prazer e no medo da dor é a fonte do julgamento, da ação e da afecção (o auto-sacrifício é movido pelo fato de que a sensação do prazer pesa mais que a dor que a acompanha). Todos os intelectos são iguais, sua aparente desigualdade se deve ao desejo de instrução e esse desejo brota das paixões em relação às quais os homens comumente bem organizados são suscetíveis do mesmo grau. (N. da E.)

ao mesmo tempo particular e envolvente, como o distingue José Bermudo (*La historia de la filosofia en la Enciclopedia*):

> um heterodoxo, algo indisciplinado, com certa dose de irreverência, com muito estilo rebelde, com uma mistura bem repartida de ceticismo e paixão... inimigo aberto dos poderes político e eclesiástico e com o único ofício de mostrar aos homens que há idéias que servem para escravizar os povos e outras que os ajudam a libertar-se.

Expressamente para Diderot, o que caracteriza um *philosophe*, entre outras coisas, é que ele "nada admite sem prova, não concorda com noções enganadoras e sabe estabelecer limites entre o certo, o provável e o duvidoso"[10]. Por isso,

> os outros homens são levados por suas paixões, sem que as ações sejam precedidas de reflexão; são homens que caminham nas trevas. Enquanto que o filósofo, mesmo em suas paixões, não age sem reflexão; caminha na noite, mas precedido de uma chama[11].

Além de Diderot e d'Alembert, participaram como autores uma dezena de intelectuais de grande renome e muitos mais até hoje desconhecidos. Entre nomes célebres encontram-se Voltaire (artigos sobre literatura e história), Rousseau (artigos sobre música e o de economia política), o barão d'Holbach (textos sobre mineralogia, metalurgia e química), Buffon (ciências da natureza), Quesnay e Turgot (economia), Marmontel (belas-artes) e duas figuras extraordinariamente prolíficas: o ilustrador Louis Jacques Goussier, autor de novecentas pranchas e de setenta artigos sobre desenho e gravuras e o Chevalier Louis de Jaucourt, apelidado "o escravo da *Enciclopédia*", que se encarregou de espantosos dezessete mil verbetes. Médico de formação, extremamente culto, escreveu

10. Philosophie, *Encyclopédie de Diderot et d'Alembert* e *Carta a Sophie Volland*, de 26/09/1762.

11. Philosophe, *Encyclopédie de Diderot et d'Alembert*.

não apenas sobre ciência e técnicas médicas, mas igualmente sobre jurisprudência, física e literatura.

Para que o empreendimento ao mesmo tempo inédito e colossal se realizasse, Diderot dedicou-se a quase todas as tarefas nele previstas. Não apenas organizou o sistema e selecionou entradas, como contratou colaboradores e pesquisou *in loco* os ofícios artesanais (para escrever, entre outros, o verbete "Artes", em defesa das artes aplicadas). Corrigiu e fez acréscimos a textos encomendados, plagiou alguns já publicados (sendo por isso processado várias vezes) e escreveu seus próprios artigos.

Durante os dois últimos séculos, no entanto, as autorias demonstraram ser tema controverso e ainda não de todo resolvido. Alguns dos principais motivos: várias entradas foram escritas por dois ou mais autores, sendo alteradas a cada contribuição; quando feitas, as indicações não seguiram um critério único ou evidente; e por intermédio de D'Alembert ("Discurso Preliminar"), sabe-se ainda que "entre os artigos sem as marcas dos autores, há muitos feitos por pessoas que não quiseram ser reconhecidas". Aliás, das 72 mil acepções que a obra contém, cerca de 37.800 continuam sem determinação segura.

A Coleção e Algumas Características do Pensamento de Diderot

Mas é justamente da contribuição autoral de Diderot, relativa à filosofia e a certos temas correlatos, que trata esta coleção, idealizada por Jacó Guinsburg e Roberto Romano, e pela primeira vez publicada em língua portuguesa.

Inicialmente, tudo o que dissesse respeito à história da filosofia ficaria a cargo dos abades Yvon, Pestré, Prades e Mallet que terminaram por se dedicar a temas de caráter conceitual, como metafísica, lógica e moral. Dessa maneira, o próprio Diderot assumiu a elaboração da história, fosse por gosto ou necessidade (Mallet, por exemplo, faleceu em 1755). É ainda D'Alembert quem menciona o fato de "os artigos que não possuem letras no fim [isto é, as iniciais do autor], ou que têm uma pequena estrela [asterisco], são do senhor Diderot. Os primeiros são os que lhe pertencem como sendo um dos autores [entre eles os dedicados às artes mecânicas ou aplicadas, já que Denis anotou as explicações fornecidas por mestres artesãos]; os segundos são os que supriu como editor"[12].

O reconhecimento gradativo e mais seguro tem sido estabelecido por uma série de investigações e de obras, a começar pela de seu amigo, discípulo e também enciclopedista Jacques André Naigeon, autor de *Mémoires historiques et philosophiques sur la vie et les ouvrages de Denis Diderot*[13], que restitui, sempre que possível, o texto original ou, ao menos, suas intenções iniciais, antes da ação das censuras.

Aqui, o primeiro volume reúne, além dos verbetes introdutórios "Filosofia", "Filósofo" e "Filosofia dos Gregos", as escolas da Antigüidade – ceticismo, cinismo, cirenaica, ecletismo, eleatismo, epicurismo, estoicismo, jônica, megárica, pirronismo – e da Renascença italiana (Bruno, Cardano, Campanella e Telésio).

O segundo congrega os principais autores da Grécia e do Renascimento: Aristóteles, Bacon, Copérnico, Descartes,

12. Discurso Preliminar.

13. Reeditadas em Genebra pela Slatkine Reprints em 1970. Dentre outros estudos importantes sobre o assunto, mencionam-se, por ordem cronológica: *The Censoring of Diderot's Encyclopédie and the Re-established Text*, de Douglas Gordon e Norman Torrey (New York: Columbia University Press, 1947); *Le origini dell'Enciclopedia,* de Franco Venturi (Roma: Einaudi, 1946); *L'Encyclopédie et le Mouvement Encyclopediste*, de Albert Soboul (Paris: Sociales, 1962); *Diderot et l'Encyclopédie*, de Jacques Proust (Paris: Albin Michel, 1962); *A List of Contributors to Diderot's Encyclopedia* (New York: New York University Press, 1964, [French Historical Studies]); Les Articles Anonymes de l'Encyclopédie, de R. Frautschi (*Revue Internationale de Philosophie*, PUF, n. 103, 1973); *Oeuvres complètes*, de Diderot (dirigida por J. Fabre, H. Dieckmann, J. Proust e J. Varloot, Paris: Hermann, 1975); *La Historia de la Filosofia en la Enciclopédia*, de José Bermudo (Barcelona: Horsori, 1987)

Galileu, Heráclito, Hobbes, Leibniz, Locke, Malebranche, Maquiavel, Newton, Parmênides, Pitágoras, Platão, Sócrates, Spinoza, Thomasius.

O último inclui alguns temas que, ao lado da história da filosofia, parecem ter sido escolhidos pelo próprio Diderot, já que lhe permitiam, na ocasião, expressar opiniões políticas, estético-culturais e religiosas sobre a atualidade: alma, artes, autoridade política, cidade, cidadão, direito natural, enciclopédia, gosto (escrito a quatro mãos, com as contribuições de Voltaire, Montesquieu e D'Alembert), intolerância, irreligioso, paz e sátira.

Convém mencionar que as principais fontes utilizadas por Diderot para a sua retrospectiva foram a *Historia critica philosophiae* de Johann Jakob Brucker, publicada havia poucos anos, em 1744, e, com menor freqüência, a *Histoire critique de la philosophie*, de Deslandes, aparecida em 1737. Mas, tendo em vista seus interesses políticos e culturais, Diderot não se acanhou em aproveitar e reinterpretar as informações de modo apaixonado ou pouco isento. Ainda conforme Proust, "a exposição dos sistemas filosóficos ou religiosos dos antigos não é senão um hábil meio de difundir o pirronismo, o ateísmo e o materialismo". E podemos verificar no trecho seguinte um pequeno exemplo da perspectiva militante:

> Face a essa descrição [a das escolas gregas de filosofia], surge-nos um comentário natural: a que depois de haverem muito estudado, refletido, escrito e discutido, os filósofos gregos acabaram por chegar ao pirronismo. Será então verdade que o homem está condenado a aprender uma só coisa e com grande dificuldade? E que é seu destino morrer sem ter sabido nada?[14].

Mas esse pirronismo não deve ser entendido como algo absoluto, e sim relativo ao tempo. Aplicado indistintamente, não passaria de um método que ele mesmo qualificou de "pusilânime

14. "A Filosofia dos Gregos", nesta edição.

e duvidoso". Era necessário que os homens do século se tornassem céticos perante as convenções políticas, religiosas, educativas ou profissionais já consolidadas. Negar e duvidar eram atitudes não só possíveis como indispensáveis ao progresso do conhecimento e às transformações sociais.

Por fim, quaisquer que sejam as acusações feitas a Diderot (como as de libertino, pensador sem método, contraditório, plagiador ou racionalista paradoxalmente dominado pelas paixões), não há como negar que estamos diante de um dos mais destacados, ecléticos e corajosos intelectuais do século XVIII. E ainda que aqui não seja o local destinado a uma tese de natureza filosófica, parece-me evidente que suas idéias materialistas e vitalistas prefiguram, em numerosas passagens de sua vastíssima obra, o que Schopenhauer e Nietzsche desenvolveriam (o primeiro deles de modo mais sistemático) no século posterior.

Para o filósofo francês, a natureza, que é uma só, não possui outras razões ou justificativas senão as de se conservar e multiplicar-se. Este "ser assim" da natureza, cego e imperioso, corresponderá, na terminologia de Schopenhauer, à Vontade (*der Will*). Por outro lado, quando Diderot afirma que "deixar-se matar não prova nada, apenas que não se é o mais forte"[15], está dizendo igualmente que não há valores transcendentes fora da vida. Simultaneamente, apresenta-se como um crítico acerbo das concepções cristãs, já que, em sua opinião, estas refreiam e deturpam a natureza humana, tornando-a infeliz pelas contradições insolúveis entre o ser natural e o dever ser religioso. Por isso, "a idéia de que Deus não existe não faz ninguém tremer; treme-se, antes, pelo fato de haver um". Ora, sabemos que ninguém foi tão incisivo em ambas as concepções – a dos valores vitais e a da moral do ressentimento – quanto Nietzsche.

15. *Nouvelles pensées philosophiques.*

O ENCICLOPEDISTA: HISTÓRIA DA FILOSOFIA
Parte 1

Frontispício de edição da *Enciclopédia*, desenho de Charles-Nicolas Cochin, gravado por Bonaventure-Louis Prévost em 1772. A figura ao centro representa a verdade.

Ao lado: Página de rosto da edição da *Enciclopédia*, de 1770.

ENCYCLOPÉDIE,

OU

DICTIONNAIRE RAISONNÉ DES SCIENCES, DES ARTS ET DES MÉTIERS,

PAR UNE SOCIÉTÉ DE GENS DE LETTRES.

Mis en ordre & publié par M. *DIDEROT*, de l'Académie Royale des Sciences & des Belles-Lettres de Prusse; & quant à la PARTIE MATHÉMATIQUE, par M. *D'ALEMBERT*, de l'Académie Royale des Sciences de Paris, de celle de Prusse, & de la Société Royale de Londres.

Tantum series juncturaque pollet,
Tantum de medio sumptis accedit honoris! HORAT.

TROISIÉME ÉDITION ENRICHIE DE PLUSIEURS NOTES,

DÉDIÉE

À SON ALTESSE ROYALE

L'ARCHIDUC

PIERRE LÉOPOLD

PRINCE ROYAL DE HONGRIE ET DE BOHEME, ARCHIDUC D'AUTRICHE,

GRAND-DUC DE TOSCANE &c. &c. &c.

TOME PREMIER.

À LIVOURNE

DE L'IMPRIMERIE DES ÉDITEURS

M. DCC. LXX.

AVEC APPROBATION.

FILOSOFIA. Filosofia significa, conforme sua etimologia, "amor pela sabedoria". Como a palavra se tem conservado sempre vaga, devido aos significados diversos a ela atribuídos, é preciso fazer duas coisas neste artigo: 1) retraçar historicamente a origem e as diferentes acepções do termo; 2) fixar-lhe um sentido por meio de uma boa definição.

Aquilo que hoje chamamos de filosofia chamava-se inicialmente *sofia* – sabedoria – e sabemos que os primeiros filósofos foram distinguidos com o título de *sábios*. Tal nome foi nos primeiros tempos o que hoje é o *bel esprit*[1]. Isso quer dizer que foi prodigalizado a muitas pessoas que nada mereciam, e menos ainda esse título faustoso. Estava-se então na infância do espírito humano e se dava o nome de sabedoria a todas as habilidades que o gênio exercesse ou das quais a sociedade extraísse alguma vantagem. Mas como o saber, a erudição é a principal cultura do espírito, e as ciências, estudadas e reduzi-

1. Pessoa ao mesmo tempo culta, talentosa e de reconhecido caráter moral.

das à prática, trazem muitas comodidades ao gênero humano, fazendo com que a sabedoria e a erudição sejam confundidas. Entendia-se alguém versado ou instruído na sabedoria quem possuísse conhecimento enciclopédico do século em que vivesse.

Entre todas as ciências, há uma que se distingue pela excelência de seu objeto; aquela que trata da divindade, que ordena nossas idéias e sentimentos com relação ao primeiro ser e que com ele estabelece a identidade de seu culto. Esse estudo, a sabedoria por excelência, deu o nome de sábios aos que a ele se aplicaram, quer dizer, aos teólogos e sacerdotes. Mesmo a Escritura dá aos sacerdotes caldeus o título de sábios, sem dúvida porque eles próprios a si se outorgavam, e porque era um hábito universalmente aceito. Foi o que aconteceu principalmente entre as nações que se costumam chamar de bárbaras; mas faltaria muito, no entanto, para que se pudesse encontrar sabedoria em todos os depositários da religião.

A sabedoria dos padres da época reduzia-se a superstições ridículas, mistérios pueris e por vezes abomináveis, devaneios e mentiras destinadas a reafirmar sua autoridade e a impô-la à populaça cega. Os filósofos mais destacados experimentaram beber nessa fonte. Era o objetivo de suas viagens e iniciações nos mistérios mais célebres. Mas logo se desencantaram e a idéia de sabedoria não permaneceu ligada à teologia a não ser no espírito daqueles sacerdotes orgulhosos e de seus escravos imbecis.

Gênios sublimes, dedicados a suas meditações, quiseram deduzir, das idéias e dos princípios que a natureza e a razão transmitem, uma sabedoria sólida, um sistema seguro, apoiado sobre fundamentos inquebrantáveis; mas se conseguiram sacudir por este meio o jugo das superstições vulgares, o resto de sua empresa não teve o mesmo êxito. Após terem destruído, não souberam edificar, de modo semelhante a certos conquistadores que só deixam ruínas atrás de si. Daí ter-se como resultado esta quantidade de opiniões bizarras e contraditorias, que nos faz duvidar se ainda restaria um sentimento ou idéia ridícula que algum filósofo não tenha expresso.

Não posso me impedir de citar um trecho de Fontenelle, extraído de sua *Dissertação*[2], que se adapta perfeitamente ao assunto. Diz ele:

> Tal é a nossa condição, que não nos é permitido chegar de uma vez só a nada de racional, seja qual for a matéria tratada; é necessário, antes de tudo, que nos extraviemos muito tempo, que cometamos diversos tipos de erros e passemos por muitos graus de incoerências. Deveria ter sido sempre fácil de perceber que todo o jogo da natureza consiste em figuras e movimentos dos corpos. No entanto, antes de se chegar a isso, foi preciso experimentar as idéias de Platão, os números de Pitágoras e as qualidades de Aristóteles. E após tudo isso ter sido reconhecido como falso, fomos obrigados a adotar o verdadeiro sistema. Disse que fomos coagidos porque, em verdade, não restava nenhum outro. E parece que nos recusamos a aceitá-lo tanto tempo quanto pudemos. Temos com os antigos a obrigação de ter esgotado a maior parte das idéias falsas que poderíamos forjar. Era absolutamente necessário pagar com o erro e a ignorância o tributo que eles pagaram e não deixar de atribuir um reconhecimento àqueles que saldaram essa dívida. O mesmo acontece com diversas disciplinas nas quais não sei quantas bobagens diríamos se elas já não houvessem sido ditas e se não as tivéssemos já superado. No entanto, ainda existem algumas que os modernos retomam, talvez por não terem sido ditas tantas vezes quanto é preciso.

Aqui seria o lugar para se esboçarem diversos sentimentos que estiveram em voga na filosofia, mas os limites de nossos artigos não o permitem. Encontrar-se-á o essencial das opiniões mais famosas em vários outros lugares do dicionário, sob os títulos com as quais se relacionam. Os que querem estudar a matéria a fundo serão fartamente satisfeitos na excelente obra que o senhor Brucker publicou antes em alemão e, em seguida, em latim, sob o título *Jakobi Bruckeri historiae*

2. Refere-se à obra *Disgression sur les anciens et les modernes*, 1688, de Bernard le Bovier Fontenelle, em favor da idéia de progresso.

critica philosophiae, a mundi incunabulis ad nostram usque aetatem deducta. Pode-se ainda ler a história da filosofia do senhor Deslandes.

A ignorância, a precipitação, o orgulho e a inveja geraram monstros aviltantes para a filosofia, desviando alguns de seu estudo e outros jogando na dúvida universal. Mas não exageremos. Os defeitos do espírito humano não impediram a filosofia de receber acréscimos consideráveis e de tender à perfeição à qual é suscetível neste mundo. Os antigos disseram coisas excelentes, sobretudo sobre os deveres da moral e mesmo sobre o que o homem deve a Deus; e se não puderam chegar à plena idéia imaginada da sabedoria, tiveram ao menos a glória de concebê-la e pô-la à prova. Ela veio a ser, em suas mãos, uma ciência prática que englobava as verdades divinas e humanas, quer dizer, tudo o que o entendimento é capaz de descobrir a respeito da divindade e tudo o que pode contribuir para a felicidade social. Desde que lhe deram uma forma sistemática, puseram-se a ensiná-la e viu-se então nascerem as escolas e seitas. E como, para melhor transmitir seus preceitos, eles os adornavam com a eloqüência, esta acabou por se confundir com a sabedoria – entre os gregos, sobretudo – que admiravam a arte de bem dizer, em virtude da influência sobre os assuntos de Estado e de suas coisas públicas. O nome de sábio foi travestido de sofista ou mestre de eloqüência. E esta modificação fez degenerar uma ciência que, em sua origem, propôs-se coisas bem mais nobres. Logo, não mais se escutavam os mestres da sabedoria para instruir-se em conhecimentos sólidos e úteis ao bem-estar, mas para empanturrar o espírito de questões curiosas, distrair os ouvidos com frases cadenciadas e dar a vitória ao mais tenaz, pois permanecia senhor do campo de batalha.

O nome *sábio* era muito bonito para tais pessoas ou, melhor dizendo, ele não convém ao homem: é o apanágio da divindade, fonte eterna e inesgotável da verdadeira sabedoria. Pitágoras, que disso se apercebeu, substituiu essa denominação faustosa pela mais modesta de filosofia, que se consolidou desde então. Mas as razões sábias dessa modificação não diminuíram o orgulho dos filósofos, que continuaram a querer ser os únicos depositários da sabedoria. Um dos meios mais ordinários de que lançaram mão para se engrandecer foi o de terem uma doutrina reservada que não transmitiam a não ser aos discípulos de maior confiança, enquanto que a multidão dos ouvintes permanecia cheia de comentários vagos. Os filósofos tinham, certamente, aproveitado a idéia e o método dos sacerdotes, que só pemitiam o conhecimento de seus mistérios após longas provas; mas os segredos de um e de outros não valiam o esforço que se punha para deles tomar parte.

Embora haja muitos defeitos nas obras filosóficas da Antigüidade que nos foram conservadas, e sobretudo no que se refere a um método, encontramos as sementes da maioria das descobertas modernas. As matérias que não dependiam da ajuda de observações e de instrumentos, como são as da moral, foram levadas bem longe, como pode a razão até lá conduzi-las. Para a física, não é surpreendente que ela tenha largamente ultrapassado a dos antigos, já que favorecida pelos subsídios que os últimos séculos lhe deram. Antes, devemos nos espantar que, em muitos casos, tenham podido adivinhar o que não podiam ver como hoje vemos. O mesmo se pode dizer da medicina e das matemáticas. Como essas ciências são compostas por um número infinito de pontos de vista e dependem muito das experiências que o acaso faz nascer, sem levar a um ponto pré-determinado, é evidente que físicos, matemáticos e médicos modernos devam ser naturalmente mais hábeis que os antigos.

O nome *filosofia* permaneceu sempre vago, inclusive em seu vasto círculo, para além do conhecimento das coisas divinas e humanas – o conhecimento das leis, da medicina e mesmo de vários ramos da erudição, como a gramática, a retórica, a crítica, sem excetuar-se a história e a poesia. Além disso, passou para o âmbito da Igreja. O cristianismo foi chamado de a santa filosofia. Os doutores da religião que lhe ensinavam as verdades e os ascetas que dela praticavam as penitências foram qualificados de filósofos.

As divisões de uma ciência concebida com tal generalidade foram bastante arbitrárias. A mais antiga e reconhecida é aquela que relaciona a filosofia com Deus e com o Homem. Aristóteles introduziu uma nova divisão. Ei-la: "*tria genera sunt theoreticarum scientiarum, Mathematica, Physica, Theologica*" (três gêneros compõem as ciências teoréticas – matemática, física, teologia). Uma passagem de Sêneca indica a de outras seitas:

> Os estóicos disseram que eram três as partes da filosofia – moral, natural e racional. A primeira ocupa-se da alma, a segunda perscruta a natureza das coisas e a terceira busca a estrutura e as argumentações a respeito das propriedades das palavras, a fim de que não sejam confundidas as falsas com as verdadeiras. Os epicuristas pensaram que eram duas as partes da filosofia – a natural e a moral, e removeram a racional. Além disso, como pensaram eliminar todo tipo de ambigüidade e evidenciar as coisas falsas que ladravam sob a espécie do verdadeiro, eles mesmos trataram desta parte racional, que dizem ocupar-se do juízo e das regras, mas com outro nome; pensam que tal parte é corolário da filosofia natural... os cirenaicos sustentaram as coisas naturais juntamente com as racionais e preocuparam-se com as de conteúdo moral[3].

3. "Stoici vero Philosophiae tres partes esse dixerunt, moralem, naturalem et rationalem: prima componit animum, secunda rerum naturam scrutatur, tertia proprietatis verborum exigit et structuram et argumentationes, ne pro veris falsa subrepant. Epicurei duas partes Philosophiae putaverunt esse, naturalem atque moralem; rationalem removerunt. Deinde cum ipsis rebus cogerentur, ambígua secernere, falsa sub specie veri latentia coarguere, ipsi quoque locum, quem de judicio et regula appelant, alio nomine rationalem induxerunt: sed eum accessionem esse naturalis partis existimant... Cyrenaïci naturalia cum rationalibus sustulerunt, et contenti fuerunt morabilus", *Epístolas*, 89.

As escolas adotaram a divisão da filosofia em quatro partes: lógica, metafísica, física e moral.

É chegada a hora de passar ao segundo ponto deste artigo, no qual se trata de fixar um sentido para o nome filosofia e dar-lhe uma boa definição.

Filosofia é dar a razão das coisas ou, ao menos, procurá-la, pois enquanto nos limitamos a ver e narrar o que é visto, somos historiadores. Quando se calculam e se medem as proporções das coisas, suas grandezas e valores, é-se matemático. Mas aquele que se entrega à descoberta dos motivos pelos quais as coisas são, e são antes assim do que de outra maneira, este é o filósofo propriamente dito.

Isto posto, a definição que o senhor Wolff[4] deu para a filosofia parece-me concentrar, em sua brevidade, tudo o que caracteriza essa ciência. É, segundo ele, "a ciência dos possíveis enquanto possíveis". É uma ciência porque demonstra o que afirma; é a ciência dos possíveis porque seu objetivo é fornecer a razão de tudo o que é, e de tudo o que pode ser nas coisas que acontecem. O contrário poderia acontecer; eu odeio algo, mas poderia amá-lo. Um corpo ocupa um certo lugar no universo e poderia ocupar um outro. Mas como essas variações possíveis não podem existir simultaneamente, há uma razão que determina uma ser e outra não. E é essa razão que o filósofo procura e assinala.

Essa definição abrange o presente, o passado e o futuro, tanto quanto o que jamais existiu e nunca existirá, como são todas as idéias universais e as abstrações. Uma tal ciência é uma verdadeira enciclopédia; tudo nela se une, tudo dela depende. É o que os antigos perceberam, como já vimos acima, quando deram o nome de filosofia a todas as ciências e artes. Mas não justificavam a influência universal desta ciência sobre todas as outras. Ela não ganharia tanto relevo a não ser pela definição de Wolff. Os possíveis compreendem todos os

4. Christian Wolff, filósofo alemão (1679-1754).

objetos que podem ocupar o espírito ou a indústria dos homens – assim, todas as ciências e todas as artes têm a sua *filosofia*. A coisa é clara: tudo o que se faz em jurisprudência, em medicina, em política, tem ou deve ter uma razão. Descobrir estas razões e determiná-las é, pois, elaborar a filosofia das ciências mencionadas.

Da mesma maneira o arquiteto, o pintor, o escultor e, digo mais, um simples lenhador tem as razões de proceder como age, e não diferentemente. É verdade que a maioria dessas pessoas trabalha de modo rotineiro e utilizam seus instrumentos sem saber qual a mecânica de funcionamento e a proporção com os trabalhos executados. Mas não é menos certo que cada instrumento contém uma razão e que, se fosse concebido de outra maneira, a obra não teria êxito. O filósofo é aquele que faz essas descobertas, sendo capaz de provar que as coisas são como devem ser, ou retificá-las, quando suscetíveis, apontando as razões das mudanças que quer atribuir.

Os objetos da filosofia são os mesmos que aqueles de nossos conhecimentos em geral e formam a divisão natural desta ciência. Reduzem-se a três principais. A primeira é a teologia natural ou a ciência dos possíveis relativamente a Deus. Os possíveis de Deus são o que podemos nele e por ele conceber. O mesmo se aplica às definições dos possíveis face à alma e ao corpo. A segunda é a psicologia, que diz respeito aos possíveis com relação à alma. A terceira é a física, que se relaciona aos possíveis dos corpos.

Essa divisão geral passa, em seguida, por subdivisões particulares. Eis aqui a maneira como Wolff as conduz.

Quando refletimos sobre nós mesmos, nos convencemos de que há em nós uma faculdade de formar idéias de coisas possíveis e a chamamos *entendimento*. Mas não é fácil saber até onde essa faculdade se estende, nem como dela devemos nos utilizar para descobrir, por nossas próprias meditações, as verdades que desconhecemos e julgar com exatidão aquelas que outros já descobriram. Nossa primeira ocupação deve, portanto, ser a de pesquisar quais são as forças do entendimento humano e qual o seu uso legítimo na apreensão da verdade – a parte da filosofia que trata desta matéria é a lógica ou arte de pensar.

Entre todas as coisas possíveis, é absolutamente indispensável que haja um ser que subsista por si mesmo. De outro modo, haveria coisas possíveis de cuja possibilidade não se daria razão, o que seria inefável. Ora, este ser auto-subsistente é o que chamamos *Deus*. Os demais seres, que possuem a razão de sua existência neste ser que por si mesmo subsiste, levam o nome de criaturas. Confesso, no entanto, que já devemos ter um conhecimento geral das criaturas, sem necessidade de extraí-lo da filosofia, pois o adquirimos desde a infância por continuada experiência. A parte, pois, da filosofia na qual se trata de Deus e da origem das criaturas, que nele está, chama-se teologia natural ou doutrina de Deus.

As criaturas manifestam a sua atividade ou pelo movimento ou pelo pensamento. Aquelas são os corpos e estes aqui são os espíritos. Como a filosofia se aplica a fornecer as razões suficientes de tudo, deve também examinar as forças ou as operações destes seres que agem ou pelo movimento ou pelo pensamento. Ela nos mostra, pois, o que pode acontecer no mundo pelas forças dos corpos e pelo poder dos espíritos. Denomina-se *pneumatologia*, ou doutrina dos espíritos, a parte da filosofia em que se explica o que podem fazer os espíritos; e chama-se *física*, ou doutrina da natureza, esta outra parte na qual se demonstra o que é possível em virtude das forças corporais.

O ser que pensa em nós chama-se alma. Ora, como esta alma pertence ao espiritual e possui, além do entendimento, uma vontade que é causa de acontecimentos, é preciso ainda que a filosofia desenvolva o que pode ocorrer em conseqüência dessa vontade. É a isso que se deve relacionar o ensinamento a respeito do direito natural, da moral e da política.

Mas como todos os seres, corpos ou almas, se assemelham, sob certos aspectos, é preciso investigar também o que pode convir igualmente a todos eles e em que consistem as suas diferenças. Dá-se o nome de *ontologia*, ou ciência fundamental, a esta parte da filosofia que encerra o conhecimento geral dos seres. Esta ciência fundamental (ontologia), a doutrina dos espíritos (pneumatologia) e a teologia natural compõem o que se denomina *metafísica* ou ciência principal.

Não nos contentemos em levar nossos conhecimentos até saber mediante quais forças se produzem certos efeitos na natureza. Devemos ir mais longe e medir com exatidão os níveis das forças e de seus efeitos, a fim de que se constate, com nitidez, que determinada força pode produzir certos efeitos. Por exemplo, há muitas pessoas que se satisfazem em saber que o ar comprimido com força em um chafariz empurra a água a uma altura extraordinária. Outras, no entanto, mais curiosas, se esforçam em descobrir de quanto aumenta a força do ar quando, pela compressão exercida, ele não ocupa senão a metade, um terço ou um quarto do espaço que antes ocupava, e de quantos pés a água se eleva em cada caso. Isso também conduz nossos conhecimentos a graus mais altos que o de saber medir uma só grandeza. Foi com esta perspectiva que se inventaram as matemáticas.

A verdadeira ordem na qual devem estar dispostas as partes da filosofia é a que faz preceder as que contenham princípios cujo conhecimento seja necessário à inteligência e à demonstração das seqüências. A essa ordem Wolff conformou-se religiosamente, como parece pelo que dele acabo de resumir[5].

Pode-se ainda dividir a filosofia em dois ramos – o teórico e o prático.

A filosofia teórica ou especulativa repousa na pura e simples contemplação das coisas, e não vai além.

A filosofia prática é aquela que fornece regras para atuar sobre o seu objeto. Ela é de dois tipos, relativamente às duas espécies de ações humanas que se propõe dirigir: as duas es-

5. Diderot faz alusão às obras *Philosophia rationalis sive logica* e *Philosophia prima sive ontologia*.

pécies são a lógica e a moral. A lógica dirige as operações do entendimento, e a moral as operações da vontade. As demais partes da filosofia são puramente especulativas.

A filosofia liga-se também fortemente às doutrinas ou sistemas particulares inventados por filósofos que conseguiram seguidores. Assim entendida, a filosofia encontra-se subdividida em um número infinito de seitas, antigas e modernas: platônica, peripatética, epicurista, estóica, pitagórica, pirrônica, acadêmica e, entre as atuais, cartesiana e newtoniana.

A filosofia ainda é entendida como certa maneira de filosofar ou por certos princípios em torno dos quais giram todas as investigações que lhe digam respeito. Neste sentido, diz-se filosofia corpuscular, mecânica ou experimental.

Tais são as noções saudáveis da filosofia; seu objetivo é a certeza e todos os seus passos para ali se encaminham pela via da demonstração. O que caracteriza, pois, o filósofo e o distingue do vulgar é que ele nada admite sem prova, não concorda com noções enganadoras e sabe estabelecer limites entre o certo, o provável e o duvidoso. Não se satisfaz apenas com palavras e não explica nada por qualidades ocultas, que outra coisa não são senão o efeito transformado em causa, preferindo confessar sua ignorância todas as vezes em que o raciocínio e a experiência não lhe conduziram à causa verdadeira das coisas.

A filosofia é ainda uma ciência muito imperfeita e jamais será completa. Pois quem poderá atribuir todas as razões de todas as coisas possíveis? O ser que tudo fez com peso e medida é o único quem possui um conhecimento filosófico, matemático e perfeito de suas obras. Mas o homem não é menos digno de louvor por estudar o grande livro da natureza e ali procurar as provas da sabedoria e de todas as perfeições de seu autor. Também a sociedade obtém grandes vantagens das pesquisas filosóficas que deram motivo e aperfeiçoaram muitas descobertas úteis ao gênero humano.

O filósofo maior é aquele que fornece as razões do maior número de coisas – eis sua condição precisamente assinalada. Por isso, a erudição não se confunde com a filosofia. O conhecimento dos fatos é, sem dúvida, útil e mesmo condição essencial à sua explicação. Mas ser filósofo não significa simplesmente ter muito lido e muito visto; não é dominar a história da filosofia, das ciências e das artes; tudo isso forma apenas um caos indigesto. Ser filósofo é possuir princípios sólidos e, sobretudo, um método para dar as razões dos fatos e deles tirar as conseqüências legítimas.

Dois obstáculos principais retardaram por longo tempo os progressos da filosofia – a autoridade e o espírito sistemático.

Um verdadeiro filósofo não vê pelos olhos de outro; e rende-se apenas à convicção que nasce da evidência. É bastante difícil compreender por que certas pessoas de espírito preferem servir-se do espírito de outras na busca da verdade a utilizar o dom que Deus lhes deu. Sem dúvida, há infinitamente mais prazer e dignidade em se guiar pelos próprios olhos do que pelos olhos dos outros, e uma pessoa de boa visão jamais teria a coragem de fechá-los ou arrancá-los, na esperança de encontrar um condutor. Entretanto, é uso universal e o padre Malebranche nos traz, para isso, diversos motivos:

1 – a preguiça natural dos homens, que não querem se dar ao trabalho de meditar;

2 – a incapacidade de meditar na qual se cai, por não se haver a ela dedicado desde a juventude, quando as fibras do cérebro eram capazes de todas as inflexões;

3 – o pouco amor que se tem pelas verdades abstratas, fundamento de tudo o que se pode aqui embaixo conhecer;

4 – a vaidade tola que nos faz desejar ser estimado como sábio, pois chamamos *sábio* aquele que tem mais leitura. O conhecimento das opiniões alheias é bem mais útil nas conversações e para pasmar os espíritos banais do que o conhecimento da verdadeira filosofia, fruto de séria reflexão;

5 – a excessiva admiração pelos antigos, que nos faz imaginar que são mais esclarecidos do que jamais poderemos ser e que nada podemos fazer lá onde fracassaram;

6 – um não sei que respeito, mesclado a uma boba curiosidade, que nos faz admirar mais as coisas afastadas, mais velhas, as que provêm de longe e mesmo os livros mais obscuros. Dessa maneira, estimava-se antigamente Heráclito por sua obscuridade. Procuram-se medalhas de outrora, ainda que corroídas pela ferrugem, e guardam-se a lanterna e o chinelo de alguns antigos; ou seja, o que é remoto determina seus valores. Há pessoas que se dedicam à leitura dos rabinos porque escreveram em língua estrangeira, já corrompida e enigmática. Tem-se mais apreço pelas opiniões mais velhas porque estão muito afastadas de nós. E, sem dúvida, se Nemrod[6] houvesse escrito a história de seu reinado, a mais fina política e mesmo todas as demais ciências ali estariam contidas, da mesma maneira que alguns acham que Homero e Virgílio tinham pleno conhecimento da natureza. Diz-se ser necessário respeitar a Antigüidade. Então Aristóteles, Platão, Epicuro, estes grandes homens, estariam enganados? Pois não se pensa que eles eram homens como nós, da mesma espécie, e mais, que no tempo em que vivemos o mundo está mais velho de dois mil anos, tem mais experiência e deve ser mais esclarecido. E que a velhice e a experiência fazem descobrir a verdade.

Um espírito culto de nosso século, diz Fontenelle, é, por assim dizer, composto de todos os espíritos dos séculos precedentes, ou um mesmo espírito que se cultivou durante todo esse tempo. Assim, este homem, que viveu após o começo do mundo até o presente, teve uma infância na qual ocupou-se apenas das necessidades mais prementes da vida; uma juventude na qual conseguiu êxitos surpreendentes em coisas da imaginação, tais como a poesia e a eloqüência, tendo mesmo começado a bem raciocinar, mas ainda com menos solidez do que ardor, e agora se encontra na idade viril, em que raciocina com mais forças e mais luzes do que antes. Este homem não

6. Rei lendário da Mesopotâmia, também citado no *Gênesis* como descendente de Noé e rei de Babel.

envelhecerá, sendo igualmente capaz de coisas próprias à juventude, e será sempre mais capaz de realizar as que convêm à idade viril, ou seja, para deixar as alegorias, os homens não se irão degenerar e as opiniões saudáveis de todos os espíritos se sucederão, ajustadas uma às outras.

Essas reflexões, sólidas e judiciosas, deveriam livrar-nos dos preconceitos ridículos que assumimos em relação aos antigos. Se nossa razão, sustentada por uma vaidade natural, não nos é capaz de tirar de uma humildade mal compreendida, como se, na qualidade de homens, não tivéssemos o direito de pretender à maior perfeição, ao menos a experiência será suficientemente forte para nos convencer de que nada deteve tanto o progresso das coisas e nada limitou tanto os espíritos quanto essa excessiva admiração pelos antigos. Porque nos entregávamos à autoridade de Aristóteles, diz Fontenelle, e só procurávamos a verdade em seus escritos enigmáticos, e não na natureza, não apenas a Filosofia não avançou de nenhum modo, mas caiu em um abismo de galimatias, de idéias ininteligíveis, de onde tivemos as maiores dificuldades do mundo para escapar. Aristóteles jamais deu origem a um verdadeiro filósofo, mas sufocaria muitos dos que lhe pudessem ultrapassar, se tal lhe fosse permitido. E o pior é que uma fantasia como essa, uma vez estabelecida entre os homens, ali permanece muito tempo. Séculos inteiros a ela retornam, mesmo após se ter conhecimento de suas ridicularias. Se um dia fôssemos teimar em manter a autoridade de Descartes, pondo-lhe no lugar de Aristóteles, teríamos mais ou menos o mesmo inconveniente.

Se esse respeito exagerado pela Antigüidade possui tão má influência, o quanto se torna ainda mais contagioso para os comentadores dos antigos? Que belezas, nos diz o autor que vimos citando, não se sentiriam felizes de inspirar a seus amantes uma paixão assim tão viva e tão terna como aquela que um grego ou um latino inspira a seu respeitoso intérprete? Se se comenta Aristóteles, é o *gênio da natureza*; se se escreve sobre Platão, é o *divino Platão*. Não são comentadas as obras de homens, simplesmente; sempre são obras de homens divinos, de homens que foram a admiração de seus séculos. O mesmo acontece com esta matéria de que tratamos: é sempre a mais bela, a mais relevante, a mais necessária. Mas após os Descartes, Newtons, Leibniz, Wolff, depois que aliamos as matemáticas à filosofia, a maneira de pensar aperfeiçoou-se grandemente.

7 – O espírito sistemático não é menos prejudicial ao progresso da verdade. Por espírito sistemático não entendo aquele que coordena as verdades entre si, para formar demonstrações, o que não é outra coisa senão o próprio espírito filosófico, mas sim aquele que constrói planos e forma sistemas universais, aos quais depois pretende ajustar, de bom grado ou à força, os fenômenos. Encontremos uma grande quantidade de boas reflexões a respeito deste assunto no segundo tomo da *História do Céu*, do abade Pluche. Ele levou tal espírito um pouco longe demais, e lhe seria difícil responder a certas críticas. O que há de certo é que nada existe de mais elogiável do que o partido tomado pela Academia de Ciências – o de ver, observar, recolher em seus registros as observações e as experiências, deixando à posteridade o cuidado de fazer um sistema completo, quando houver material suficiente para isso. Mas esse tempo está bastante afastado, caso um dia chegue.

O que torna, portanto, o espírito sistemático tão contrário ao progresso da verdade é que não há mais como desfazer o engano daqueles que imaginaram um sistema que possua alguma verossimilhança. Conservam e guardam cuidadosamente tudo o que possa servir, de alguma forma, para confirmá-lo. E, ao contrário, não se apercebem de quase todas as objeções que lhes sejam opostas, ou delas se livram de maneira frívola. Contentam-se interiormente com a visão de suas obras e com a estima que esperam receber. Não se dedicam a considerar como imagem da verdade senão a que comporte suas opiniões verossímeis. Eles mantêm essa imagem fixa diante dos olhos, mas jamais observam com percuciência as outras faces de suas opiniões, as quais lhes descobririam a falsidade.

Acrecentem a isso os preconceitos e as paixões. Os preconceitos ocupam uma boa parte do espírito e infectam todo o resto. As paixões confundem as idéias de mil maneiras e nos fazem quase sempre ver nos objetos o que apenas gostaríamos de neles encontrar: algumas vezes, quando muito ardente, a própria paixão que temos pela verdade nos ilude.

FILÓSOFO. Não há nada que custe menos hoje em dia do que adquirir o nome de filósofo: uma vida obscura e retirada, algumas aparências de sabedoria e um pouco de leitura bastam para que se atribua esta honra a pessoas sem mérito.

Outras, em quem a liberdade de pensar conserva o raciocínio, se vêem como os únicos verdadeiros filósofos, pois ousaram revirar os limites sagrados postos pela religião e quebraram os entraves nos quais a fé introduzia suas razões. Orgulhosos de se terem desfeito dos preconceitos da educação, em matéria de fé, olham os outros com desprezo, como almas fracas, temperamentos servis, espíritos pusilânimes que se deixam amedrontar pelas conseqüências aonde a religião conduz e que, não ousando sair em nenhum momento do círculo de verdades estabelecidas, nem caminhar em vias novas, adormecem sob o jugo da superstição.

Mas é preciso ter uma idéia mais justa do filósofo, e eis aqui as características que lhe damos.

Os homens comuns vêem-se coagidos a agir sem sentir nem conhecer as causas que os movem, sem nem mesmo sonhar que elas existem. O filósofo, ao contrário, discerne as causas externas, tanto quanto as que estão em si, e freqüentemente as prevê e a elas se dedica com conhecimento: poderíamos dizer que é um relógio que se monta a si mesmo. Assim, evita os objetos que lhe possam causar sentimentos indesejáveis ao bem-estar, ao ser racional, e procura aqueles que possam trazer afecções convenientes ao estado em que se encontra. A razão está para o filósofo como a graça para o cristão. A graça determina o cristão, a razão determina o filósofo.

Os outros homens são levados por suas paixões, sem que as ações sejam precedidas de reflexão; são homens que caminham nas trevas. Enquanto que o filósofo, mesmo em suas paixões, não age sem reflexão; caminha na noite, mas precedido de uma chama.

O filósofo elabora seus princípios sobre uma infinidade de observações particulares. O povo adota um princípio sem pensar nas observações que o produziram; crê que a máxima exista por si mesma. Mas o filósofo concebe a máxima a partir de sua fonte; examina sua origem, conhece o valor que possui e com ela só faz o uso que lhe convém.

A verdade não é, para o filósofo, a amante que corrompe a imaginação e que acredita encontrar em toda parte. Contenta-se em poder discerni-la lá onde a percebe. Não a confunde com a verossimilhança. Toma por verdade o que é verdade, o que é falso por falso, o que é duvidoso por duvidoso e por verossímil o que não é senão verossímil. E faz mais, estando aí a grande perfeição do filósofo: não tendo motivo próprio para julgar, sabe permanecer na indeterminação.

O mundo está cheio de gente inteligente e criativa que emite opiniões; na verdade, sempre adivinha, pois adivinhar é julgar sem constatação, quando se tem a causa para o julgamento. Tais pessoas ignoram o alcance do espírito humano. Crêem que ele pode conhecer tudo e, assim, acham vergonhoso não proferir um juízo, imaginando que o espírito consiste apenas em julgar. O filósofo, por sua vez, acredita que valha a pena julgar bem. Está mais contente consigo mesmo quando suspendeu a faculdade de se determinar do que se já estivesse determinado antes mesmo de saber o motivo da decisão. Por isso, ele julga e fala menos, mas julga mais seguramente e fala melhor. Não evita os laços que lhe vêm viva e naturalmente ao espírito por uma aglutinação imediata de idéias que freqüentemente nos espantam de ver unidas. É nesta ligação imediata ou espontânea que consiste aquilo que, comumente, se chama espírito. Mas é certo também que isso é o que ele menos procura, preferindo a este brilho o cuidado de distinguir as idéias com clareza, conhecer-lhes o alcance justo e o elo exato, assim como não levar longe demais qualquer relação particular que as idéias apresentem entre si. É este discernimento que consiste naquilo que se chama *juízo e precisão de entendimento*. A esta precisão se acrescentam ainda a *flexibilidade* e a *clareza*. Um filósofo não se prende totalmente a um sistema enquanto não enfrentar toda a força das objeções. A maioria dos homens entrega-se tão inteiramente às suas opiniões que mal se incomoda com as alheias. O filósofo entende a opinião que ele recusa com a mesma medida e clareza com as quais entende a que adota.

O espírito filosófico é, pois, um espírito de observação e de rigor que tudo relaciona a seus princípios verdadeiros. Mas não é apenas o espírito que o filósofo cultiva, pois leva mais longe sua atenção e suas preocupações.

O homem não é um monstro que vive apenas nos abismos do mar ou no fundo das florestas. As próprias necessidades da vida fazem com que o comércio com os demais lhe seja necessário. E em qualquer situação que se encontre, suas carências e bem-estar o comprometem com a vida em sociedade. Assim, a razão lhe exige que conheça, estude e trabalhe para adquirir qualidades sociais.

Nosso filósofo não se crê exilado do mundo, nem viver em país inimigo. Quer desfrutar de uma sábia administração dos bens que a natureza lhe oferece. Quer encontrar prazer com os demais e, para consegui-lo, procura concordar com aqueles a quem o acaso ou a escolha o fizeram conviver. Ao mesmo tempo, encontra o que lhe convém; é um homem honesto que quer agradar e mostrar-se útil.

A maior parte dos ricos e poderosos, cujas dissipações não lhes deixam muito tempo para meditar, são ferozes com os seus desiguais. Os filósofos ordinários, ainda que meditem bastante, pois meditam mal, são ferozes com todo o mundo. Afastam-se de todos os homens e estes o evitam. Mas o filósofo que sabe se repartir entre o retiro de estudo e o comércio social com os homens é pleno de humanidade. É Terêncio que se percebe homem e que apenas a humanidade interessa à boa ou má fortuna[7] de seu vizinho. *Homo sum, humani a me nihil alienum puto* (sou homem: nada do que é humano julgo [ou me é] estranho).

Seria inútil notar aqui o quanto o filósofo é cioso de tudo o que se chama *honra e probidade*. Para ele, a sociedade civil constitui, por assim dizer, uma divindade na Terra. Ele a incensa e enobrece pela honestidade, por uma atenção precisa de seus deveres e por um desejo sincero de não se tornar, em seu meio, um membro inútil ou um estorvo. Os sentimentos de probidade fazem parte tanto da constituição mecânica do filósofo quanto das luzes de seu espírito. Quanto mais razão tiver um homem, mais probidade terá também. Ao contrário, ali onde reinam o fanatismo e a superstição, reinam conjuntamente as paixões e o arrebatamento.

O temperamento do filósofo é o de agir por um espírito de ordem ou de razão. Como ama zelosamente a sociedade, a ele importa-lhe, mais do que aos homens comuns, dispor de sua força moral para produzir efeitos em conformidade com a idéia do homem honesto. Não temam, pois embora não haja olhos sobre ele, não se entrega a ações contrárias à probidade. Não. Tais ações não são adequadas à disposição mecânica de um sábio, pois é alimentado com o fermento da ordem e da regra. Está repleto de idéias sobre o bem da sociedade civil e seus princípios ele os conhece melhor do que os demais. Nele, o crime encontraria oposições, e para aceitá-lo teria de destruir muitas idéias naturais e outras adquiridas. Sua facul-

7. O termo é usado no sentido de êxito ou fracasso adveniente, em decorrência dos atos do presente.

dade de agir é como a corda de um instrumento de música aplicada a um certo tom – não saberia emitir outro. Tem medo de destoar, de contradizer-se e isso me faz relembrar o que Valério disse de Catão de Útica: "Jamais fez boas ações para parecer que as fez, mas porque, de outro modo, não poderia fazê-las".

Por outro lado, em todas as ações que os homens fazem, não procuram senão a própria satisfação imediata: é o bem, ou ainda melhor, o atrativo presente, conforme a disposição mecância em que se encontrem e que o fazem atuar. Ora, o filósofo, por suas reflexões, está mais disposto do que qualquer outra coisa a encontrar prazer na convivência convosco, a atrair vossa confiança e estima, a cumprir os deveres da amizade e do reconhecimento. Estes sentimentos são ainda nutridos, no fundo de seu coração, pela religião, à qual o conduziram as luzes naturais da razão. Outra coisa é que a idéia do homem desonesto contraria mais ainda a de filósofo do que a de estupidez e a experiência faz ver todos os dias que quanto mais luz e razão se tenha, mais se está preparado e seguro para o comércio com a vida. Um tolo, diz Rochefoucault, não tem muito estofo para ser bom e o pecado se comete pelo fato das luzes serem menos fortes do que as paixões. É ainda máxima da teologia verdadeira que, em certo sentido, todo pecador é um ignorante.

Este amor à sociedade, tão essencial ao filósofo, faz ver como é verdadeira a observação do imperador Antonino[8]: "Os povos serão felizes quando os reis forem filósofos, ou quando os filósofos se tornarem reis".

O filósofo é, pois, um homem honesto que age governado pela razão e que alia a um espírito de reflexão e de equilíbrio hábitos e qualidades sociáveis. Enxertai um soberano em um filósofo dessa têmpera e tereis um soberano perfeito.

8. Antonino Pio, sucessor de Adriano e imperador entre 138 e 161 d.C, tido por governante austero e pacífico.

A partir desta idéia, é fácil concluir quanto o sábio insensível dos estóicos está afastado da perfeição do nosso filósofo. Este aqui é um homem, e o sábio dos estóicos, um fantasma. Eles se ruborizavam com a humanidade e o nosso a glorifica. Eles queriam suprimir as paixões e elevar-nos acima de nossa natureza por uma insensibilidade quimérica. O nosso filósofo não pretende a honra quimérica de destruir as paixões, pois tal empreitada é impossível. Trabalha não para ser por elas tiranizado, e sim aproveitá-las e fazer com elas um uso adequado, pois isso é possível e a razão lhe ordena.

Vê-se ainda, por tudo o que dissemos, o quanto se afastam da justa idéia do filósofo aqueles indolentes que, entregues a uma meditação preguiçosa, negligenciam o cuidado com seus assuntos temporais e com tudo o que se chama *fortuna*. O verdadeiro filósofo não é atormentado pela ambição, mas quer também as comodidades da vida. Precisa, além da satisfação das carências primárias, de uma honestidade além daquela necessária a um homem honesto, e com a qual se é feliz; é a condição de fundo para o decoro e as cortesias. Foram falsos filósofos os que fizeram nascer este preconceito, segundo o qual lhes basta o estritamente necessário, por sua indolência e máximas deslumbrantes.

A FILOSOFIA DOS GREGOS. Poderíamos dividir este artigo em três épocas principais, sob as quais se pode considerar a história dos gregos. Poder-se-ia relacionar sua *filosofia legendária* com os tempos antigos; sua *filosofia política* com os tempos da legislação; e sua *filosofia sectária* com os tempos das escolas.

Da Filosofia Legendária

Os hebreus conheciam o que os cristãos chamam o verdadeiro Deus, como se fosse possível que houvesse deuses falsos. Os persas estavam instruídos na arte de formar os reis e governar os homens. Os caldeus haviam assentado as primeiras bases da astronomia. Os fenícios entendiam de navegação e comerciavam com as nações mais longínquas. Fazia muito tempo que os egípcios estudavam a natureza e cultivavam as artes que dependem desse estudo. Todos os povos vizinhos da Grécia eram versados em teologia, moral, política, guerra, agricultura, metalurgia e na maior parte das artes mecânicas que a necessidade e a indústria fazem nascer entre os homens concentrados nas cidades e submetidos a leis. Em uma palavra, as regiões que o grego orgulhoso sempre qualificou de *bárbaras* eram civilizadas, enquanto a sua estava habitada por selvagens dispersos nas matas, mutuamente fugindo aos encontros, alimentando-se dos frutos da terra como animais, refugiados nos ocos das árvores, errando de um lugar a outro, sem ter entre eles qualquer tipo de sociedade. Assim foi, ao menos como os próprios historiadores da Grécia mostram suas origens.

Dânao e Cécrope eram egípcios, Cadmo, fenício, Orfeu, da Trácia. Cécrope fundou a cidade de Atenas e aos gregos fez escutar, pela primeira vez, o temível nome de Júpiter. Cadmo erigiu altares em Tebas e Orfeu prescreveu em toda Grécia o modo como os deuses queriam ser honrados. O primeiro jugo que se impôs foi o da superstição. O terror sucedeu às impressões sedutoras e o atrativo das Belas Artes foi utilizado para suavizar os costumes e dispor os espíritos, insensivelmente, à coação das leis.

Mas a superstição não entra em um lugar sem introduzirlhe depois um grande cortejo de conhecimentos, úteis alguns, outros funestos. Tão depressa quanto surgem, os órgãos e sentidos destinados a invocar os deuses se desatam; a língua se aperfeiçoa; os primeiros acentos da poesia e da música fazem ressoar os ares; vemos sair a escultura do fundo das pedreiras, e a arquitetura do meio das plantas; a consciência desperta e nasce a moral. O universo adquire um novo semblante ao serem pronunciados os nomes dos deuses; o ar, a terra e as águas povoam-se com uma nova ordem de seres e o coração do homem se comove com um novo sentimento.

Os primeiros legisladores da Grécia não propuseram a seus povos doutrinas abstratas ou que lhe fossem prejudiciais; não se ocupariam de espíritos embrutecidos; falavam sim aos sentidos e à imaginação; divertiam-se com cerimônias prazerosas e alegres; o espetáculo das danças e dos jogos havia atraído homens ferozes do alto das montanhas e do fundo das grutas e os estabelecido na planície, alimentando-os com fábulas, imagens e representações. Na medida em que ocorriam os fenômenos mais surpreendentes da natureza, a eles se relacionava a existência dos deuses.

"É impossível", disse um autor,

> que uma multidão de mulheres e a turba promíscua possam ser conduzidas e educadas pelo discurso filosófico, tanto quanto estimuladas à religião, à piedade, à fé; há que substituí-lo pela superstição, a qual não pode ser infundida sem as maravilhas das fábulas. Assim, o raio, a égide, o tridente, as tochas, as serpentes, as lanças divinas e os tirsos são mitos e constituem toda a antiga teologia mítica. Todas essas fábulas foram aceitas pelos legisladores das cidades, e a finalidade que se busca é a de aterrorizar as almas incipientes[9].

Acrescentaríamos que o costume dos povos civilizados, vizinhos da Grécia, era o de ocultar seus conhecimentos sob os véus do símbolo e das alegorias, e que era próprio dos primeiros legisladores dos gregos comunicar suas doutrinas tal como as haviam recebido.

Mas uma vantagem particular dos povos da Grécia é que a superstição neles não abafou o sentimento de liberdade. Conservaram, sob a autoridade dos sacerdotes e magistrados, uma maneira audaz de pensar que os caracteriza em todos os tempos.

9. "Fieri non potest ut mulierum et promiscuae turbae multitudo philosophica oratione ducatur, exciteturque ad religionem, pietatem et fidem; sed superstitione praeterea ad hoc opus est, quae incuti sine fabularum portentis nequit. Etenim fulmen, aegis, tridens, faces, anguis, hastaeque deorum thyrsis infixae fabulae sunt atquae tota theologica prisca. Haec autem recepta fuerunt a cicitatum autoribus, quibus veluti larvis insipientium ânimos terrerent".

Uma das primeiras conseqüências do que se disse anteriormente é que a mitologia dos gregos é um caos de idéias. Não um sistema, mas uma marchetaria de peças infindáveis e interligadas, impossíveis de separação. Como conseguiu tal coisa? Não conhecemos a vida, os costumes, as idéias ou mentalidades dos primeiros habitantes da Grécia. Sobre esse assunto, toda luz nos falta. Só nos restaria desejar uma história exata da filosofia dos povos vizinhos. Essa história nos teria sido transmitida, embora a seleção das superstições gregas misturadas com as dos bárbaros talvez ainda estivesse acima das forças do espírito humano.

Nos tempos antigos, os legisladores eram filósofos e poetas. O agradecimento e a imbecilidade elevavam, por sua vez, aqueles homens à categoria de deuses. Como adivinhar depois disso o que foi verdade, já disfarçada, após ter sido entregue durante séculos a pessoas cujo talento é fingir e cujo objetivo é assombrar? Se era necessário incitar os povos a algumas ações, consolá-los de seus fracassos, mudar um costume e introduzir uma lei, apoiavam-se em fábulas antigas, desfigurando-as, ou imaginavam outras novas.

Além disso, o símbolo e a alegoria têm a comodidade de permitir que a sagacidade do espírito ou a libertinagem da imaginação sejam aplicadas a coisas muito diversas. Mas, por meio dessas aplicações, no que se converte então o sentido verdadeiro? Altera-se cada vez mais. Logo a fábula adquiriu uma infinidade de sentidos e, no final das contas, a única coisa que fica é que parece mais engenhosa. Não devemos esperar, pois, que o sentido comum possa contentar-se com o que temos a dizer sobre a filosofia legendária dos gregos.

O nome Prometeu, filho de Jápeto, é o primeiro que se oferece a essa história. Prometeu separa os elementos da matéria e com eles compõe o homem, no qual as forças, a ação e os costumes irão variar segundo a combinação diversa dos elementos. Mas Júpiter, que Prometeu havia esquecido em seus sacrifícios, o priva do fogo que devia dar alma à sua obra.

Prometeu, conduzido por Minerva, sobe aos céus, aproxima a férula[10] de uma das rodas do carro do sol, recebe o fogo no caule oco da planta e o leva à Terra. Para castigar sua ousadia, Júpiter cria uma mulher, conhecida sob o nome de Pandora, dá-lhe uma caixa que encerrava todos os males que podiam desolar a raça dos homens, e a envia a Prometeu. Este devolve Pandora com a caixa fatal. O deus, vendo suas esperanças ludibriadas, ordena a Mercúrio prender Prometeu e conduzi-lo ao Cáucaso, onde um abutre faminto comerá seu fígado, constantemente regenerado. O que foi executado. Posteriormente, Hércules libertará Prometeu. Quantas variantes tem essa fábula? De quantos modos já foi explicada?

Segundo alguns, Prometeu jamais existiu. Esse personagem simbólico representa o gênio audacioso da raça humana. Outros não vêem inconveniente na existência de Prometeu. Mas com a mania de relacionar a mitologia pagã com as tradições dos hebreus, chega-se à dificuldade para fazer de Prometeu Adão, Moisés ou Noé. Há quem prentenda ter sido ele um rei dos citas, encarcerado por seus súditos por não haver impedido as inundações de um rio que devastou os campos. Acrescentam que Hércules desviou o rio para o mar e libertou Prometeu. Outros interpretam a fábula de maneira diferente. O Egito, dizem, teve um rei famoso que se elevou à condição dos deuses pelos grandes descobrimentos de um de seus súditos. Nos tempos legendários era como nos da História: os súditos mereciam estátuas; o soberano as erigia. Aquele rei foi Osíris e quem fez os descobrimentos foi Hermes. Osíris teve dois ministros, Mercúrio e Prometeu, aos quais confiou os descobrimentos de Hermes. Mas Prometeu fugiu e levou os segredos de Estado para a Grécia. Osíris indignou-se e encarregou Mercúrio de sua vingança. Mercúrio pôs armadilhas para Prometeu, o prendeu e o lançou no fundo de um cala-

10. Tipo de planta do Velho Continente, em grego chamado nártex.

bouço, de onde, no entanto, escapou com a ajuda de algum homem poderoso que o ajudou.

No que me concerne, sou da opinião dos que vêem nesse antigo legislador da Grécia um benfeitor de seus habitantes selvagens, a quem tirou da barbárie em que estavam imersos e lhes fez chegar os primeiros raios de luz da ciência e das artes. O abutre que o devora sem descanso não é mais do que o símbolo da meditação profunda e da solidão. Assim, tentou-se extrair as verdades das fábulas, mas a quantidade de explicações mostra, unicamente, quantas delas são incertas. Existe um bordado poético tão fundamente tecido que é impossível separá-lo sem rasgar a tela.

No entanto, considerando atentamente todo esse sistema, ficamos convencidos de que, em geral, serve ele de moldura a fatos históricos ou a descobrimentos científicos, e que Cícero tinha razão ao dizer que Prometeu nunca mais será atado ao Cáucaso; que Cefeu não teria sido transportado aos céus com sua mulher, filho e genro se não houvesse merecido, por algumas ações brilhantes, que a fábula se apoderasse de seu nome.

Lino sucedeu a Prometeu. Foi teólogo, filósofo, músico e poeta. Inventou a arte de fiar os intestinos dos animais e assim fez cordas sonoras que substituíram na lira os fios de linho com que era encordoada. Diz-se que Apolo, enciumado com tal engenho, o matou. É considerado o inventor do verso lírico; cantou os cursos da lua e do sol, a formação do mundo e a história dos deuses. Escreveu sobre as plantas e os animais e teve por discípulos a Hércules, Tâmiris e Orfeu. O primeiro foi um homem de mente torpe, que não gostava de castigos e que os merecia muitas vezes. Alguns autores acusam esse discípulo brutal de haver matado o mestre.

Orfeu, aluno de Lino, foi tão célebre entre os gregos como Zoroastro entre persas e caldeus, Buda entre os indianos e Toth ou Hermes entre os egípcios, o que não impediu Aristóteles e Cícero de pretenderem que Orfeu jamais tenha existido. Vejamos a passagem de Aristóteles e a ela nos refiramos por sua singularidade. Os epicuristas provavam a existência dos deuses pelas idéias que deles faziam. E Aristóteles lhes respondeu: – "Eu me faço uma boa idéia de Orfeu, personagem que jamais existiu". Mas toda a Antigüidade clama contra Aristóteles e Cícero. A fábula dá-lhe como pai Apolo e por mãe, Calíope; a história o considera contemporâneo de Josué. Vai da Trácia, sua pátria, ao Egito, onde se instrui em filosofia, teologia, astrologia, medicina, música e poesia. Retorna do Egito e vai para a Grécia onde é honrado por seus habitantes. E como não haveria de sê-lo, na qualidade de sacerdote e médico, quer dizer, como um homem que passava por saber curar enfermidades pela mediação dos deuses e trazer alívio quando se está aflito?

Orfeu teve o destino de todos os personagens célebres na época em que a História ainda não se escrevia. Os nomes legados à tradição eram cedo esquecidos ou confundidos; atribuía-se a um só homem tudo o que de memorável se realizava durante um grande número de séculos.

Os cristãos pretendem que os hebreus sejam o único povo cuja tradição conservou-se pura, sem alteração; mas tal privilégio, que se atribui exclusivamente a essa nação ignorante e feroz, não contém provas melhores que a inspiração de seus profetas e a divindade de sua religião.

A mitologia dos gregos é apenas um conjunto de superstições isoladas; com elas, Orfeu constituiu um corpo de doutrina; instituiu a divinação e os mistérios; celebrava cerimônias secretas, um meio seguro de dar aspecto solene a puerilidades como as festas de Baco e de Hécate, as de Elêusis, as panatenéias, as tesmofórias. Ordenava aos iniciados o mais rigoroso silêncio. Fixava regras para a eleição de seguidores, resumidos, quanto à participação nos mistérios, àqueles de alma sensível, imaginações ardentes e constantes, capazes de uma dupla visão e de incendiar os espíritos dos outros. Recomendava provas consistentes de purificações, confissão de faltas cometidas, mortificação da carne, continência, abstinência, isolamento e a maior parte das austeridades monacais. Para conseguir que o segredo dessas assembléias fosse impenetrável aos profanos, estatuiu diferentes graus de iniciação, e as iniciadas tinham um idioma particular, com caracteres hieroglíficos.

Construiu sua lira de sete cordas; inventou o verso hexâmetro e superou a todos os que com ele praticavam na Europa. Este homem extraordinário teve uma ascendência assombrosa sobre os espíritos, ao menos se o julgarmos pelas hipérboles que os poetas nos deixaram. Com sua voz, as águas paravam de correr; a rapidez dos rios refreava-se; os animais e as árvores acudiam; as ondas do mar se apaziguavam e a natureza permanecia suspensa na admiração e no silêncio. Efeitos maravilhosos que Horácio descreveu com força e, Ovídio, com uma delicadeza mesclada de dignidade:

> A que varão, ó Clio, vais eleger para cantá-lo com a heróica lira ou a aguda flauta? A que deus cantarão com elas, cujos sons repitam alegremente seu nome nas umbrosas faldas do Hélicon, sobre o Pindo ou o gélido Hemo, de onde já as selvas acompanhavam o canto de Orfeu que com sua arte materna detinha os cursos rápidos e os céleres ventos e, brandamente, dominava os carvalhos que lhe pareciam ouvir[11].

E Ovídio (*Metamorfoses*, livro x): "Collis erat, collemque super planissima campi / área, quam viridem faciebant graminis herbae; / umbra loco deerat, qua postquam poste rescedit, / dis genitus vates et fila fonantia movit, / umbra loco venit" (havia uma colina e, sobre ela, uma planíssima terra, de ervas verdejantes; ali não havia sombra, pois só após o divino poeta as cordas tangesse, cairia a sombra sobre o lugar).

Os que não apreciam maravilhas poderão contrapor aos versos do poeta lírico outra passagem na qual se expressa

11. "Quemvirum aut heroa lyra vel acri / tíbia sumis celebrare, Clio, / quem deum? Cujus recinet jocosa / nomen imago / aut in umbrosis Heliconis oris / aut Super Pindo gelidove in Haemo, / unde vocalem temere insecutae / Orphea sylvae / arte materna rapidos morantem / fluminum lapsus, celeresque ventos / blandum et auritas fidibus canoris / ducere quercus".

como filósofo, e reduz a prodigiosa história de Orfeu a feitos bastante comuns: "Sylvestres homines facer interpresque deorum, / caedibus et victu faedo deterruit Orphoeus / dictus ab hoc lenire tigres, rapidosque leones" (o divino Orfeu, intérprete dos deuses, afastou os homens selvagens da vida criminosa e, por isso, diz-se que amansou tigres e ágeis leões).

Isso quer dizer que Orfeu foi um homem astuto e eloqüente, que fazia os deuses falarem para domesticar a manada dos homens estúpidos e impedi-los de se matarem. E quantos outros acontecimentos não se reduziriam a fenômenos naturais se nos permitíssemos separar da narração a ênfase com que nos foram transmitidas.

Considerando as precauções que Orfeu havia tomado para esconder sua teologia do conhecimento dos povos, é difícil confiar na exatidão do que sobre ela recolheram os autores. Se um descobrimento é essencial para o bem da sociedade, privá-la dele é revelar-se um mau cidadão; se tal descobrimento é pura curiosidade, não valeria a pena obtê-lo ou ocultá-lo. Útil ou não, mantê-lo em segredo é ter uma idéia equivocada do interesse de sua reputação. Pois ou o perdemos depois da morte do inventor, ou outro indivíduo também o assume e compartilha a honra da invenção. Há que se levar em conta o julgamento da posteridade e reconhecer que nosso silêncio será lamentado, como o fazemos a respeito da taciturnidade e dos hieróglifos dos sacerdotes egípcios, dos números pitagóricos e da dupla doutrina da Academia.

Formando um juízo sobre a doutrina de Orfeu com os fragmentos que nos chegaram, espalhados por diversos autores, pensava ele que Deus e o Caos coexistiam desde toda a eternidade; que estavam unidos; que Deus encerrava em si tudo o que foi, é e será; que a lua, o sol, as estrelas, os demais deuses e todos os seres da natureza dele provinham; que teriam, pois, sua essência; que está presente em cada uma de suas partes; que é a força que os governa e fez evolver; que tudo dele provém, estando ele em tudo; que há tantas divindades subalternas como substâncias no universo; que se deve adorá-las; que o Deus gerador, criador, é incompreensível; que estando presente no conjunto geral dos seres, só a totalidade pode ser a sua imagem; que como tudo dele procede, a ele retornará; é nele que os homens piedosos encontrarão a recompensa de suas virtudes; que a alma é imortal, mas há lustrações e cerimônias que a purgam de faltas e a restituem ao seu princípio, tão pura quanto emanou de Deus.

Admitia espíritos, demônios e heróis. Dizia que o ar foi o primeiro ser emanado do seio de Deus e que se postou entre o Caos e a noite. Do Caos e do ar foi engendrado um ovo, do qual Orfeu fez nascer uma série de infantilidades pouco dignas de relato.

Vemos que, em geral, reconhecia duas substâncias necessárias, Deus e o Caos: Deus, princípio ativo, e o Caos, a matéria ainda sem forma, princípio passivo. Pensava, além disso, que o mundo acabaria pelo fogo e que das cinzas do universo abrasado outro renasceria.

Que seja de Orfeu ou de outro, a opinião de que os planetas e a maior parte dos corpos celestes estejam habitados, como a Terra, é muito antiga. Vejo essas pequenas porções de filosofia que o tempo nos trouxe como as tábuas que o vento arrasta até nossas praias, depois dos naufrágios, e que, nessa ocasião, nos permitem observar a dimensão do navio.

Não faço referências à sua descida aos infernos; deixo essa ficção para os poetas. Podemos acreditar em sua morte do modo como quisermos; podemos crer que, após ter perdido Eurídice, começou a pregar o celibato, já que as mulheres, indignadas, o massacraram durante os festejos de Baco; ou que esse Deus vingativo, a quem Orfeu não cantava, e Vênus, cujo culto havia abjurado por outro que a desagradava, excitaram as bacantes, que então o destroçaram. Ou ainda que foi fulminado por Júpiter, como a maior parte dos heróis dos tempos legendários; que as mulheres trácias desfizeram-se do homem que arrastava de casa seus maridos; ou que foi vítima dos povos que, impacientemente, suportavam o julgo das leis que ele lhes impusera. Todas essas opiniões são tão pouco seguras como aquela outra que o poeta das *Metamorfoses* cantou com sua imaginação e sua lira: "Caput, Hoebre, lyramque / excipis et mirum dum labitur amne, / flebile nescio quid queritur Lyra, flebile língua / murmurat exanimis, respondet flebile ripae" (Recolhe, ó Hebro, sua cabeça e lira, e, ó coisa admirável!, enquanto deslizam em meio ao rio a lira queixa-se de um não sei que comovente choro e a língua, exânime, murmura prantos; e a ambas respondem as margens com lamentos).

Ó doces ilusões da poesia, não tendes menos encantos para mim do que a verdade! Poderias comover-me e agradar-me até meus últimos instantes!

As obras atribuídas a Orfeu que nos ficaram e aquelas que apareceram no começo da era cristã, em meio às dissensões entre cristãos, judeus e filósofos pagãos, são todas supostas. Foram difundidas por judeus que buscavam ganhar a consideração dos gentios; por cristãos que não desdenhavam recorrer a esse pequeno ardil para, aos olhos dos filósofos, dar apoio a seus dogmas absurdos; ou ainda pelos próprios filósofos que as utilizaram para sustentar suas opiniões com grande autoridade. Fabricaram com isso um mau livro: incluíram os dogmas que desejavam acreditar e o encabeçaram com o nome de um autor célebre. Mas o logro revelou-se nas contradições das diferentes obras.

Museu foi discípulo de Orfeu. Teve o mesmo talento, a mesma filosofia e obteve entre os gregos os mesmos êxitos e honras iguais. Atribui-se-lhe a invenção da esfera, mas logo foi ela reivindicada em favor de Atlas e de Anaximandro. O poema de *Leandro e Hero* e o hino intitulado *Museu* não são dele. Enquanto alguns autores dizem que morreu em Falera, outros asseguram que nunca existiu. A maior parte dos homens antigos, que mantinha em segredo seus conhecimentos, conseguiu com isso tornar sua existência duvidosa. Tâmiris sucedeu a Museu na história legendária. Ganhou prêmio nos jogos olímpicos e desafiou as musas para um torneio de canto no qual foi vencido e castigado com a perda da visão e o esquecimento de seus talentos. Diz-se de Tâmiris o que Ovídio disse de Orfeu: "Ille etiam Thracum populis fuit autor amorem / in teneros transferre mares, citraque juventam / aetatis breve ver et primos carpere flores" (foi ele quem ensinou aos trácios infundir o amor nos jovens e a recolher as primeiras flores da vida breve que antecede a juventude). Esta é a refutação de uma arte maliciosa.

Anfião, contemporâneo de Tâmiris, acrescenta três cordas à lira de Orfeu e suaviza os costumes tebanos. Três coisas, disse Juliano, o converteram em poeta: o estudo da filosofia, o gênio e a ociosidade.

Melampo, que apareceu após Anfião, foi teólogo, filósofo, poeta e médico. Ergueram-lhe templos depois de sua morte por haver curado as filhas de Preto de furor ulterino. Conta-se que usou eléboro.

Hesíodo, sucessor de Melampo, foi contemporâneo de Homero. Deixaremos as particularidades de sua vida, que são incertas, e exporemos a análise de sua Teogonia.

O Caos, disse Hesíodo, existiu antes de tudo. A Terra veio depois dele. Em seguida, surgiu o Tártaro nas entranhas da Terra. Então nasceu o Amor, o mais antigo e belo dos imortais. O Caos engendrou Érebo e a Noite; esta gerou o Ar e o Dia; a Terra engendrou o Céu, o Mar, as Montanhas; o Céu e a Terra uniram-se e deram origem ao Oceano, a filhos e filhas e depois a Saturno, aos ciclopes Brontes, Estérope e Arges, fabricantes de raios; depois aos ciclopes Coto, Briareu e Giges. Desde o princípio, os filhos da Terra e do Céu opuseram-se ao pai e se conservaram escondidos nas entranhas da Terra. Esta atiçou os filhos contra o marido e Saturno cortou os testículos do Céu. O sangue da ferida caiu sobre a Terra e produziu os Gigantes, as Ninfas e as Fúrias. Dos testículos jogados ao mar nasceu uma deusa, ao redor de quem se reuniram os Amores – Vênus. O Céu predisse aos filhos que seria vingado. A noite engendrou Nêmesis, as Hespérides, a Fraude, a

Disputa, o Ódio, a Amizade, Momo, o Sono, a tropa ligeira dos sonhos, a Dor e a Morte. A disputa gerou o Trabalho, a Memória, o Esquecimento, as Guerras, os Assassinatos, a Mentira e o Perjúrio. O mar gerou Nereu, o justo e verdadeiro Nereu, e depois filhos e filhas que engendraram todas as raças divinas. O Oceano e Tétis tiveram três mil filhos. Réia foi mãe da Lua, da Aurora e do Sol. O Estige, filho de Oceano, gerou Zelos, Niceo, a Força e a Violência, que sempre estiveram sentados ao lado de Júpiter. Febo gerou Latone, Astéria e Hécate, a quem Júpiter honrou sobre todos os imortais. Réia teve de Saturno Vesta, Ceres, Plutão, Netuno e Júpiter, pai dos deuses olímpicos e dos homens. Saturno, sabendo que um dia seria destronado por um de seus filhos, os comia à medida em que nasciam. Réia, aconselhada pela Terra e pelo Céu, escondeu Júpiter, o mais jovem, em uma caverna da ilha de Creta.

Isso é o que Hesíodo, em versos admiráveis, nos transmitiu – uma mescla total de muitas fábulas gregas. Veja-se o comentário que Brucker fez a essas fábulas. Se foram utilizadas para esconder algumas verdades, temos de confessar que o conseguiram. Se Hesíodo pudesse ressuscitar seria suficiente ouvir o que os alquimistas dizem da fábula de Saturno para que se surpreendesse grandemente. Desde um tempo imemorial, os planetas e os metais têm sido designados pelos mesmos nomes. Entre os metais, Saturno é o chumbo. Saturno devora a quase todos os seus filhos; paralelamente, o chumbo ataca a maior parte das substâncias metálicas. Para curar-lhe a avidez cruel, Réia faz-lhe comer uma pedra; o chumbo, ao unir-se com pedras, vitrifica-se e deixa de atacar os metais. Nessa classe de explicações, encontro muito engenho e pouca verdade.

Uma reflexão que nos vem ao lermos o poema de Hesíodo intitulado *Os Trabalhos e os Dias* é que naqueles tempos a pobreza era um vício; o pão só faltava para os preguiçosos. E assim deveria ser em todo Estado bem governado.

Entre os teogonistas e os fundadores da filosofia legendária dos gregos cabe também citar Epimênides de Creta e Homero.

Epimênides ajudou Sólon na escolha das leis promulgadas em Atenas. Todo o mundo conhece o grande sono de Epimênides: é, conforme toda aparência, a alegoria de uma longa ausência.

Homero, teólogo, filósofo e poeta escreveu, aproximadamente, novecentos anos ante da era cristã. Imaginou o cinturão de Vênus e foi o pai das Graças. Suas obras foram atacadas e proibidas. Há duas frases de homens célebres que me apraz comparar: um dizia que Homero deixaria de ser lido em menos de vinte anos; outro, que a religião duraria, no máximo, uns cem anos. Creio que a primeira frase indica falta de filosofia e de gosto; e a segunda, falta de filosofia e de fé.

Isto é o mais suportável que poderíamos reunir sobre a filosofia legendária dos gregos. Passemos à sua filosofia política.

Filosofia Política dos Gregos

A religião, a eloqüência, a música e a poesia haviam preparado os povos da Grécia para receber as ordens da legislação; mas esse jugo ainda não lhes fora imposto. Haviam abandonado o recôndito dos bosques e se agrupado. Haviam construído casas e erguido altares; cultivavam a terra e ofereciam sacrifícios aos deuses. No mais, careciam de acordos que os ligassem entre si e de chefes a quem se submeter com consentimento unânime. Algumas noções vagas do justo e do injusto constituíam toda a norma de conduta. Se se controlavam, isso se devia menos a uma autoridade pública do que ao temor de um ressentimento particular. Mais o que era esse medo? Era o mesmo que se tinha dos deuses? O que é a voz da consciência sem a autoridade e ameaça das leis?

As leis, as leis: essas são as únicas barreiras que se podem levantar contra as paixões dos homens. É a vontade geral aquilo que se deve opor às vontades particulares. Sem uma espada que se mova uniformemente sobre a superfície de um povo, que corte ou obrigue a baixar as cabeças audazes que se levantam, o fraco permanece exposto à injúria do mais forte; reina o tumulto e, com ele, o crime. Seria melhor, para a segurança dos homens, permanecerem espalhados que ter as mãos livres e viver como vizinhos. Com efeito, o que nos oferece a história dos primeiros tempos civilizados da Grécia? Assassinatos, raptos, adultérios, incestos, parricídios. Esses eram os males a serem remediados quando Zaleuco apareceu. Era o mais indicado por seus talentos, embora não por seu caráter. Homem duro, havia sido pastor e escravo; acreditava que se devia mandar em homens como se comandam os animais e dirigir um povo como a um rebanho.

Se um europeu tivesse que impor leis aos selvagens do Canadá, sendo testemunha dos excessos a que chegam quando embriagados, sua primeira idéia seria a de proibir-lhes beber. Essa foi também a primeira lei de Zaleuco. Condenou o adúltero com a pena da cegueira e, tendo seu filho sido condenado por esse crime, ordenou que lhe arrancassem um olho, enquanto ele mesmo arrancou-lhe o outro. Concedeu tanta importância à legislação que, fosse quem fosse, não lhe permitia falar senão na presença de mil cidadãos, com a corda no pescoço. E tendo transgredido a lei que decretara em tempo de guerra, a qual punia com a morte quem se apresentasse armado na assembléia do povo, autocastigou-se, suicidando-se. Alguns atribuem a maior parte destes fatos a Carondas, e outros a Dioclés de Siracusa. Fosse quem fosse, demonstra-se quanto respeito se exigia perante a lei, e que perigo havia ao se deixar o cumprimento das regras à responsabilidade privada das pessoas.

Carondas de Catânia ocupou-se de política e ditou suas leis na mesma época em que Zaleuco obrigava a cumprir as suas. Os frutos de sua sabedoria não permaneceram restritos à pátria; foram aproveitados por diversas regiões da Sicília e da Itália.

Foi então quando Triptólemo melhorou os costumes das cidades de Eleusina, embora, com o tempo, suas instituições tenham sido abolidas.

Drácon as recolheu e acrescentou-lhes tudo o que seu amor feroz lhe sugeriu. Dele foi dito que não escreveu suas leis com tinta, mas com sangue.

Sólon mitigou o sistema político de Drácon. E, na continuação, a obra de Sólon foi aperfeiçoada por Teseu, Clístenes, Demétrio de Faleros, Hiparco, Pisístrato, Péricles, Sófocles e outros gênios de primera ordem.

O célebre Licurgo apareceu durante o transcurso da primeira olimpíada. A ele estava reservado submeter um povo inteiro a uma espécie de regra monástica. Conhecia os governos do Egito. Não escreveu suas leis. Seus depositários eram os soberanos que, segundo as circunstâncias, podiam estendê-las, restringi-las ou derrogá-las, sem inconvenientes. Tais leis eram tema dos cantos de Tirteu, Terpandro e de outros poetas da época.

Radamante, o que mereceu, por sua integridade, a função de juiz dos infernos, foi um dos legisladores de Creta. Ao propor suas instituições em nome de Júpiter, restituiu-lhes a respeitabilidade. O medo das dissensões que a religião ou a veneração aos deuses pode suscitar, o levou até mesmo a proibir que seus nomes fossem pronunciados.

Minos foi o sucessor de Radamante, o êmulo de sua justiça em Creta e seu colega nos infernos. Consultou Júpiter nas cavernas do monte Ida e por isso promulgou não seus ordenamentos aos povos, mas a vontade dos deuses.

Os sábios da Grécia sucederam aos seus legisladores. A vida desses homens, tão louvados por seu amor à virtude e à verdade, não é, comumente, mais do que uma enfiada de mentiras e de infantilidades, a começar pela historieta que lhes fez tributários do título de sábios.

Alguns jovens jônios encontram uns pescadores de Mileto e lhes pagam para que os deixem usar a rede. Ao puxá-la, encontram entre os peixes uma trípode de ouro. Os jovens pretendiam ter comprado tudo o que houvessem retirado do mar, enquanto os pescadores exigem que só lhes pertençam os peixes. Vão então ao oráculo de Delfos que adjudica a trípode ao mais sábio dos gregos. Os milésios a oferecem a Tales; o sábio Tales a transmite ao sábio Bias; este, a Pítacos; Pítacos a outro sábio que o entrega a Sólon, que restitui a Apolo o título de sábio e a trípode.

Houve sete sábios na Grécia. Por sábio entendia-se então um homem capaz de conduzir outros. Está-se de acordo com o número, mas diverge-se quanto aos personagens. Tales, Sólon, Quílon, Pítacos, Bias, Clóbulos e Períandros são geralmente os mais reconhecidos. Os gregos, inimigos do despotismo e da tirania, substituíram Períandros; alguns por Míson, outros por Anácarsis. Começaremos por Míson.

Míson nasceu em uma cidade obscura. Seguiu o gênero de vida de Tímon e de Apemanto. Tinha a firme opinião de que os gregos sofriam de uma ridícula vaidade. Estimulou seus concidadãos à prática da virtude, mais por seu exemplo do que por seus discursos. Foi verdadeiramente um sábio.

Tales foi o fundador da escola jônica. Remetemos ao artigo "Jônica, Seita", no qual explicamos a história de suas opiniões.

Sólon sucedeu a Tales. Apesar da pobreza de sua família, gozou da maior consideração. Descendia de Codro. Execéstides, para recuperar uma fortuna que havia desperdiçado prodigamente, levou seu filho para o comércio. O conhecimento dos homens e das leis foi a principal riqueza que obteve o filósofo nas viagens que empreendeu como comerciante. Foi repreendido por ser excessivamente dedicado à poesia. Ninguém conheceu tão bem o espírito superficial e os atos frívolos de seus concidadãos, nem os soube melhor aproveitar. Os atenienses, desesperados com retomar Salamina após várias tentativas inúteis, decretaram a pena de morte a quem propusesse de novo a expedição. Sólon considerou a lei vergonhosa e prejudicial. Simulando insensatez, apresentou-se em praça pública com uma coroa cingida à fronte e pôs-se a recitar elegias que havia composto. Os atenienses começaram a rodeá-lo, o escutavam e aplaudiam, e ele então exortou-os a renovar a luta por Salamina. Pisístrato o apoiou, a lei foi revogada e marcharam contra os habitantes de Mégara, derrotando-os: assim Salamina foi retomada. Convinha, no entanto, prevenir a desconfiança que o sucesso pudesse infundir aos lacedemônios e o alarme que pudesse suscitar no resto da Grécia. Sólon encarregou-se dessa missão e teve êxito; mas o que o cobriu de glória foi a derrota dos cirenaicos, contra quem também dirigiu seus compatriotas. Aqueles foram severamente castigados pelo desprezo manifestado à religião.

Foi então quando os atenienses se dividiram por causa da forma de governo. Uns se inclinavam pela democracia; outros, pela oligarquia ou qualquer administração mista. Os pobres estavam a tal ponto endividados que os ricos se converteram em proprietários de seus bens e liberdade. Eram donos inclusive de seus filhos, que já não suportavam a miséria. A agitação podia ter conseqüências funestas. Fizeram-se assembléias. Todos se dirigiram a Sólon e o encarregaram de deter o deslize da cidade em direção à ruína. Elegeram-no arconte no terceiro ano da quadragésima sexta olimpíada. Sólon restabeleceu a paz e os bons costumes de Atenas. Socorreu os pobres sem prejudicar demais os ricos. Dividiu o povo em tribos, instituiu as câmaras de magistrados, publicou suas leis e, empregando alternativamente a persuasão e a força, acabou com os obstáculos que encontrava. O eco de sua sabedoria penetrou até a mais longínqua Cítia e atraiu para Atenas Anácarsis e Toxaris, os quais chegaram a ser seus administradores, discípulos e amigos.

Após ter prestado o último serviço à pátria, exilou-se. Achou que sua ausência seria necessária para acostumar seus concidadãos a interpretar as leis por si mesmos, já que, continuamente, o fatigavam com suas dúvidas. Foi ao Egito, onde conheceu a Psenofe, e a Creta, onde foi útil, por seus conselhos, ao soberano. Visitou Tales, esteve com outros sábios, teve uma entrevista com Períandros e morreu em Chipre, aos oitenta anos. O desejo de aprender, que lhe consumiu toda a vida, só se apagou na morte. Em seus últimos momentos ainda estava rodeado de amigos e conversava sobre as ciências que tanto estimava.

Sua filosofia prática foi simples. Reduzia-se a umas quantas máximas comuns, tais como: não se desviar nunca da razão; não manter contato com os maus; meditar sobre as coisas úteis; evitar a mentira; ser amigo fiel; considerar a finalidade de todas as ações. São coisas que dizemos aos nossos filhos, mas tudo o que se pode fazer na idade madura é praticar as lições recebidas durante a infância.

Quílon da Lacedemônia ascendeu ao eforado na época de Eutidemo. Poucos homens houve mais justos do que ele. Na velhice, a única falta de que se lamentava era a de ter subtraído à severidade da lei, por amizade, uma pessoa culpada. Era paciente. Tendo o irmão se indignado com a preferência que lhe foi concedida pelo povo à magistratura, respondeu-lhe: "Não sabes suportar uma injúria, mas eu, sim". Suas frases eram lacônicas: "Conhece-te a ti mesmo. Nada em demasia. Deixa em paz os mortos". Sua vida decorreu segundo suas normas. Morreu alegre, abraçado ao filho que vencera nos jogos olímpicos.

Pítacos nasceu em Lesbos, na trigésima primeira olimpíada. Estimulado pelos irmãos do poeta Alceu, e desejando ardentemente libertar sua pátria, começou cumprindo esse perigoso intento. Em agradecimento pelo serviço, seus concidadãos o nomearam general na guerra contra os atenienses. Pítacos propôs a Frínon, que comandava os inimigos, poupar o sangue de tantas pessoas honestas que lhe seguiam e, por um duelo, encerrar a disputa entre ambos os povos. Aceito o desafio, Pítacos envolveu Frínon em uma rede de pesca, que havia cingido ao escudo, e o matou. Na repartição de terras, concederam-lhe tantas quantas quisesse acrescentar aos seus domínios. Pediu apenas o terreno que conseguisse cobrir com o lançamento do dardo, e ficou com a metade. Prescreveu boas leis ao país e, depois da paz alcançada, como lhe haviam requisitado a autoridade confiada, renunciou. Morreu aos setenta anos, depois de passar os últimos dez na doce obscuridade da vida privada. Não há uma só virtude pela qual não mereça ser louvado. Mostrou elevação de alma, sobretudo pelo desprezo com as riquezas de Creso; firmeza na maneira como suportou a morte imprevista do filho; e paciência, ao agüentar, sem lamúrias, a soberba de uma mulher imperiosa.

Bías de Priene foi um homem cheio de humanidade: resgatou os prisioneiros messênios e os devolveu a seus familiares. Todo o mundo sabe sua resposta aos que o censuraram depois de ter saído com as mãos vazias de sua cidade, abandonada à pilhagem inimiga: "Comigo levo tudo". Foi orador célebre e grande poeta. Jamais ocupou-se com uma causa má e sentir-se-ia desonrado se houvesse empregado sua voz em defesa do crime e da injustiça. Nossos cortesãos não têm a mesma delicadeza. Comparou os sofistas a pássaros noturnos, aos quais a luz do sol fere os olhos. Morreu em meio a uma audiência, nos braços de parentes, quando terminava uma causa que houvera ganho.

Clébulos de Lindo, cidade da ilha de Rodes, sobressaiu-se primeiro por sua força e beleza, antes de sua sabedoria. Para instruir-se, viajou ao Egito, seminário de todos os grandes homens da Grécia. Teve uma filha, chamada Eumetide ou Clebulina, que honrou o pai. Morreu aos setenta anos, depois de haver governado seus compatriotas com benevolência.

Teríandros, o último sábio, seria indigno desse título se houvesse merecido uma parte mínima das injúrias que os historiadores lhe fizeram. Seu grande crime, segundo parece, foi haver exercido a soberania absoluta em Corinto. A aversão dos gregos por tudo o que cheirasse a despotismo era tanta que não podiam acreditar que um monarca pudesse ensombrecer a virtude, embora vejamos Períandros, por suas invectivas, mostrar-se grande na guerra e na paz, e não ter sido inepto nem à frente dos negócios nem dos exércitos. Morreu aos oitenta anos, no quarto ano da quadragésima oitava olimpíada.

Poderíamos acrescentar a estes homens Esopo, Teógnis, Focilide e quase todos os poetas dramáticos. É inimaginável a influência desses autores sobre o governo, dada a paixão grega pelos espetáculos.

Terminaremos este resumo da filosofia política dos gregos com uma pergunta: como a maior parte dos sábios pôde ser tão célebre fazendo coisas tão pequenas? Deles não resta nenhuma obra importante e suas vidas não oferecem ações brilhantes. Estamos de acordo em que, atualmente, a imortalidade não é outorgada a preço tão baixo. Será que os nossos juízos mudam com as circunstâncias, apesar da utilidade geral, que incessantemente varia, ser a medida permanente de nossa admiração? Do que precisam os gregos apenas saídos da barbárie? De homens com grande tino, firmes na prática da virtude e acima da sedução das riquezas e dos terrores da morte. Isso é que os sábios foram. Hoje em dia, no entanto, são outras as qualidades que criam uma reputação atrás de si: é o gênio, não a virtude, que hoje faz célebres os homens. A obscura virtude, entre nós, se exerce em uma esfera estreita, pequena. Só há um ser privilegiado cuja virtude poderia influenciar o bem-estar geral – o soberano. O resto das pessoas honestas morre e delas não mais se fala. A virtude teve o mesmo destino entre os gregos nos séculos seguintes.

Da Filosofia das Escolas Gregas

Quanto mudou esse povo! Do mais estúpido dos povos chegou a ser o mais delicado; do mais feroz, o mais educado. Seus primeiros legisladores, de quem a nação recebeu o nome de seus deuses, cujas estátuas decoram as praças públicas e são reverenciados em seus templos, teriam dificuldade de reconhecer os descendentes daqueles terríveis selvagens que, num determinado momento, arrancaram do fundo das matas e dos esconderijos. Essa é a perspectiva sob a qual devemos considerar agora os gregos, sobretudo Atenas.

Uma parte, entregue à superstição e ao prazer, foge em uma manhã dos braços das mais belas cortesãs para ressurgir nas escolas dos filósofos e encher os ginásios, os templos e os teatros: são a juventude e o povo. Outra, entregue totalmente aos assuntos de Estado, medita sobre os grandes feitos e os grandes crimes: são os chefes da república, aos quais um populacho inquieto faz sacrifícios por obras e proteção. Um grupo, metade sério, metade brincalhão, passa o tempo compondo tragédias, comédias, discursos eloqüentes e canções imortais – são os retóricos e os poetas. Entre tantos, alguns homens tristes e resmungões desprezam os deuses, denigrem os costumes do país, censuram a nescidade dos grandes e se destroçam entre si. A isso chamam *amar a virtude e procurar a verdade* – são os filósofos, de quando em quando perseguidos e afugentados por sacerdotes e magistrados.

Qualquer que seja o lugar da Grécia para o qual olharmos, encontraremos o selo do gênio, o vício ao lado da virtude, a sabedoria com a loucura, a desídia e o esforço; as artes, os trabalhos, a volúpia, a guerra, os prazeres. Mas não busqueis a inocência – ela não existe.

Os bárbaros puseram na Grécia o primeiro germe da filosofia. Esse germe não poderia cair em terreno mais fecundo. Pouco depois, brotou uma árvore imensa, cujos galhos, estendendo-se pelas idades e de região em região, cobriram sucessivamente a superfície da Terra. Podemos considerar as escolas jônica e a de Samos como os principais troncos desta árvore.

Da Escola Jônica

Tales foi sua cabeça. Introduziu o método científico em filosofia e mereceu ser o primeiro a quem chamaram de filósofo, tomando essa palavra conforme a acepção em uso atualmente. Teve um grande número de seguidores. Ensinou matemáticas, metafísica, teologia, moral, física e cosmologia. Observou os fenômenos da natureza, uns como causa, outros como efeitos, e procurou relacioná-los. Sucedeu-o Anaximandro. Anaxímenes, a Anaximandro. Anaxágoras, àquele. Diógenes de Apolônia, a Anaxágoras; e Arquelau, a Diógenes. Da escola jônica nasceu o socratismo e o peripatetismo.

Do socratismo – Sócrates, discípulo de Arquelau, fez a filosofia descer do céu, encerrou-se na metafísica, na teologia e na moral. Teve por discípulos Xenofonte, Platão, Aristóxeno, Demétrio de Falera, Panécio, Calisteno, Sátiro, Esquínio, Críton, Címon, Cebes e Tímon, o misantropo. A doutrina de Sócrates dá lugar à escola cirenaica, sob Aristipo; à seita megárica, sob Euclides; à escola de Elis, sob Fédon; ao academicismo, sob Platão, e ao cinismo, sob Antístenes.

Do cirenaísmo – Aristipo ensinou lógica e moral; teve por discípulos Aretê, Hegesias, Annio, Teodoro, o ateu, Evêmero e Bíon de Boristenita.

Do megarismo – Euclides de Mégara, sem descuidar da parte da filosofia socrática, dedicou-se particularmente ao estudo das matemáticas; teve por discípulos Eubulides, Alexinos, Ecfantos, Apolônio, Crono, Diodoro e Stílpon.

Da escola elíaca e eretríaca – A doutrina de Fédon foi a mesma de seu mestre. Teve por discípulos Menedemo e Asclepíades.

Do platonismo – Platão fundou a escola acadêmica. Ensinou quase todas as ciências – matemáticas, geometria, dialética, metafísica, psicologia, moral, política, teologia e física. Houve três academias: a primeira ou antiga, sob Spêusipos, Xenócrates, Pôlemon, Crates e Crantor; a segunda ou média, sob Arquitas e Lácide; e a terceira ou nova, sob Carnéades, Clitômaco, Fílon, Cármides e Antíoco.

Do cinismo – Antístenes ensinou apenas moral. Teve como discípulos Diógenes, Onesicrito, Máximo, Hiparquias, Metroclés, Menedemo e Menipo. O cinismo deu lugar ao estoicismo, escola fundada por Zenão, discípulo de Crates.

Do estoicismo – Zenão ensinou lógica, metafísica, teologia e moral. Teve por discípulos a Perseu, Ariston de Quíos, Herilo, Esfero, Atenodoro, Cleanto, Crisipo, Zenão de Tarso, Diógenes, o babilônico, Antipater de Tarso, Panécio, Posidônio e Jasão.

Do peripatetismo – Aristóteles foi seu fundador. Montaigne disse dele que não havia deixado uma só pedra sem ser movida. Aristóteles escreveu sobre toda classe de assuntos e, quase sempre, com genialidade. Ensinou lógica, gramática, retórica, poética, metafísica, teologia, moral, política, história natural, física e cosmologia. Teve por seguidores Teofrasto, Estratão de Lâmpsaco, Lícon, Aríston, Critolaus, Diodoro, Dicearco, Eudemo, Heráclides do Ponto, Fánion, Demétrio de Falera e Jerônimo de Rodes.

Da Escola de Samos

Pitágoras foi o fundador. Ali ensinou aritmética, como ciência dos números, geometria, música, astronomia, teologia, medicina e moral. Pitágoras teve por seguidores seu filho Aristeu, Nesarco, Ecfanto, Hípon, Empédocles, Epicarno, Ocelo, Timeu, Árquitas de Tarento, Almeão, Hipaso, Filolau e Eudoxo. Com a escola de Samos se relacionam a escola eleática, o heraclitismo, o epicurismo e o pirronismo ou ceticismo.

Da escola eleática – Xenófanes foi seu fundador. Ensinou lógica, metafísica e física. Teve como discípulos Parmênides, Meliso, Zenão de Eléia e Leucipo, o qual mudou totalmente a filosofia da escola, abandonando a maior parte das matérias tratadas e limitando-se à física. Teve por seguidores Demócrito, Protágoras e Anaxarco.

Do heraclitismo – Heráclito ensinou lógica, metafísica, teologia e moral. Teve por discípulo a Hipócrates que, por si só, valia por muitos.

Do epicurismo – Pirro só ensinou a duvidar. Teve por seguidores Tímon e Enesidemo.

Essa foi a filiação das diferentes escolas que se repartiram na Grécia, com seus fundadores, os nomes dos principais seguidores e as matérias com que se preocupavam. Encontraremos nos artigos correspondentes a exposição de suas idéias e a história resumida de suas vidas.

Face a essa descrição, surge-nos um comentário natural: a que depois de haverem muito estudado, refletido, escrito e discutido, os filósofos gregos acabaram por chegar ao pirronismo. Será então verdade que o homem está condenado a aprender uma só coisa e com grande dificuldade? E que é seu destino morrer sem ter sabido nada?

A respeito do progresso da filosofia dos gregos, consultai, para além de sua religião, os artigos referentes às diferentes escolas, a história da filosofia em geral, a filosofia dos cristãos do Ocidente, os escolásticos etc., e vereis que esta filosofia se difunde igualmente nas vitórias e derrotas dos gregos.

Não podemos encerrar de maneira melhor do que com uma passagem de Plutarco, que nos mostra até que ponto, em política, Alexandre foi superior a seu mestre, e o grande elogio que faz de uma filosofia sã, capaz de servir de lição aos governantes.

A pólis ou a forma de governo que Zenão, o fundador e primeiro autor da escola dos filósofos estóicos, imaginou como a de condição mais estimada tem por objetivo quase que uma só coisa, a saber: que nós, os homens em geral, não vivamos divididos por cidades, povos e nações, separados por leis, direitos e costumes, mas que consideremos homens a todos, burgueses e cidadãos particulares; que haja um só tipo de vida, como há um só mundo, nem mais nem menos como um só rebanho apascentando os mesmos pastos em terras comuns. Zenão escreveu isso como se fosse um sonho ou uma idéia de administração e de leis filosóficas que havia imaginado. Mas Alexandre não seguiu os conselhos de seu preceptor Aristóteles, que lhe dizia que se comportasse com os gregos como se fosse um pai e, com os bárbaros, como senhor. Que cuidasse de uns como amigos e parentes, e dos outros como se se tratasse de plantas ou de animais. Se houvesse feito tal coisa, teria enchido seu império de desterrados, que são sementes ocultas de guerra, facções e partidarismos perigosos. Pelo contrário, crendo ser enviado do céu, como reformador de todos, governador e reconciliador do universo, a aqueles que não pôde reunir com conselhos da razão, obrigou-os pela força das armas e, constituindo um todo com pessoas de todas as partes, fazendo com que todos bebessem, por assim dizer, em uma mesma taça de amizade, mesclando vidas, costumes, matrimônios e modos de vida, mandou a todo homem considerar a terra habitável como seu país e campo, castelo ou torreão; a todas as pessoas de bem como parentes entre si; e só aos maus como estrangeiros. Em resumo, que o grego e o bárbaro não se distinguiriam pelo manto, escudo ou alfange, nem pelo chapéu, mas apenas assinalados e diferenciados como gregos os virtuosos, e bárbaros os viciosos. Considerando, além disso, as vestimentas iguais, as mesas comuns, os matrimônios e os modos de vida unidos por uma mescla de sangue e comunhão de filhos[12].

Tal foi a política de Alexandre, pela qual não se mostrou inferior como homem de estado do que capitão por suas conquistas. Para propagar essa política entre os povos, requeria o

12. *Alexandre, O Grande*. São Paulo: Ediouro, 2006.

acompanhamento dos filósofos mais célebres da Grécia e os distribuía pelas nações à medida em que as subjugava. Esses filósofos submetiam a religião dos vencedores às dos vencidos e se dispunham a receber suas opiniões, revelando-lhes o que possuíam em comum com as suas. O próprio Alexandre não desdenhou conversar com homens que, entre os bárbaros, tinham a reputação de sábios e, por esse meio, transmitiu à filosofia um andamento quase tão rápido como o de seus exércitos.

CETICISMO, CÉTICOS. (História da Filosofia) *Sceptici*, seita de antigos filósofos que tinha Pirro por chefe e cujo dogma principal consistia em defender a idéia de que tudo é incerto e incompreensível; que os contrários são igualmente verdadeiros; que o espírito não deve dar jamais seu consentimento a nada, devendo permanecer em uma indiferença integral sobre todas as coisas.

A palavra cético, grega em sua origem, significa propriamente *contemplativo*, quer dizer, um homem que sobrepesa as razões de uma parte e de outra, sem se decidir por um lado. É um vocábulo formado pelo verbo σχεπτομαι, *eu considero, examino, delibero*. Diógenes Laércio observa que os discípulos de Pirro possuíam nomes diversos. Chamavam-lhes *pirronianos*, do nome do mestre; *aporéticos*, pessoas que duvidavam, pois de tudo duvidavam; e enfim, *zetéticos*, pessoas que procuram, já que nunca se aventuravam além da procura da verdade.

Os céticos mantinham suas dúvidas somente no interior da especulação. No que dizia respeito às ações civis e às coisas práticas, concordavam que era necessário seguir a natureza e tê-la por guia, conformar-se às impressões e aceitar as leis estabelecidas em cada país. Entre eles, tinham por princípio que todas as coisas eram igualmente verossímeis e qualquer juízo poderia ser contraposto a outro com a mesma força. Os fins a que se propunham eram a ataraxia, ou o estar isento de perturbações causadas por opiniões conflitantes, assim como a *metriopatia*, ou seja, a moderação das paixões e das dores. Pretendiam que, em não se determinando a natureza do bem e do mal, nada seria perseguido com muita vivacidade, o que nos levaria a uma tranqüilidade perfeita, tal como a busca o espírito filosófico, diferentemente daqueles que estabelecem que há bens e males verdadeiros e se angustiam por obter o que consideram o verdadeiro bem. Disso resulta que sofram inquietações secretas, seja porque, não agindo conforme a razão, ergam-se sem medidas; seja porque se afastem de seus deveres, conduzidos pelo ardor das paixões; seja, enfim, porque temem qualquer mudança e, então, consomem-se em esforços inúteis com o intuito de conservar os bens que lhes escapam. Eles não se viam, no entanto, como os estóicos, isentos de todos os incômodos que provêm do choque e da ação dos objetos exteriores. Mas pretendiam, em razão de suas dúvidas sobre o bem e o mal, sofrer muito menos que o restante dos homens, duplamente atormentados – pelos males que sofrem e, além disso, por estarem persuadidos de que são males verdadeiros.

É uma questão antiga e bastante debatida entre os autores gregos, como estamos informados por Aulo Gélio, saber quais as diferenças existentes entre os céticos e os acadêmicos da Nova Academia[13]. Plutarco havia escrito um livro sobre o assunto, mas como o tempo nos privou deste socorro da Antigüidade, sigamos Sexto Empírico, que relatou com tamanha exatidão todos os pontos desta diferença que a ela nada se pode acrescentar.

Ele aponta a primeira diferença naquilo que diz respeito ao entendimento humano, que nada poderia compreender. Os acadêmicos o dizem afirmativamente, enquanto os céticos o dizem duvidando.

13. V. também a esse respeito os capítulos "Da Academia Média" e "Da Academia Nova ou Terceira", no ensaio geral sobre Platão e a Academia.

O segundo ponto proposto por Sexto consiste na reação que uns e outros têm quando tocados por uma aparência de bondade, cuja idéia lhes foi impressa no espírito: os acadêmicos a seguem, e os céticos se deixam levar. A isso os acadêmicos chamam opinião ou persuasão, mas não os céticos. Embora nem uns nem outros afirmem que seja boa a coisa de onde parte a imagem ou a aparência de bondade, ambos confessam que aquilo que escolheram lhes parece bom e que possuem tal idéia impressa no espírito, pela qual se deixam conduzir.

Numa terceira diferença, os acadêmicos sustentam que algumas idéias são verossímeis e outras, não. E que entre aquelas verossímeis, algumas o são mais e outras, menos. Os céticos pretendem que todas são iguais, relativamente à crença que nós lhes emprestamos. Mas Sexto, que propõe a distinção, fornece ele mesmo o meio de elidi-la, pois diz que os céticos defendem que a crença nas idéias seja igual para a razão, quer dizer, do mesmo modo quando se relaciona ao conhecimento da verdade e à aquisição da ciência pela razão, pois a idéia mais clara não tem um poder superior para me fazer conhecer a verdade. Mas no que diz respeito aos usos da vida cotidiana, entendem que se prefere a idéia clara à obscura.

A quarta diferença consiste menos na coisa do que na maneira de se exprimir. Pois ambos confessam que são atraídos por alguns objetos; mas os acadêmicos dizem que esta atração faz-se neles com uma propensão veemente, coisa que os céticos não dizem, como se os primeiros fossem conduzidos pelas coisas verossímeis e os outros se deixassem apenas conduzir, ainda que ambos não lhes dêem consentimento.

Sexto Empírico estabelece ainda entre eles uma outra distinção sobre as coisas que se relacionam à finalidade. Diz que os acadêmicos seguem a probabilidade no uso para a vida, e os céticos obedecem às leis, aos costumes e às afecções naturais. Nisto como em muitas coisas, suas linguagens são diversas, embora os sentimentos sejam semelhantes.

Tais diferenças, que são ligeiras e imperceptíveis, foram a causa de nós os confundirmos todos sob o nome de céticos. Se os filósofos que abraçaram essa seita preferiram antes ser chamados acadêmicos do que pirronianos, duas foram as razões que contribuíram para isso: uma é que pouquíssimos filósofos ilustres saíram da escola de Pirro, enquanto que a academia produziu excelentes homens, aos quais é honroso se ver associado; outra é que zombaram de Pirro e de seus discípulos, como se eles houvessem reduzido a vida dos homens a uma inação permanente, e os que se disserem pirronianos assim também serão ridicularizados.

CÍNICA, ESCOLA. (Seita de Filósofos Antigos – História da Filosofia) O cinismo surgiu da escola de Sócrates e o estoicismo da escola de Antístenes. Este último, enfastiado das hipóteses sublimes que Platão e outros filósofos da mesma seita se vangloriavam de ter aprendido com o divino mestre, voltou-se inteiramente para o estudo dos costumes e da prática da virtude, não achando que tal procedimento fosse prova medíocre de sua decisão. Era preciso mais coragem para calcar o que pudesse haver de faustoso e imponente nas idéias de Sócrates do que difamar Platão. Antístenes, menos conhecido que Diógenes, seu discípulo, deu o difícil passo.

Havia ao sul de Atenas, fora dos muros da cidade e não longe do Liceu, um lugar um pouco mais elevado, nas vizinhanças de um pequeno bosque. Chamava-se Cinosargo. A superstição de um cidadão, alarmado com o fato de um cachorro (*kynos*) ter-se apoderado das carnes que havia oferecido aos seus deuses domésticos e as levado àquele lugar, fez com que mandasse erigir um templo a Hércules, por recomendações de um oráculo consultado a respeito do acontecido. "A superstição dos antigos transformava tudo em prodígio e seus oráculos sempre ordenavam sacrifícios ou construções de altares". Faziam-se ali sacrifícios também a Hebe, Alcmena e Iolas. Havia nas proximidades um ginásio particular para estrangeiros e para crianças ilegítimas. Dava-se este nome em Atenas aos nascidos de pai ateniense e de mãe estrangeira. Era lá que se dava oficialmente liberdade aos escravos e que os juízes examinavam e decidiam as contendas ocasionadas entre cidadãos por nascimentos suspeitos. E foi também neste lugar que Antístenes, fundador da escola cínica, estabeleceu-se e deu suas primeiras lições.

Pretende-se que seus discípulos tenham sido chamados cínicos (um nome logo depois confirmado) pela singularidade de seus hábitos e sentimentos, e pelo atrevimento de suas ações e discursos. Quando se examina de perto a bizarrice dos cínicos, percebe-se que ela consistia sobretudo em transportar, para o meio da sociedade, os costumes do estado de natureza. Não se aperceberam ou não se preocuparam com o ridículo que havia em infligir a homens corrompidos e delicados a conduta e os discursos inocentes dos primeiros tempos e a rusticidade dos séculos de animalidade.

Os cínicos não permaneceram muito tempo restritos ao Cinosargo. Espalharam-se por todas as províncias da Grécia, criticando os preconceitos, pregando a virtude e atacando os vícios sob todas as formas em que eles se apresentam. Apareciam particularmente nos lugares sagrados e nas praças públicas, já que só a publicidade podia atenuar as licenças aparentes de sua filosofia. Uma leve sombra de segredo, de vergonha e de obscurantismo lhes atraiu, desde o começo, denominações injuriosas e perseguição. A luz do dia os protegia. Como imaginar, efetivamente, que certos homens tenham dificuldade em pensar e dizer o que fazem, sem mistérios?

Antístenes aprendeu a arte da oratória de Górgias, o sofista, que abandonou para se ligar a Sócrates, arrastando consigo uma parte de seus condiscípulos. Separou da doutrina do filósofo o que nela havia de sólido e substancial, tal como havia escolhido, entre os preceitos do retor, aqueles evidentes e verdadeiros. Foi assim que se preparou para a prática aberta da virtude e a profissão pública da filosofia. Viu-se-lhe então passear pelas ruas com um alforje ao ombro, as costas cobertas por uma capa ordinária, o queixo eriçado por uma barba longa, a mão apoiada em uma bengala, a menosprezar as coisas exteriores, com um pouco mais de ostentação, talvez, do que merecessem. É ao menos a conjectura que se pode fazer de uma palavra de Sócrates que, vendo o antigo discípulo muito orgulhoso de suas vestes mal-cuidadas, disse-lhe com a fineza habitual: "Antístenes, vejo-te através de um buraco da roupa". De resto, rejeitava todas as comodidades da vida; liberou-se da tirania do luxo e das riquezas, da paixão pelas mulheres, da reputação e da dignidade ou, em uma palavra, de tudo o que subjuga e atormenta os homens. Ao adotar um comportamento rigoroso e sem reservas consigo mesmo, acreditou ter o direito de repreender os outros incansavelmente. Começou por vingar a morte de Sócrates; a de Melito, juntamente com o exílio de Anito deram continuidade à sua amarga ironia. A dureza de seu caráter, a severidade dos hábitos e as provas às quais submetia seus discípulos não impediram que ele os tivesse. Mas era-lhe difícil conservá-los. Cedo afastou alguns, outros se retiraram e Diógenes foi quase o único a ficar.

A escola cínica jamais foi tão pouco numerosa e tão respeitável quanto com Antístenes. Para ser cínico não bastava trazer uma lanterna à mão, dormir nas ruas enfiado em tonéis e recriminar os transeuntes com verdades injuriosas.

Tu queres que eu seja teu mestre e merecer o nome de meu discípulo – dizia Antístenes a quem se apresentava à sua escola. Começa por não te parecer com nada e nada fazer do que fazias. Não acuses nem aos homens nem aos deuses do que te acontecer. Não dirijas teu desejo e tua aversão a não ser para aquilo que está ao teu alcance aproximar ou afastar de ti. Saiba que a cólera, a inveja, a indignação e a piedade são fraquezas indignas de um filósofo. Se tu és tal como deves ser, jamais terás de envergonhar-te. Deixarás a vergonha para aquele que, em se repreendendo por um vício secreto, não ouse se mostrar a descoberto. Saiba que a vontade de Júpiter para um cínico é que ele anuncie aos homens o bem e o mal sem vanglória e que lhes ponha sob os olhos os erros nos quais se precipitam. E, sobretudo, não temas a morte, quando for o caso de dizer a verdade.

É preciso convir que tais lições não poderiam germinar senão entre almas de forte têmpera. Mas talvez os cínicos pedissem demais aos homens, com medo de não lhes obter o suficiente. Ou também fosse ridículo atacar sua filosofia por este excesso de severidade, tanto quanto reclamar o motivo verdadeiramente sublime com o qual haviam abraçado a vida prática. Os homens andam com tanta indolência no caminho da virtude, que o aguilhão com o qual se os espeta não deve ser muito afiado. E este caminho é tão difícil de seguir que não há ambição mais louvável do que aquela que sustenta o homem e o faz atravessar em meio a espinhos. Em uma palavra, esses antigos filósofos exageravam em seus preceitos, pois sabiam, por experiência, que na prática muito se relaxa. Eles mesmos praticavam a virtude, vendo-a como a única grandeza verdadeira do ser humano. E isto foi o que agradou aos seus detratores chamar de *vaidade*; uma censura vazia de sentido e imaginada por homens nos quais a superstição havia corrompido a idéia natural e simples de bondade moral.

Os cínicos tinham aversão pela cultura das belas-artes. Contavam todos os momentos nelas empregados como tempos furtados à prática das virtudes e ao estudo da moral. Pelos mesmos princípios, rejeitavam o conhecimento das matemáticas, da física e da história natural. Demonstravam sobretudo um soberano desprezo por esta elegância particular dos atenienses, percebido e expresso em seus modos, escritos, discursos, nas adaptações e decorações de suas casas. Em uma palavra, a tudo o que pertencia à vida civil. De onde se vê que se era muito difícil ser tão virtuoso como um *cínico*, nada era mais fácil do que também ser ignorante e grosseiro como eles.

As origens do descrédito em que a seita caiu nos séculos seguintes foram a ignorância das belas-artes e o menosprezo das boas-maneiras. Todos os saltimbancos, mendigos, parasitas, glutões e vadios das cidades da Grécia e da Itália (e havia muitos ao tempo dos imperadores) adotaram atrevidamente o nome de cínicos. Magistrados, sacerdotes, sofistas, poetas, oradores e quem mais houvesse sido antes vítima desta espécie de filósofo acreditaram ter chegado a época de revidar. Todos perceberam o momento e gritaram em conjunto, sem distinção nas invectivas. E o nome cínico foi universalmente detestado.

Vamos avaliar pelas principais máximas da moral de Antístenes, que possuía em seu tempo discípulos verdadeiros, se tal condenação foi tão justa quanto geral.

Antístenes dizia:

A virtude basta para a felicidade. Aquele que a possui nada mais tem a desejar, senão a perserverança e o fim de Sócrates.

O exercício elevou algumas vezes o homem à virtude mais sublime. Ela pode ser, pois, instituída e fruto da disciplina. Aquele que pensa de modo contrário não conhece a força de um preceito, de uma idéia.

É pelas ações que se reconhece um homem virtuoso. A virtude embelezará sua alma para que possa negligenciar o falso adereço da ciência, das artes e da eloqüência.

Aquele que sabe ser virtuoso nada mais tem a aprender. Toda a filosofia resume-se à prática da virtude.

A perda do que se chama "glória" é uma felicidade; são longos esforços abreviados.

O sábio deve ficar contente com um estado que lhe dê o gozo tranqüilo de uma infinidade de coisas, das quais as outras contêm apenas uma contenciosa propriedade. Os bens pertencem menos àqueles que os possuem do que àqueles que sabem deles prescindir.

É menos pelas leis dos homens e mais pelas virtudes que um sábio deve viver na república.

Se um sábio se casa, que se case com uma bela mulher e lhe dê filhos.

Não há nada de estranho ou de impossível para um homem sábio.

Um homem honesto é um homem amável.

Não há amizade real senão aquela unida pela virtude.

A virtude sólida é uma jóia que não pode ser arrancada ou quebrada. Apenas a virtude pode equilibrar a diferença e a desigualdade dos sexos.

A guerra faz mais infelizes do que aqueles a quem não toca. Observa o olho do teu inimigo, pois ele perceberá primeiro o teu defeito.

Não existe bem real senão a virtude, e mal efetivo senão o vício.

O que uma pessoa vulgar chama "bens e males" são coisas que em nada nos dizem respeito.

Uma das artes mais importantes e difíceis é a de desaprender o mal.

Pode-se desejar tudo a uma pessoa má, exceto ter valor.

A melhor provisão a levar em um barco que pode afundar é aquela que sempre salvaríamos conosco do naufrágio.

Estas máximas são suficientes para se ter uma idéia da sabedoria de Antístenes. Acrescentemos a elas alguns discursos para que possamos formar uma noção de seu caráter. Dizia a quem lhe perguntava por que havia adotado a filosofia: "para viver bem comigo mesmo". A um sacerdote que lhe iniciou nos mistérios de Orfeu e que elogiava a felicidade da outra vida: "por que não morres então?". Aos tebanos, envaidecidos da vitória de Leuctres: "que se pareciam a escolares orgulhosos por haver espancado o mestre". A um tal Ismenias, de quem se dizia ser um bom flautista: "por isso mesmo não valia nada, pois se valesse algo, não seria flautista".

Daqui se vê que a virtude de Antístenes era soturna. O que sempre acontecerá quando nos obstinarmos em formar um caráter artificial e hábitos factícios. Eu bem gostaria de ser Catão, mas acho que isso me custaria muito e também aos outros, antes que o conseguisse. Os sacrifícios constantes que seria obrigado a fazer para adequar-me ao personagem sublime que me serviria de modelo me encheriam de uma bile acerba e cáustica; e esta se espalharia a todo o momento ao meu redor. Talvez seja essa a razão pela qual alguns sábios e certos devotos austeros estão sujeitos ao mau humor. Eles se ressentem continuamente dos constrangimentos de um papel que se atribuíram e para o qual a natureza não os fez. E ainda culpam os outros pelo tormento que se impuseram. E no entanto, não cabe a todo mundo propor-se Catão como modelo.

Diógenes, discípulo de Antístenes, nasceu em Sinope, cidade do Ponto, no terceiro ano da 91ª olimpíada. Sua juventude foi dissoluta e acabou sendo banido por ter falsificado dinheiro. Esta aventura deplorável o conduziu a Atenas, onde não teve dificuldades em encontrar um gênero de filosofia que lhe prometia celebridade e que lhe prescrevia de início renunciar a riquezas que não possuía. Antístenes, pouco disposto a receber um moedeiro falso como discípulo, o repeliu. E irritado com seu apego opiniático, ameaçou-o inclusive com seu bastão. "Bate, lhe retrucou Diógenes, mas não encontrarás um porrete tão duro para afastar-me de ti enquanto falares". E o jovem banido de Sinope, apesar de Antístenes, adotou a capa, o bastão e o alforje – o uniforme da seita. Sua conversão foi instantânea. De um momento para outro odiou os vícios e professou a mais severa frugalidade. Ao observar um dia uma ratazana que recolhia as migalhas de seu pão, afirmou: "eu também posso me contentar com o que cai de suas mesas".

Durante algum tempo não teve qualquer residência fixa: vivia, dormia, ensinava e conversava em todos os lugares onde o acaso o levasse. Como houve muita demora para erguer a casa que mandara construir, refugiou-se, conforme se disse, em um tonel, espécie de casa utilizada por mendigos muito antes que Diógenes o pusesse em moda entre os seus discípulos. A severidade que os primeiros cenobitas se impuseram, com espírito de mortificação, nada tem de extraordinário confrontada com aquilo que Diógenes e seus sucessores fizeram para se enrijecerem na filosofia. No verão, Diógenes se espojava nas areias quentes; no inverno, abraçava-se às estátuas cobertas de neve e caminhava descalço sobre o gelo. Para alimentar-se, contentava-se em mastigar a ponta das plantas. Quem ousaria se sentir ofendido, depois de tudo isso, quando se coroava a si mesmo nos jogos ístmicos, proclamando-se vencedor do mais temível adversário do homem, a *volúpia*?

Sua jovialidade natural resistiu à austeridade da vida. Foi uma pessoa agradável, vivaz, engenhosa e eloqüente. Ninguém disse tantas frases de espírito. Fazia chover sal e ironia sobre os viciosos. Os cínicos não fizeram esta espécie de abstração da caridade cristã que consiste em distinguir o vício da pessoa que o tem. Os perigos que correu em razão de inimigos – e aos quais parece que Antístenes, seu mestre, jamais se expôs – bem provam que o ridículo é mais difícil de suportar do que a injúria. Ora se respondia às suas pilhérias com pedras, ora jogavam-lhe ossos como para um cão, mas em ambos os casos mantinha-se insensível. No trajeto entre Atenas e Egina foi aprisionado, conduzido a Creta e posto à venda em companhia de outros escravos. O pregoeiro lhe perguntou o que sabia fazer e Diógenes respondeu-lhe: "comandar homens e, portanto, pode-me vender a quem precise de um mestre". Um coríntio chamado Xenaides, sem dúvida um homem de bom senso, aceitou-o sob tal condição e ainda como preceptor de seus filhos. Diógenes fez deles pequenos cínicos e, em pouco tempo, aprenderam a praticar a virtude, a comer cebolas, andar descalços, a de nada necessitar e rir-se de tudo. Os hábitos dos gregos estavam na época muito corrompidos e, tão logo se viu livre de seu trabalho de preceptor, dedicou-se a reformar os coríntios. Mostrava-se nas assembléias públicas e ali perorava com a franqueza e a veemência conhecidas, conseguindo banir quase todos os depravados, quando não corrigi-los. Sua ironia foi mais temida que as leis e ninguém ignorava sua conversa com Alexandre. Mas o que importa perceber é que, ao tratar Alexandre com petulância, numa época em que os gregos se prosternavam aos seus pés, Diógenes mostrava menos desprezo pela grandeza pretendida do jovem ambicioso do que pela covardia de seus compatriotas. Ninguém mais do que esse filósofo foi altivo e corajoso de espírito. Elevava-se acima dos acontecimentos, subjugava os receios e escarnecia indistintamente de todas as loucuras. Tão logo se publicou o decreto que ordenava adorar Alexandre sob o nome de Baco da Índia, pediu que fosse adorado com o nome de Serápis da Grécia.

No entanto, suas perpétuas ironias não ficaram isentas de represálias. Caluniaram-no de mil maneiras em pagamento de suas sábias palavras. Foi acusado enquanto ensinou e conhecido na posteridade como culpado da mais excessiva obscenidade. Seu tonel só aparece à nossa já prevenida imaginação acompanhado por um cortejo de imagens desonestas; e não ousamos observar-lhe o fundo. Mas os espíritos esclarecidos que se ocuparem menos em procurar na história o que ela diz, e sim a verdade, acharão que as suspeitas espalhadas sobre seus costumes não têm outro fundamento senão a liberdade de seus princípios. A história escandalosa de Laís é desmentida por várias circunstâncias e Diógenes levou uma vida tão frugal e laboriosa que pôde facilmente esquivar-se do convívio das mulheres sem usar de nenhum recurso vergonhoso.

Aí está o que devemos à verdade e à memória deste impudente mas muito virtuoso filósofo. Espíritos mesquinhos, animados por uma inveja rasteira contra toda a virtude que não se encontra encerrada em suas seitas se obstinarão em denegrir os sábios da Antigüidade, sem que devamos seguir este caminho. Façamos antes o que a honra da filosofia e mesmo a da humanidade espera de nós: reclamemos contra essas vozes imbecis e procuremos reconstruir, se possível ao menos em nossos escritos, os monumentos que o reconhecimento e a veneração haviam erigido aos antigos filósofos, e que o tempo destruiu ou a superstição quis abolir de nossa memória.

Diógenes morreu com a idade de noventa anos. Foi encontrado sem vida embrulhado em sua manta. O ministério público encarregou-se de seu sepultamento e foi inumado perto da porta de Corinto que conduzia ao istmo. Sobre seu túmulo colocou-se uma coluna de mármore de Paros, ao lado de um cão, símbolo da escola. E seus concidadãos tiveram a vontade de eternizar seus pesares e honrar-se a si mesmos, enriquecendo o monumento com grande número de figuras de bronze. São estas figuras frias e mudas que depõem com força contra os caluniadores de Diógenes. E nelas crerei, pois se encontram isentas de paixão.

Diógenes não elaborou nenhum sistema de moral. Seguiu o método dos filósofos de seu tempo, que consistia em repetir toda sua doutrina em um pequeno número de princípios fundamentais, sempre presentes ao espírito e que serviam como guia para suas respostas e conduta. Eis aqui os do filósofo Diógenes.

Há um exercício da alma e um exercício do corpo. O primeiro é uma fonte fecunda de imagens sublimes que ali nascem, que a inflamam e elevam. Não se deve negligenciar o segundo, pois o homem não alcança o estado de saúde se uma das duas partes de que é composto está doente.

Tudo se adquire por exercício e disso não se pode nem mesmo excluir a virtude. Mas os homens trabalharam muito para se tornarem desgraçados, dedicando-se a exercícios contrários à felicidade, pois não estão de acordo com sua natureza.

O hábito difunde a doçura até mesmo no desprezo à volúpia.

Devemos mais à natureza do que à lei.

Entre o sábio e seus amigos tudo é comum. Ele se encontra no meio deles como o Ser benfeitor e supremo em meio às suas criaturas.

Não há sociedade sem lei. É pela lei que o cidadão desfruta de sua cidade e o republicano de sua república. Mas se as leis são más, o homem é mais infeliz e pior do que em meio à natureza.

O que chamamos de "glória" é o engodo da estupidez e o que chamamos "nobreza", a sua máscara.

Uma república bem ordenada seria a imagem da antiga cidade do mundo.

Que relação essencial existe entre a Astronomia, a Música, a Geometria e o conhecimento de seu dever e o amor à virtude?

O triunfo sobre si mesmo é a consumação de toda filosofia.

A prerrogativa do filósofo é a de não ser surpreendido por qualquer evento.

O remate da loucura é ensinar a virtude, elogiá-la e negligenciar a sua prática.

Seria desejável que o casamento fosse um nome vão e que as mulheres e as crianças vivessem em conjunto.

O amor é a ocupação dos ociosos.

O homem imbecil se parece muito com o animal em seu estado natural.

O maldizente é a mais cruel das bestas selvagens, e o adulador o mais perigoso animal doméstico.

É preciso resistir à fortuna pelo desprezo, à lei pela natureza e às paixões pela razão.

Tem os bons por amigos a fim de que eles te encorajem a fazer o bem; e os maus por inimigos, a fim de que te impeçam de fazer o mal.

Tu pedes aos deuses o que te parece bom, e eles talvez te acolhessem se não tivessem piedade de tua estupidez.

Trata os grandes homens como o fogo; nunca estejas muito perto, nem muito distante deles.

Dizia ainda Diógenes que "quando vejo a filosofia e a medicina, o homem me parece o mais sábio dos animais. Quando observo a astrologia e a divinação, nada encontro, entre eles, de mais tolo". Poderia acrescentar que a superstição e o despotismo fizeram dele o mais miserável.

Os sucessos do ladrão Harpalus (um dos oficiais de Alexandre) me fariam acreditar que ou não há deuses, ou eles não se preocupam com nossos assuntos.

Percorramos agora algumas de suas frases de espírito. Escreveu a seus concidadãos: "Vós me haveis banido da cidade e eu vos relego às vossas casas. Vós ficais em Sinope e eu vou a Atenas. Eu me entreterei todos os dias com os homens mais honestos, enquanto vós tereis as piores companhias". Um dia, alguém lhe disse: "Zombam de ti, Diógenes", e ele respondeu: "Mas eu não me sinto zombado". Estando doente, disse a alguém que lhe queria dar lições sobre ser melhor desembaraçar-se da dor morrendo do que suportando-a: "Os que sabem o que fazer e o que é preciso dizer neste mundo devem aqui permanecer. Cabe a ti sair dele, pois me parece ignorares um e outro". Dizia dos que o haviam feito prisioneiro: "Os leões são menos escravos daqueles que os alimentam do que estes, que são servidores dos leões". Consultado sobre o que fariam de seu corpo após a morte: "Deixai-o sobre a terra". E sobre o fato de que estaria exposto às feras e às aves de rapina: "Não vos preocupeis; deixai ao meu lado o meu bastão".

Essas palavras são suficientes para mostrar que Diógenes tinha um caráter voltado para a jovialidade e que possuía mais temperamento ainda do que filosofia, dada a sua insensibilidade tranqüila e gaiata, levada ao extremo da natureza humana. "Era – disse Montaigne, em seu estilo enérgico e original, que agrada às pessoas de bom gosto, mesmo quando parece baixo e trivial – uma espécie de lepra espiritual, mas com tão boa aparência que a filosofia não pode desprezá-la". E acrescenta, em outro lugar:

> Este cínico que perambulava por sua conta e levantava o nariz ao grande Alexandre, considerando-nos apenas moscas ou bexigas cheias de vento, era um juiz mais acre e lancinante que Timon, que foi chamado "odiador" de homens. Pois aquilo que odiamos trazemos preso ao coração e este aqui nos desejava o mal e a nossa ruína, evitando até mesmo a conversação como algo perigoso. O outro nos estimava tão pouco que não podíamos perturbá-lo nem modificá-lo pelo contato. Se abandonava a nossa companhia era por desdém de nossos assuntos e não por medo que de nós tivesse. Não nos considerava capazes de fazer-lhe fosse o bem ou o mal.

Houve outros cínicos de reputação após a morte de Diógenes. Entre eles, podemos citar:

Xeníades, ex-escravo. Lançou os primeiros fundamentos do ceticismo ao sustentar que tudo era falso, para ele, o que reaparecia nascia do nada e o que desaparecia ao nada retornava.

Onesicrito, homem poderoso e considerado por Alexandre. Diógenes Laércio conta que Onesicrito, tendo enviado o mais jovem de seus filhos a Atenas, onde então Diógenes lecionava, viu o rapaz tornar-se um novo discípulo logo após ter ouvido algumas lições. E que a eloqüência do filósofo produziu o mesmo efeito sobre o irmão mais velho e sobre o próprio Onesicrito.

Fócio, que Demóstenes chamava o látego dos tempos, e alcunhado homem de bem, a quem todo o ouro de Felipe não pôde corromper; aquele que um dia perguntou a um acompanhante, após ter discursado e sido ovacionado, se havia dito asneiras.

Stílpon de Mégara e outros homens de Estado.

Mônimo de Siracusa, que sugeria que éramos sempre enganados pelos simulacros; sistema do qual Malebranche não está afastado e que Berkeley seguiu.

Crates, de Tebas, aquele que não se vingou de um soco dado por um certo Nicodromos, que ainda escreveu debaixo do queixo intumescido: "pela mão de Nicodromos", alusão risível à moda dos pintores. Crates sacrificou os privilégios de nascimento e da fortuna à prática da filosofia cínica. Sua virtude mereceu a mais alta consideração em Atenas. Reconheceu toda a força desta espécie de autoridade pública e a utilizou para tornar melhores os seus concidadãos. Embora feio e corcunda, inspirou uma violenta paixão em Hiparchia, irmã do filósofo Métrocles. É preciso confessar em honra de Crates que ele fez de tudo, inclusive chegar à indecência, para que ela abandonasse o que considerava um gosto pouco delicado e, em honra a Hiparchia, que a tentativa do filósofo foi inútil. Apresentou-se a ela inteiramente nu e lhe disse, mostrando sua figura constrangida e as roupas miseráveis: "eis o esposo que vós pedis e todos os seus bens". Hiparchia casou-se com o cínico corcunda, tomou-lhe as roupas e se pôs nua como o marido, se foi verdade que Crates lhe propôs então consumar o matrimônio sob o pórtico e que ela o tenha consentido. Mas esse fato, se não foi contestado por Sexto Empírico, Apuleio, Teodoro, Lactâncio, São Clemente de Alexandria ou Diógenes Laércio, não tem sequer a sombra da verossimilhança, nem se coaduna com o caráter de Hiparchia ou com os princípios de Crates. Mais se parece com essas anedotas ruins cuja maldade se compraz em aviltar os grandes nomes e que a credulidade tola adota com avidez e alegremente confere crédito.

Métroclo, irmão de Hiparchia e discípulo de Crates. Dele se diz ter o mérito de, ao morrer, condenar suas obras ao fogo. Mas se julgarmos suas produções pela fraqueza de espírito e a pusilanimidade de caráter, não as estimaremos dignas de melhor sorte.

Teombroto e Cleomeno, discípulos de Métroclo. Demétrio de Alexandria, discípulo de Teombroto. Timarco, da mesma cidade, e Echecle de Éfeso, aluno de Cleomeno. Menedemo, discípulo de Echecle. Com aquele, o cinismo degenerou em frenesi; disfarçava-se de Tisífone, agarrava-se a uma tocha e corria pelas ruas, gritando que "os deuses dos infernos o haviam enviado à Terra para separar os bons dos maus".

Menedemo, o frenético, teve por discípulo a Ctésibo, de Chalcis, homem de caráter brincalhão e espírito alegre o qual, mais filósofo talvez do que seus predecessores, soube agradar aos grandes sem prostituir-se e aproveitar de sua familiaridade para lhes fazer entender a verdade e ter gosto pela virtude.

Menipo, compatriota de Diógenes. Foi um dos últimos cínicos da escola antiga. Tornou-se mais famoso pelo gênero literário, ao qual deixou seu nome, do que por seus hábitos e filosofia. Foi natural que Luciano, que o tomou por seu modelo em literatura, o fizesse herói de sua moral. Menipo era comerciante, compunha sátiras e emprestava sob garantias. Devorado pela sede de aumentar suas riquezas, confiou tudo o que havia conseguido a mercadores que o roubaram. Diógenes quebrou sua caneca quando percebeu que podia beber na palma da mão. Crates vendeu seu patrimônio e jogou o dinheiro no mar, gritando: "sou livre". Um dos primeiros discípulos de Antístenes teria caçoado da perda de sua fortuna e dormido sobre este dinheiro que faz cometer tantos atos de vilania pela preocupação de se vingar da má-fé dos associados. Mas o cínico usurário perdeu a cabeça e se enforcou.

Assim terminou o cinismo antigo. Esta filosofia reapareceu alguns anos antes de Cristo, mas já degradada. Faltavam aos cínicos da escola moderna as almas fortes e as qualidades singulares de Antístenes, Crates e Diógenes. As máximas atrevidas que estes filósofos pronunciaram e que tinham sido para eles fontes de ações virtuosas, quando exageradas e mal compreendidas por seus últimos sucessores os levaram à devassidão e ao desprezo. Os nomes de Carnéades, de Musônio, de Demonax, Demétrio, Enomaus, Crescêncio, Peregrino e Salústio chegaram até nós. Mas nem todos livres de manchas e censuras.

Nada sabemos de Carnéades, o Cínico, e muito pouco de Musônio. Juliano elogiou a paciência deste último, amigo de Apolônio de Tiana e de Demétrio. Ousou afrontar "o monstro em figura de homem e de cabeça coroada", e repreender seus crimes. Nero o prendeu e o mandou para os trabalhos forçados no istmo, onde acabou sua vida cavando a terra e fazendo ironias.

A vida e as ações de Demétrio não nos são melhor conhecidas que as dos dois filósofos anteriores. Vê-se apenas que a sorte de Musônio não fez com que Demétrio se tornasse mais prudente. Viveu sob quatro imperadores, frente aos quais conservou a acidez cínica e os fez, algumas vezes, empalidecer no trono. Acompanhou os últimos momentos da virtuosa Trasea. Morreu pobre, temido pelos maus, respeitado pelos bons e admirado por Sêneca.

Enomaus foi um inimigo declarado dos sacerdotes e dos falsos cínicos. Encarregou-se de desvelar a falsidade dos oráculos e a desmascarar a hipocrisia de pretensos filósofos da época, funções ambas perigosas. Aparentemente, Demétrio achava que nisso havia mérito, pois se fazia o bem enfrentando o perigo, embora sem nenhuma generosidade.

Demonax viveu sob Adriano e pôde servir de modelo a todos os filósofos: praticou a virtude sem ostentação e condenou o vício sem acidez. Foi ouvido, respeitado e querido durante a vida, como também elogiado por Luciano após sua morte.

Pode-se ver em Crescêncio o oposto de Demonax e semelhante a Peregrino. Não sei como se pôde colocar em meio aos filósofos um homem conspurcado por crimes e coberto de ignomínias, que rastejava ante os grandes e se mostrava insolente com os iguais; que temia a dor até a pusilanimidade, que corria atrás de riquezas, não tendo do cínico senão a capa que o desonrava. Assim foi Crescêncio.

Peregrino começou por ser adúltero, pederasta e parricida, terminando por se tornar cínico, cristão, apóstata e louco. A única ação louvável de sua vida foi a de se fazer queimar vivo. E que se julgue por esta todas as demais ações.

Salústio, o último dos cínicos, estudou eloqüência em Atenas e professou a filosofia em Alexandria. Preocupou-se em mostrar o vício sob a forma do ridículo, a protestar contra os falsos cínicos e a combater as hipóteses da filosofia platônica.

Podemos concluir deste breve relato histórico que nenhuma seita filosófica teve, se assim me permitem exprimir, uma fisionomia tão decidida quanto a cínica. Os homens se faziam acadêmicos, ecléticos, cirenaicos, pirronianos, céticos; mas era preciso nascer cínico. Os falsos cínicos foram uma populaça de criminosos travestida de filósofos e os antigos cínicos, homens honestos, pessoas que não mereciam senão uma censura pouquíssimo usual: a de terem sido *entusiastas da virtude*.

Coloquem um bastão na mão de certos cenobitas do Monte Atos, que já são ignorantes, indecentes, miseráveis, que possuem longas barbas e vestes grosseiras, um alforje e a sandália de Antístenes. Imaginem em seguida que adquiram a elevação de alma, uma paixão violenta pela virtude e um ódio vigoroso pelo vício – aí tereis uma seita de cínicos.

CIRENAICA, SEITA. (História Antiga da Filosofia e dos Filósofos) Do interior da escola socrática, isto é, da diversidade de assuntos que Sócrates discutia com seus discípulos, da maneira quase cética com que os tratava e das características diversas de seus ouvintes eclodiu um grande número de sistemas opostos, uma infinidade de seitas contrárias já formadas, como se lê no poeta, para quem os heróis gregos saíram prontamente armados do cavalo de Tróia. Ou ainda, como conta a mitologia, que dos dentes do dragão nasceram os soldados que se puseram em combate no próprio campo em que nasceram. Aristipo fundou na Líbia a seita cirenaica e a disseminou na Grécia e além; Euclides, a megárica; Fédon, a élica; Platão, a acadêmica; Antístenes, a cínica.

A seita cirenaica, de que aqui se trata, tomou seu nome de Cirene, cidade da África e pátria de Aristipo, fundador da escola. Este filósofo não foi inimigo da riqueza nem da volúpia, da fama ou das mulheres, dos homens ou das dignidades. Não se importava com a pobreza de Antístenes, com a frugalidade de Sócrates ou com a insensibilidade de Diógenes. Convidava seus alunos a aproveitar os confortos da sociedade e os prazeres da vida, não se furtando, ele mesmo, a tais atrativos. A comodidade de sua moral acabou por gerar má opinião de seus costumes, mas a consideração que ele e seus alunos tiveram no mundo excitou a inveja de outros filósofos: *tantae ne animis coelestibus* (acaso cabe nas almas celestes tanta *cólera*?[14]). Interpretou-se muito mal a familiaridade que possuía com seus jovens alunos e sobre sua conduta privada disseminaram-se suspeitas que hoje seriam mais graves do que foram no tempo.

Essa espécie de intolerância filosófica o fez sair de Atenas. Mudou muitas vezes de local, conservando em todos eles os mesmos princípios. Em Egina, não se envergonhou de aparecer entre os amantes de Laís, e respondia às repreensões que lhe faziam da seguinte maneira: "que ele podia possuir Laís sem deixar de ser filósofo, posto que Laís não o possuía". E como pretendiam ferir-lhe o amor próprio insinuando que a cortesã se vendia a ele, mas se dava a Diógenes, dizia: "eu a compro para me servir e não para impedir que dela outro se sirva". Qualquer que seja a conclusão dessas anedotas, perante as quais um homem sábio será sempre muito reservado, seja para negá-las, seja para garantir-lhes a verdade, não entendo por que motivos seria lícito o comércio sexual de Sócrates e

14. Versos da *Eneida*, I, 11.

Aspásia, e não o de Aristipo e Laís. Ambas as mulheres eram famosas pela beleza, espírito, conhecimentos e galantaria. É verdade que Sócrates professava uma moral bastante austera e que Aristipo era um filósofo muito voluptuoso. Mas não era menos comum os filósofos receberem sem nenhum receio as cortesãs em suas escolas e que o povo não as visse como praticantes de crimes.

Aristipo apresentou-se por si mesmo na corte de Dioniso, onde obteve mais sucesso que Platão, chamado por Dion. Ninguém soube como ele adequar-se aos tempos, aos lugares e às pessoas. Jamais se sentiu deslocado, fosse vivendo com brilho sob a púrpura e na companhia de reis, fosse ensinando obscuramente na sombra e na poeira de uma escola. Não cuido de repreender esta filosofia versátil; acho-a até mesmo prática quando acompanhada de dignidade, cheia de dificuldades e muito acima dos talentos de um homem ordinário. Parece-me apenas que Aristipo não soube respeitar Sócrates, Diógenes e Platão, e rebaixou-se ao cumprir um papel indigno, aquele de querer ridicularizar homens consideráveis perante cortesãos ociosos e corrompidos que sentiam uma alegria maligna em lhes degradar a imagem, já que este aparente aviltamento os consolava de sua natural pequenez. Não se trata efetivamente de algo humilhante o representar-se em uma espécie de anfiteatro, construído pelo próprio Aristipo, no qual se punha a enfrentar outros filósofos da escola socrática, dando-se em espetáculo, como aos demais, a um tirano e a seus escravos?

É preciso confessar, no entanto, que não se nota em outras condutas suas esta falta de juízo com a qual deixava escapar, de maneira imprópria, o desprezo que tinha por outras seitas, fosse ele bem ou mal fundamentado. Sua filosofia apresentou aspectos tão diferentes quanto o caráter feroz de Dioniso. Conforme as circunstâncias, soube desdenhá-lo ou reprimi-lo, vencê-lo ou escapar-lhe, usando, alternativamente, ou a prudência ou a firmeza, a sutileza ou a liberdade, sempre se impondo ao rei e a seus cortesãos. Fez respeitar a virtude, dar atenção à verdade e prestar justiça à inocência, sem abusar de sua consideração, aviltar seu caráter ou comprometer sua pessoa. Sob quaisquer das formas, notava-se-lhe a garra de leão que distinguia um aluno de Sócrates.

Aristipo cultivou particularmente a moral e comparava aqueles que se detinham muito tempo nos estudos das belas-artes com os amantes de Penélope, que negligenciavam a senhora da casa e apenas se divertiam com suas servidoras. Entendia de matemática e a julgava importante. Foi ele quem disse a seus companheiros de viagem, ao perceber algumas figuras geométricas sobre as margens desconhecidas de um rio, trazidas por uma tempestade: "Coragem, amigos, eis aqui traços de homens". Estimava singularmente a dialética, sobretudo quando aplicada à filosofia moral.

Achava que nossas sensações jamais poderiam ser falsas e que era possível enganar-se sobre a natureza de suas causas, mas não sobre suas qualidades e existência. Que aquilo que acreditamos perceber exteriormente é alguma coisa, ainda que o ignoremos. Que no ato de raciocinar é preciso relacionar tudo à sensação, e nada ao objeto ou àquilo que tomamos por tal. Que não está demonstrado experimentarmos todos as mesmas sensações, ainda que estejamos de acordo com os termos utilizados. Em uma discussão rigorosa, por conseqüência, não se deve concluir, a partir de si, para um outro, nem mesmo, e subjetivamente, de um momento presente para outro futuro. Entre as sensações, há as agradáveis, as deploráveis e as intermediárias. Logo, no cálculo da felicidade e da desgraça é preciso relacioná-la à dor e ao prazer, pois nada existe de real além disso; e deixando de lado suas causas morais, ter na condição de mal as deploráveis, na de bem as agradáveis e na de nada as intermediárias.

Tais princípios serviam de base à sua filosofia. E eis aqui as induções que os cirenaicos faziam, na linguagem de nossos matemáticos modernos.

Todos os instantes nos quais nada sentimos são zero para a felicidade e a desgraça. Em nossa avaliação da felicidade e da desgraça só devemos pôr na conta o prazer e o sofrimento. Uma dor não difere de outra, tanto quanto um prazer de outro, senão pela duração e a intensidade. O *momentum* da dor e do sofrimento é o resultado instantâneo (μονοχρονον) da duração pela graduação. São as somas dos *momentum* de dor e de prazer passados que fazem as relações de felicidade ou infelicidade na vida.

Os cirenaicos achavam que o corpo contribuía muito mais do que o espírito para a soma dos *momentum* de prazer. Que o insensato não estava sempre insatisfeito com sua existência, nem o sábio sempre satisfeito com a sua. Que a arte da felicidade consistia em avaliar o que um sofrimento que se aceita pode render de prazer. Que nada havia em si que fosse dor ou prazer. Que a virtude não seria desejável caso não fosse um prazer atual ou um sofrimento que, mais tarde, trouxesse prazer. Que uma pessoa má ou perversa é um mau negociante e, portanto, melhor seria instruí-lo a propósito de seus interesses do que apenas puni-lo. Que não há nada em si de justo ou injusto, honesto ou desonesto. Que, do mesmo modo que uma sensação se chamava sofrimento ou prazer, conforme nos atasse ou nos liberasse da existência, uma ação era justa ou injusta, honesta ou desonesta, segundo fosse permitida ou proibida pelos costumes e pela lei. Que o sábio faz tudo para si mesmo, pois é o homem que mais estima e que, por mais feliz que seja, não pode dissimular que deseja sê-lo mais ainda.

Aristipo concebeu dois filhos; um filho indigno de si, que abandonou; e uma filha célebre por sua beleza, hábitos e conhecimentos. Chamava-se Aretê e teve um filho de nome Aristipo que educou por si mesma e que, por seus ensinamentos, tornou-se digno do nome do avô.

Foram discípulos de Aristipo: Teodoro, Sinale, Antipater e sua filha, Aretê. Antipater ensinou a doutrina cirenaica a

Epímedes; este a Peribates; Peribates a Hegesias e a Anníceris, que fundaram as seitas hegesíaca e annicérica.

Hegesias, alcunhado Psitânato (conselheiro da morte), estava tão convencido de que a existência era um mal, preferia tão sinceramente a morte à vida e se exprimia sobre isso com tal eloqüência que muitos discípulos decidiram abandonar sua escola. Seus princípios eram os mesmos de Aristipo: instituíam ambos um cálculo moral, mas chegavam a resultados diferentes. Aristipo dizia que era indiferente viver ou morrer, pois era impossível saber-se, no final da vida, se a soma dos prazeres seria maior ou menor do que a dos sofrimentos. E Hegesias, que era preciso morrer, pois embora não se pudesse demonstrar integralmente que a soma das dores seria maior do que a dos prazeres, a aposta era de mil para um que assim seria, e só um louco apostaria num jogo como esse. E, no entanto, Hegesias o jogava, no mesmo instante em que assim falava.

A doutrina de Anníceris pouco diferia daquela de Epicuro, embora apresentasse alguns sentimentos bastante singulares. Pensava, por exemplo, que não se devia nada aos pais; que é bom cometer um crime para a saúde da cidade e que desejar com ardor a prosperidade do amigo é recear, no íntimo, suas próprias adversidades.

Teodoro, o ateu, provocou com seu pirronismo a divisão e a desordem na seita cirenaica. Seus adversários acharam então mais fácil afastá-lo da escola do que responder-lhe. Mas como se tratava de enviá-lo a um lugar onde não pudesse prejudicar a ninguém, após refletirem seriamente o mandaram da Líbia para Atenas. Os juízes do areópago logo lhe teriam preparado a cicuta, na ausência de Demétrio de Falero. Não se sabe se Teodoro negava a existência de Deus ou se apenas rechaçava as provas; se admitia um só Deus ou nenhum. Certo é que os magistrados não se detiveram nestas sutis distinções, preferindo destacar que elas desarvoravam a sociedade e traziam o abandono dos altares. Isso custou a vida de Teodoro e de alguns outros.

Atribuiu-se a Teodoro pensamentos muito ousados, para dizer-se pouco. Teria sustentado que o homem prudente não deve expor-se para salvar a pátria, pois não é racional um sábio perecer em proveito de loucos; que não há, em si, nada de injusto ou desonesto; que o sábio poderá ser, conforme a ocasião, ladrão, sacrílego ou adúltero; e que jamais se envergonhará de servir-se de uma prostituta em público. Mas o erudito e judicioso Brucker trata essas imputações como calúnia, e nada mais o honra que o respeito dado à memória dos antigos filósofos. Não é de fato bem interessante para a humanidade e para a filosofia persuadir os povos de que os espíritos mais atilados da Antigüidade viam na existência de Deus um preconceito e na virtude um nome vão?

Evêmero, o cirenaico, foi um daqueles que os sacerdotes do paganismo acusaram de impiedade porque indicou lugares onde os deuses teriam sido enterrados.

Bíon, o boristenita, passou por homem de excelente espírito e piedade suspeita. Foi cínico com Crates, tornou-se cirenaico com Teodoro, fez-se peripatético com Teofrasto e acabou por recolher dessas seitas o que havia de bom, sem ser de nenhuma delas. Nele puderam ser observadas a firmeza de Antístenes, a polidez de Aristipo e a dialética de Sócrates. Nasceu de pais obscuros e isso jamais ocultou. Acusaram-no de opinar como sendo uma tolice a abstinência de Sócrates com Alcibíades, mas basta consultar o autor já citado para perceber quanta crença é preciso para se concordar com tais anedotas escandalosas e outras de mesma natureza.

Os sacerdotes do paganismo não podiam admitir que se atribuísse probidade aos incrédulos de seu tempo. Ou lhes censuravam como crimes as mesmas fraquezas que a si se perdoavam, ou acusavam seu modo de pensar, ainda que com seus sentimentos ortodoxos não fizessem melhor do que aqueles. Mas também os caluniavam sem pudor, quando não tinham outro recurso. "Sempre se demonstra piedade aos deuses" – diziam – "quando se denigre, acertada ou erroneamente, estes homens perversos".

Estes foram os principais filósofos cirenaicos, cuja seita não durou muito tempo. E como poderia? Não possuía escola na Grécia, estava dividida na Líbia, era suspeita de ateísmo, acusada de corrupção por outros filósofos e perseguida por magistrados. Exigia um concurso tal de qualidades, raramente encontradas em uma mesma pessoa, que apenas seu fundador as conseguiu reunir. E não se susteve senão por alguns trânsfugas estóicos a quem a dor os fez se afastarem da apatia.

ECLETISMO. (História da Filosofia, Antiga e Moderna) O eclético é um filósofo que, pisoteando os preconceitos, a tradição, a antigüidade, o consentimento universal, a autoridade, em uma palavra, tudo o que subjuga a multidão dos espíritos, ousa pensar por si mesmo e retroagir aos princípios gerais mais claros, examiná-los, discuti-los, nada admitindo senão com o testemunho de sua experiência e de sua razão. E de todas as filosofias, analisadas sem respeito demasiado e parcialidade, fazer-se uma que seja particular e doméstica. Digo uma filosofia *particular e doméstica*, pois a ambição do eclético é a de ser menos um preceptor do gênero humano do que seu discípulo; menos reformar os outros do que se reformar; menos ensinar a verdade do que conhecê-la. Não é um homem que planta ou semeia, e sim que recolhe e joeira. Gozaria tranqüilamente da colheita que houvesse feito, viveria feliz e morreria ignorado se o entusiasmo, a vaidade ou talvez um sentimento mais nobre não o fizesse sair de seu caráter.

O sectário é um homem que abraçou a doutrina de um pensador; o eclético, ao contrário, é um homem que não reconhece mestre. Assim, quando se diz que os ecléticos foram uma seita de filósofos, reunimos duas idéias contraditórias, a menos que se queira também entender por *seita* o conjunto de um certo número de homens que tem um princípio em comum – o de não submeter seus entendimentos a ninguém, o de ver por seus próprios olhos e antes duvidar de algo verdadeiro do que se expor, por falta de reflexão, a admitir uma coisa falsa.

Os ecléticos e os céticos tiveram um ponto de concordância: o não estar inteiramente de acordo com alguém. Os céticos porque não convinham em nada; os ecléticos porque não convinham senão em alguns pontos. Se os ecléticos encontravam nos céticos verdades que era preciso reconhecer – o que lhes era contestado pelos próprios céticos –, de outro lado os céticos não estavam divididos entre si, enquanto que um eclético, ao adotar muito freqüentemente de um filósofo uma idéia que outro eclético rejeitava, incluía-se em uma outra seita, como as religiosas, nas quais não há dois indivíduos que pensem da mesma maneira.

Os céticos e os ecléticos poderiam ter por divisa comum *nullius addictus jurare in verba magistri* ("não estar obrigado a jurar sobre a palavra do mestre", conforme diz Horácio nas Epístolas, I, I, 14). Mas os ecléticos, que tiravam proveito de muitas idéias que os céticos desdenhavam, poderiam acrescentar esta outra idéia – "nullum philosophum tam fuisse inanem qui non viderit ex vero aliquid" (nenhum filósofo foi louco o bastante para não discernir uma parte da verdade) – com a qual fariam justiça a seus adversários, sem sacrificar uma liberdade de pensamento da qual se orgulhavam. Se refletirmos um pouco sobre ambas as espécies de filósofos, ver-se-á como era natural compará-los. Ver-se-á que o ceticismo foi a pedra de toque do ecletismo, devendo o eclético andar ao lado do cético para recolher tudo o que seu companheiro não reduzisse a pó pela severidade de seus julgamentos.

Segue-se do que foi dito que o ecletismo, observado com rigor, não foi uma filosofia nova, já que não há mestre de uma seita que não tenha sido mais ou menos eclético. Conseqüentemente, os ecléticos são, entre os filósofos, os soberanos da terra, os únicos que permaneceram em estado de natureza, em que tudo os servia. Para formar seu sistema, Pitágoras recebeu a contribuição dos teólogos do Egito, dos gimnosofistas da Índia, dos artistas da Fenícia e dos filósofos da Grécia. Platão enriqueceu-se com os despojos de Sócrates, de Heráclito e de Anaxágoras. Zenão pilhou o pitagorismo, o platonismo, o heraclitismo e o cinismo. Ora, qual a finalidade destas viagens senão interrogar povos diversos, recolher verdades esparsas sobre a superfície da terra e voltar à pátria cheio da sabedoria de todas as nações? Mas como é quase impossível a um homem ter percorrido muitos países e encontrado religiões diferentes e não se sentir vacilante em relação à sua própria crença, assim também um homem dedicado à reflexão, que tenha freqüentado várias escolas de filosofia, dificilmente tomará exclusivamente um partido e não recairá no ecletismo ou no ceticismo.

Não há que se confundir ecletismo com sincretismo. O sincretista é um verdadeiro sectário, pois enrolou-se em bandeiras das quais não pretende se desfazer. Possui um chefe e lhe pronuncia o nome: poderá ser Platão, Aristóteles, Descartes ou Newton, pouco importa. A única liberdade que a si reservou foi a de modificar os sentimentos de seu mestre, estreitar ou alargar as idéias recebidas, tomar emprestado outras, alhures, e pôr escoras no sistema quando ele estiver ameaçado de ruir. Se se imaginar um pobre insolente que, insatisfeito com seus farrapos, ataque os transeuntes mais bem vestidos, arranque de um a camisa, de outro a jaqueta, e com elas faça um conjunto bastante bizarro de peças e cores, ter-se-á o emblema exato do sincretismo. Lutero, este homem que chamaria de bom grado "magnus autoritatis contemptor osorque" (grande despreciador e desdenhador da autoridade) foi um verdadeiro sincretista em matéria de religião. Resta saber se o sincretismo é uma ação virtuosa ou um crime e se é prudente abandonar indistintamente os objetos da razão e da fé ao julgamento de qualquer espírito.

O sincretismo é, quando muito, um aprendizado de ecletismo. Girolamo Cardano e Giordano Bruno não foram muito longe nesse caminho: se o primeiro fosse mais sensato e o segundo, mais esperto, teriam sido os fundadores do ecletismo moderno. O chanceler Bacon obteve essa honra porque sentiu e ousou dizer a si mesmo que a natureza não lhe tinha sido mais ingrata do que fora com Sócrates, Epicuro ou Demócrito, tendo-lhe dado igualmente uma cabeça. Nada é mais comum do que sincretistas; nada é mais raro do que ecléticos. Aquele que recebe um sistema de um eclético perde imediatamente o título. De tempos em tempos aparece um, mas o número não é tão grande que possa formar uma seita. E posso assegurar que da multidão dos filósofos que portaram o epíteto, apenas cinco ou seis o mereceram (ver os artigos Aristotelismo, Platonismo, Epicurismo e Baconismo).

O eclético não reúne verdades ao acaso e não as deixa isoladas. Defende bem menos a necessidade de enquadrá-las em um plano determinado. Após ter examinado e admitido um princípio, a proposição da qual se ocupa na seqüência deve ligar-se ao princípio com toda a evidência, a ele se opor ou com ele não ter nenhuma relação. No primeiro caso, ele a vê como verdadeira; no segundo, ele suspende o julgamento até que noções intermediárias que separam a proposição examinada lhe demonstrem o vínculo ou a oposição ao princípio; e no último caso, a rejeita como falsa. Eis o método do eclético. É assim que consegue formar um todo sólido, que é propriamente a sua obra, feita com um grande número de partes recolhidas de outras obras. Donde se vê que Descartes, entre os modernos, foi um grande eclético.

O ecletismo, que havia sido a filosofia dos bons espíritos após o nascimento do mundo, não constituiu uma seita e não teve um nome senão por volta do século segundo e início do terceiro. A única razão que se pode atribuir a esse fato é que até então as escolas sucederam-se e se toleraram, devendo o ecletismo brotar de seus conflitos: o que aconteceu tão logo a religião cristã começou a causar-lhes preocupações pela rapidez de seus avanços e revoltas por uma intolerância sem exemplos anteriores. Até então se havia sido pirroniano, cético, cínico, estóico, platônico ou epicurista, sem conseqüências. Que sensação não se deve ter produzido em meio a esses filósofos tranqüilos uma escola nova que estabelecia como primeiro princípio que, fora de seu seio, não havia nem probidade neste mundo, nem salvação no outro, pois sua moral era a verdadeira moral e seu Deus era o único e verdadeiro Deus. A sublevação dos sacerdotes, do povo e dos filósofos teria sido geral não fosse um pequeno número de homens serenos, tais como os encontramos em todas as sociedades, que não pertecem a nenhum partido e que terminam por fazer um sistema conciliador, ao qual, acreditam, muitos irão aderir.

Tal foi, mais ou menos, a origem do ecletismo. Mas por que meios aconteceu de se partir de um princípio tão sábio, como o de recolher de todos os filósofos, "tros, rutulus-ve fuat" (fosse de rútulo ou de troiano), aquilo que mais se adequasse à razão, e chegar-se a uma situação na qual se negligenciou o que se devia escolher, e escolheu-se o que se devia negligenciar, elaborando-se então o mais monstruoso sistema de extravagâncias que se possa imaginar. Sistema que durou mais de quatrocentos anos e que acabou por inundar a superfície da terra de práticas supersticiosas, das quais permaneceram traços que ainda observaremos talvez eternamente nos preconceitos populares de quase todas as nações. É este fenômeno singular que iremos desenvolver.

Quadro Geral da Filosofia Eclética

A filosofia eclética, que também chamamos de platonismo reformado e de filosofia alexandrina, nasceu em Alexandria, no Egito, quer dizer, em um centro de superstições. Não foi, no início, senão um sincretismo de práticas religiosas, adotado pelos sacerdotes egípcios, os quais, não sendo menos crédulos durante o reino de Tibério do que nos tempos de Heródoto, sempre tiveram a ambição de possuir o mais completo sistema de extravagâncias que ali houvesse no gênero. Este sincretismo passou pela moral e por outras partes da filosofia. Os filósofos esclarecidos o bastante para perceber a fraqueza dos diversos sistemas antigos, mas muito tímidos para abandoná-los, ocuparam-se apenas em reformá-los conforme as descobertas da época, ou, de preferência, em desfigurá-los consoante os preconceitos correntes: o que se chamou "platonizar", "pitagorizar" etc.

No entanto, o cristianismo se expandia. Os deuses do paganismo foram desabonados e a moral dos filósofos posta sob suspeita. O povo acorria às assembléias da nova religião e os discípulos de Platão e de Aristóteles deixavam-se arrastar para elas algumas vezes. Os filósofos sincretistas escandalizavam-se com indignação e ciúme, procurando as causas desta revolução que reduzia a freqüência a suas escolas. Um interesse comum os fez aliar-se aos sacerdotes do paganismo cujos templos esvaziavam-se dia após dia. Escreveram inicialmente contra a pessoa de Jesus Cristo, sua vida, seus hábitos, sua doutrina e milagres. Mas nesta coligação serviam-se apenas de seus próprios princípios: um afirmava aquilo que o outro negava e, assim, os cristãos encontravam facilidades para pôr os filósofos em contradição e dividi-los, coisa que não demorou a acontecer. Os assuntos essencialmente filosóficos foram então totalmente abandonados e todos os espíritos se lançaram às matérias teológicas. Uma guerra intestina eclodiu no seio da filosofia.

Mas também o cristianismo não estava tranqüilo internamente. A obsessão em aplicar as noções da filosofia, concebidas nas discussões das escolas, a dogmas misteriosos, que não lhe permitiam o uso, fez eclodir uma multidão de heresias que afligiam a Igreja. E, no entanto, o sangue dos mártires continuava a frutificar e a religião cristã a estender-se, apesar de todo os obstáculos, enquanto a filosofia se desacreditava. Que partido tomaram então os filósofos? O de introduzir o sincretismo na teologia pagã e parodiar uma religião que não podiam sufocar. Os cristãos não reconheciam senão a um Deus;

os sincretistas, então chamados ecléticos, admitiam apenas um primeiro princípio. O Deus dos cristãos estava em três pessoas: o Pai, o Filho e o Espírito Santo. Os ecléticos tinham também sua trindade: o primeiro princípio, o entendimento divino e a alma do mundo inteligível. O mundo era eterno, a acreditar-se em Aristóteles; Platão afirmava que houvera sido engendrado. Segundo os cristãos, Deus o havia criado. Os ecléticos fizeram do mundo uma emanação do primeiro princípio, idéia que conciliava os três sistemas e não lhes impedia de afirmar, como antigamente, que nada provém do nada. O cristianismo tinha anjos, arcanjos, demônios, santos, almas, corpos etc. Os ecléticos, por meio de emanações sucessivas, tiravam do primeiro princípio seres correspondentes àqueles: deuses, demônios, heróis, almas e corpos, que enfeixaram neste verso admirável: ενθεν αδην τρωσχει γενεσις πολυποιχιλου υλης ("Dali emana uma abundância infinita de seres de toda espécie"). Os cristãos admitiam a distinção do bem e do mal moral, a imortalidade da alma, um outro mundo, punições e recompensas futuras. Os ecléticos adaptaram suas doutrinas a todos esses pontos. O epicurismo foi proscrito de comum acordo e os ecléticos conservaram de Platão o mundo inteligível, o mundo sensível e as grandes transmigrações das almas por meio de diferentes corpos, consoante o bom ou o mau uso que tivessem feito de suas faculdades. O mundo sensível não era para eles senão uma tela pintada a nos separar do mundo inteligível. Com a morte, a tela caía, a alma dava um passo em seu ciclo e encontrava-se então em um ponto mais próximo ou mais afastado do primeiro princípio, ao seio do qual retornaria enfim, quando se tornasse digna por suas purificações teúrgicas e racionais.

Falta muito para que os idealistas contemporâneos levem suas extravagâncias tão longe quanto os ecléticos do terceiro e do quarto séculos: estes chegaram a admitir a existência de tudo o que não é, e a negar a existência de tudo o que há. Que se veja por este diálogo entre Eusébio e Juliano: "Só é real o que existe por si mesmo (ou as Idéias); tudo o que afeta os sentidos é apenas falsa aparência e obra do prestígio, do milagre ou da impostura".

Os cristãos tinham cultos diferentes. Os ecléticos imaginaram as duas teurgias: supuseram os milagres e experimentaram êxtases; acreditaram no *entusiasmo*, como os cristãos no Espírito Santo; acreditaram nas visões, nas aparições, nos exorcismos, nas revelações, tanto quanto os cristãos. Praticaram cerimoniais como os da Igreja e aliaram o sacerdócio à filosofia; fizeram preces aos deuses e os invocaram, ofereceram-lhes sacrifícios e se entregaram a toda sorte de práticas no início apenas fantásticas ou extravagantes, mas que não tardaram a se tornar criminosas. Quando a superstição procura as sombras e se retira para lugares subterrâneos para ali verter o sangue de animais, não está longe de derramar coisas bem mais preciosas. Quando já se acredita ler o futuro nas entranhas de um cordeiro, logo nos persuadimos de que ele está gravado com caracteres bem mais claros no coração de um homem. Foi o que aconteceu com os praticantes teúrgicos – seu espírito se desgarrou, sua alma tornou-se feroz e suas mãos, sanguinárias.

Tais excessos produziram dois efeitos opostos. Alguns cristãos, seduzidos pela semelhança que havia entre sua religião e a filosofia moderna, enganados pelas mentiras que os ecléticos vendiam sobre a eficácia e o prodígio de seus rituais, mas atraídos sobretudo a este gênero de superstição por um temperamento pusilânime, curioso, inquieto, ardente, sangüíneo, triste e melancólico, encaravam os doutores da Igreja como ignorantes, em comparação com aqueles, e assim acorreram a suas escolas. Outros ecléticos, os que mantinham um julgamento são, para quem toda teurgia prática aparecia como mistura de absurdos e de crimes, que não transferiram para a teurgia racional senão o que já estivesse prescrito de maneira mais clara, racional e precisa na moral cristã, e que, tendo comparado o resto do ecletismo especulativo com os dogmas de nossa religião, e não tratando mais favoravelmente as emanações do que as teurgias, renunciaram à filosofia e se fizeram batizar. Alguns se converteram, outros adotaram a apostasia, e as assembléias dos cristãos e as escolas do paganismo se encheram de trânsfugas. A filosofia dos ecléticos ganhou menos do que tudo o que foi perdido pela teologia cristã: esta mesclou-se a idéias sofísticas que a autoridade da Igreja, vigilante sobre a pureza da doutrina, só com dificuldades pôde conservar. Quando os imperadores abraçaram o cristianismo, e a profissão pública da religião pagã foi interditada e as escolas da filosofia eclética fechadas, o medo da perseguição tornou-se uma razão adicional para que os filósofos aproximassem mais a sua doutrina daquela dos cristãos. Não resguardaram nada ao mudar seus sentimentos e idéias de acordo com as dos padres da Igreja e senhores do Estado. Inicialmente, insinuaram que os apóstolos haviam alterado os princípios de seu chefe; e que, apesar desta mudança, distinguiam-se menos pelas coisas do que pelo modo de enunciá-las: "Christum nescio quid alliud scripsisse, quam Christiani docebant, nihilque sensisse contra deos suos, sede eos potius mágico ritu coluisse" (Não sei que outra coisa Cristo houvesse escrito do que ensinavam os cristãos e não houvera sido hostil aos deuses pagãos; tivesse, inclusive, lhes rendido um culto mágico)[15]; que Jesus Cristo, certamente um grande filósofo e iniciado em todos os mistérios da teurgia, tenha operado todos os milagres que dele se contam, pois este dom extraordinário não havia sido recusado à maior parte dos ecléticos de primeira ordem.

Porfírio dizia: "Sunt spiritus terreni minimi, loco quoddam malorum daemonum subjecti potestati; ab his sapientes Hebraeorum quorum unus etiam iste Jesus fuit" etc. (Há espíritos terrestres muito inferiores que, em certo lugar, encontram-se submetidos ao poder de demônios malignos; os sábios do povo hebreu, e entre eles este que foi Jesus...). Atribuiu-se

15. Santo Agostinho, *De consensu Evangelistarum*, § 18, Livro I.

a Apolo este oráculo a respeito de Jesus: "Mortalis erat, secundum carnem philosophus ille miraculosis operibus clarus" (Era um mortal segundo a carne, mas um filósofo famoso pelos milagres que realizava). Alexandre Severo punha-o entre os personagens mais respeitados por sua santidade, "inter anima sanctiores" (entre as almas mais santas) – Abraão, Orfeu, Apolo e Jesus. Outros não cansavam de apregoar: "Discipulos ejus de illo fuisse revera mentitos, dicendo illum Deum, per quem facta sunt omnia, cum nihil aliud quam homo fuerit, quamvis excellentissimae sapientiae" (seus discípulos realmente fingiram, ao dizer que era Deus, por meio de quem todas as coisas foram feitas, quando, de fato, não foi mais do que um homem, ainda que de excelentíssima sapiência). E acrescentavam: "Ipse vero pius et in coelum sicut pii, concessit; ita hunc quidem non blasphemabis; misereberis autem hominum dementiam" (é verdadeiramente piedoso e, como pessoa piedosa, tem lugar no céu; assim, pois, não blasfemarás contra ele, mas lastimarás a loucura dos homens)[16]. Porfírio enganou-se e o que se lamenta de um filósofo é um eclético como ele chegar a tais extremos. No entanto, os ecléticos conseguiram por esses caminhos oblíquos impor-se aos cristãos e obter do governo um pouco mais de liberdade. A própria Igreja não hesitou em elevar Sinésio à dignidade de bispo, ele que reconhecia abertamente Hipatia como sua mestra em filosofia. Numa palavra, houve um tempo em que os ecléticos quase chegaram a se passar por cristãos e os cristãos não estavam longe de se confessar ecléticos. Foi quando Santo Agostinho disse dos filósofos: "Si hanc vitam illi Philosophi rursus agere potuissent, viderent profect cujus autoritate facilius consuleretur hominibus, et paucis mutatis verbis, Christiani fierent, sicut plerique recentiorum nostrorumque temporum Platonici fecerunt" (Se os filósofos pudessem retornar a esta vida, veriam de quem provém a autoridade que permite prover mais

16. Santo Agostinho, *De civitate Dei*, livro XIX, capítulo XXIII.

facilmente o bem dos homens e, ao preço de uma pequena mudança de vocabulário, far-se-iam cristãos como o fizeram até agora a maior parte dos platônicos recentes).

A ilusão durou tanto mais porque os ecléticos, pressionados pelos cristãos, ocultavam-se com distinções de uma metafísica muito sutil com as quais haviam rompido; nada era mais difícil do que fazer-lhes entrar inteiramente para a Igreja ou dela afastar-se de modo claro. Haviam de tal maneira elevado à quintessência a teologia pagã que, prosternados aos pés dos ídolos, não se lhes podia convencer de idolatria; e nada havia que não contestassem com suas emanações.

Eram materialistas ou não? Mesmo hoje não é fácil decidir. Existe algo mais próximo da mônada de Leibniz do que as pequenas esferas inteligentes que chamavam de eões (*yunges*)? (Νοουμεναι ιυγγες πατροδεν νοεουσι χαι αυται βουλαις αφδεγτοισι μνουμεναι ωστε νοησαι – as *yunges* foram concebidas pelo Pai e também se concebem a si mesmas, pois se movem por inspirações inefáveis, de modo que se concebem). Eis o símbolo dos elementos dos seres, conforme os ecléticos; eis do que tudo está composto – o mundo inteligível e o mundo sensível, os espíritos criados e os corpos. A definição dada à morte tem tanta semelhança com o sistema da harmonia pré-establecida de Leibniz que M. Brucker não pôde deixar de reconhecer. Plotino disse: "O homem morre, ou a alma deixa o corpo, quando não há mais força na alma que a prenda ao corpo"; e este momento chega "perdita harmonia quam olim habens, habebat et anima" (quando se perde a harmonia que antes possuía a alma). E Brucker acrescenta: "en vero harmoniam praestabilitam inter animam et corpus jam Plotino ex parte notam" (eis que a harmonia pré-estabelecida entre a alma e o corpo já havia sido, em parte, observada por Plotino).

Seremos menos surpreendidos por tais semelhanças a partir do momento em que conhecermos melhor a marcha desordenada e os desvios do Gênio poético, do Entusiasmo, da Metafísica e do Espírito Sistemático. O que é o talento ficcional de um poeta senão a arte de encontrar causas imaginárias para efeitos reais? Qual é o resultado do entusiasmo no homem por ele tomado, a não ser fazer-lhe perceber relações entre seres afastados, as quais ninguém jamais viu ou supôs? Aonde poderá chegar um metafísico que, abandonando-se inteiramente à meditação, se ocupa de Deus, da natureza, do espaço e do tempo? A que resultado não será conduzido um filósofo que persegue a explicação de um fenômeno natural por meio de uma longa cadeia de conjecturas? Quem conhece toda a imensidão do terreno que esses espíritos percorreram, as suposições infinitas e singulares que fizeram, a multidão de idéias que se apresentaram ao entendimento e que eles compararam e se esforçaram em ligar? Ouvi muitas vezes contar de um dos nossos primeiros filósofos que, tendo-se ocupado durante muito tempo de um fenômeno da natureza, foi conduzido por uma série de conjecturas a uma explicação sistemática tão extravagante e complicada do fenômeno, que se convenceu de que nenhum outro homem jamais teria imaginado algo semelhante. Aconteceu-lhe no entanto de encontrar em Aristóteles precisamente o mesmo resultado de idéias e de reflexões, o mesmo sistema de desrazão. Se este encontro dos modernos com os antigos, dos poetas e dos filósofos entre si, já são freqüentes, quantos exemplos não seriam ainda mais habituais se nós não tivéssemos perdido algumas produções da Antigüidade, ou se houvesse em algum lugar do mundo um livro mágico que se pudesse sempre consultar e no qual todos os pensamentos dos homens ali fossem gravados no instante exato em que concebidos? A semelhança das idéias dos ecléticos com as de Leibniz não é um fenômeno que deva ser admitido sem precaução, nem rejeitado sem exame. A única conseqüência razoável que dela se pode tirar, na suposição de que seja real, é que os homens de um século não diferem tanto de um outro, que as mesmas circunstâncias conduzem quase às mesmas descobertas e que nossos predecessores viram mais coisas do que teríamos propensão em aceitar.

Após este quadro geral do ecletismo, faremos um resumo histórico da vida e dos hábitos dos principais filósofos desta seita; e daí passaremos a expor os pontos fundamentais de seu sistema.

A filosofia eclética não teve chefe ou nome (αχεφαλος χαι ανονυμος) até Potamon de Alexandria. A história deste Potamon é bastante enevoada e não há certeza sobre a época em que apareceu. Nada se sabe de sua vida. Dele, três autores falaram: Diógenes Laércio, Suidas e Porfírio.

Este último escreveu, a respeito de Plotino:

> Sua casa era cheia de jovens, rapazes e moças. Eram os filhos dos cidadãos mais considerados pelo nascimento e a fortuna. Tal era a confiança que possuíam no discernimento e nas virtudes deste filósofo que acreditavam não haver nada de melhor no mundo do que, ao morrer, recomendá-lo aos familiares e amigos mais queridos que deixavam no mundo... entre eles estava Potamon, que sentia prazer em escutar uma filosofia cujos fundamentos lançava, e que consistia em fundir vários sistemas em um só.

Trata-se de um logogrifo esta passagem de Porfírio: entre eles (εν τουτοις) encontrava-se Potamon. Não se sabe se isso referia-se aos pais ou aos filhos. Se aos pais, Potamon era contemporâneo de Plotino; se aos filhos, ele era posterior àquele filósofo. O resto da passagem não apresenta menores dificuldades.

Suidas diz do seu Potamon que "viveu antes e durante o reinado de Augusto" (προ χαι μετα Αυγουστου). Neste caso, ou o autor está equivocado, como lhe ocorreu nesta e em outras ocasiões, ou o Potamon do qual fala não é o fundador da seita eclética. Pois Diógenes Laércio diz de Potamon que "ele havia retirado de cada filosofia o que lhe convinha, formando assim a sua própria, e que este ecletismo era totalmente novo".

Eis aqui a passagem à qual é preciso se ater. Ela é mais importante do que a de Porfírio, pela clareza, e que a de Suidas, pela autoridade. De onde se segue que Potamon nasceu sob Alexandre Severo e que sua filosofia espalhou-se ao fim do segundo século e no início do terceiro. Com efeito, se o ecletismo fosse anterior a essa época, por que Galeno, Sexto Empírico e sobretudo Plutarco, que faz menções às seitas mais obscuras, nada diriam a seu respeito?

Potamon teria tido suficiente percepção para lançar os primeiros fundamentos do ecletismo. Mas faltavam-lhe a necessária imparcialidade para fazer uma boa seleção entre os princípios dos demais filósofos e certas qualidades pessoais como entusiasmo, eloqüência, espírito e até mesmo uma aparência interessante, sem a qual dificilmente se conseguia atrair um bom número de ouvintes. Tinha, além disso, uma predileção pelo platonismo, incompatível com o seu sistema e cercou-se inteiramente de disciplinas puramente filosóficas. Graças às disputas entre cristãos e pagãos, então mais violentas do que nunca, só as matérias religiosas estavam na moda. Tais foram as causas principais da obscuridade na qual entrou a filosofia de Potamon e do pouco progresso que ela alcançou.

Potamon sustentava, na *Metafísica*, que não dispomos em nossas faculdades de um meio seguro de conhecer a verdade; na *Física*, que há dois princípios de geração dos seres – um passivo, a matéria, e outro ativo, ou toda causa eficiente que a combine. Distinguia nos corpos naturais o lugar e as qualidades; e perguntava de uma substância, qualquer que fosse, qual era a causa, quais os seus elementos, a constituição, a forma e em que lugar foi produzida. Reduzia toda a moral às ações que tornam a vida do homem a mais virtuosa possível, o que, segundo ele, excluía o abuso, mas não o uso dos bens e os prazeres.

Amônio (Ammonius Saccas), discípulo e sucessor de Potamon, era de Alexandria. Professou a filosofia eclética sob o reinado do imperador Cômodo. Sua educação foi cristã, mas um gosto decidido pela filosofia não demorou a atraí-lo para as escolas do paganismo. Tão logo recebeu as primeiras lições de ecletismo, sentiu que sua religião era incompatível com esse sistema de pensamento. Com efeito, o cristianismo não suporta exceções e, rejeitar um de seus dogmas, é não aceitar nenhum outro. Amônio fez-se apóstata e retornou à religião autorizada pelas leis, o que chamavam την χατα νομους πολιτειαν, o que quer dizer, mais exatamente, não ter nenhuma. Pois àquele que se pergunta "qual a sua religião" e que responde, "a do príncipe", mostra-se mais cortesão do que homem de fé. Amônio, o eclético, não escrevia, o que o distingue de Amônio de Eusébio. Impôs aos seus discípulos um profundo silêncio sobre a natureza e o objeto de suas lições. Temia que as disputas, que não deixariam de crescer entre os seus discípulos e outros filósofos, aumentassem o menosprezo pela filosofia e o escândalo entre os espíritos menores, o que está de acordo com o que lemos em Hieroclés:

> como houvessem ocorrido até então grandes disputas entre platônicos e aristotélicos, assim como entre os demais filósofos, cuja loucura havia chegado até mesmo, para melhor promover a discórdia, a corromper os escritos de seus mestres, Amônio, arrastado pelo ardor da filosofia, afastou as divergências de opiniões que levavam a filosofia ao descrédito e ao desapreço, esvaziou e reduziu a pó as necedades que se haviam acumulado de ambos os lados, e demonstrou que as filosofias de Platão e de Aristóteles estavam de acordo sobre os pontos mais importantes e mais necessários da doutrina. Desta maneira, deixou a seus discípulos a filosofia protegida da dissensão[17].

Amônio disse então a seus discípulos:

17. "Cum hactenus magnae inter platonicus et aristotelicos, coeterosque philosophos exstitissent contentiones, quorum insania eo usque erat provecta, ut scripta quoque praeceptorum suorum depraverent, quo magis hos inter se pugnantes sisteret, aestu quoddam raptus ad philosophiam Ammonius, vir, rejectis, quae philosophiae contemtui erant et opprobrio, opiniorum dissentionibus, perpurgatisque et resectis, quae utrinque excreverant, nugis, in praecipius quibusque et maxime necessariis dogmatibus concordem esse Platonis et Aristotelis philosophiam demonstravit, sicque philosophiam a contentionibus liberam suis discipulis tradidit".

Comecemos por nos separar destes ouvintes ociosos, dos quais nada devemos esperar na busca pela verdade. Eles se divertiram durante muito tempo às custas de Aristóteles e de Platão. Meditemos em silêncio sobre o que nos disseram aqueles preceptores do gênero humano. Apeguemo-nos sobretudo ao que pode ampliar o espírito, purificar a alma, elevar o homem acima de sua condição e aproximá-lo dos deuses imortais. Que essas fontes fecundas de doutrina não nos façam nem desprezar nem negligenciar aquelas onde esperamos ainda recolher uma gota de sólida instrução. Tudo o que o homem produziu de bom nos pertence. Se a seita intolerante que hoje nos persegue pode nos trazer algumas luzes a respeito de Deus, sobre a origem do mundo, sobre a alma e suas condições presente e futura, sobre o mal moral, aproveitêmo-la. Teríamos nós vergonha de rejeitar os princípios que tenderiam a nos fazer melhor, pois estariam enfeixados nos livros de nossos inimigos? Mas, antes de tudo, comprometamo-nos a não revelar nossa filosofia àqueles a quem a torrente da nova superstição arrasta, a não ser quando forem capazes de aproveitá-la. Que o juramento seja feito à luz do sol.

Esta filosofia conciliadora, pacífica e secreta, que se impunha um rigoroso silêncio, e que estava sempre disposta a escutar e a aprender, agradou sobremaneira aos homens sensatos. Foi também favorecida pelo governo, que queria ver os espíritos se postarem deste lado: não que se preocupasse muito com o fato de uma seita prevalecer sobre outra, mas não ignorava que todos os que entravam para a escola de Amônio estavam perdidos para a de Jesus Cristo. Teve um grande número de discípulos e eles guardaram, ao menos durante a vida do mestre, um silêncio tão religioso sobre a doutrina, que sobre ela não falamos a não ser por conjecturas. Amônio, no entanto, estando propenso a dar ao ecletismo todo o valor possível, foi indulgente com o gosto dominante de sua época e suas lições foram mesclas de teologia e filosofia. Esse amálgama monstruoso produziu, na seqüência, maus efeitos. Com os sucessores, o ecletismo degenerou em uma teurgia abominável. Não passou de um ritual extravagante de exorcismos, de encantações, de operações noturnas, supersticiosas, mágicas e esotéricas. Os discípulos mais se pareciam com feiticeiros do que com filósofos.

Longino, este célebre retor do qual temos um tratado sobre o sublime, foi um dos filósofos da escola de Amônio. Longino viajou e as viagens eram muito valiosas, conforme o espírito da seita eclética. Mantinha colóquios com oradores, filósofos, gramáticos e com todos aqueles que, em seu tempo, desfrutavam de reputação nas letras. Teria sido um grande filósofo, não houvesse sido o primeiro filólogo do mundo: mas destacou-se tanto nas letras que dele não se falou como filósofo. Eunápio (Eunapius) no-lo dá ainda como um homem profundamente versado em história. Chama-o de βιβλιοτηχην τινα εμψυχον, biblioteca viva, elogio que depois se deu a muitos outros.

Teve por discípulos Porfírio e Zenóbia, rainha do Oriente. E a honra de ensinar filosofia e letras a uma rainha custou-lhe a vida. Zenóbia, a única rainha a subir ao trono dos Palmirenses, após a morte de seu marido, Edenato, invadiu o Egito e algumas províncias do Império. Aureliano marchou contra ela, venceu-a e a fez prisioneira. Longino, suspeito de lhe ter mal aconselhado, foi condenado à morte pelo imperador. Recebeu a ordem do suplício com firmeza e utilizou a arte na qual se distinguia – reanimar a coragem em seus cúmplices e fazê-los desapegar-se da vida. Escreveu bastante e os fragmentos que nos ficaram de seu tratado do sublime são suficientes para nos mostrar qual era a têmpera de seu espírito.

Herênio (Herennius) e Orígenes são os dois ecléticos da escola de Amônio que a história da seita nos oferece após Longino. De Herênio sabemos apenas que foi o primeiro a violar o segredo que havia feito ao mestre e que assim estimulou Orígenes e Plotino a divulgar a escola eclética. Este Orígenes não é o mesmo dos cristãos. O eclético morreu com a idade de setenta anos, pouco antes do fim do reinado dos imperadores Galo (Gallus) e Volusiano.

Este Plotino foi um dos mais célebres defensores da escola de Amônio. Porfírio, seu condiscípulo e amigo, legou-nos sua biografia. Mas que valor dar à narrativa de um homem que se propôs a fazer um paralelo entre Plotino e Jesus e que era assaz medíocre para imaginar que lhes daria renome ao atribuir milagres a Plotino? Se se fizesse justiça a Porfírio a propósito deste embuste, longe de acrescentar fé aos milagres de Plotino, teríamos que observar seu historiador, apesar de toda a violência com a qual sabemos que enfrentou a religião cristã, como alguém pouco convencido da falsidade dos milagres de Cristo. Nasceu ele em uma das duas Licópolis do Egito, no décimo-terceiro ano do reinado de Augusto Severo, e se entregou ao estudo da filosofia a partir dos 28 anos. Seguiu os mais renomados mestres de Alexandria, mas deixou suas escolas decepcionado. Era um homem melancólico e supersticioso. E como os filósofos que havia escutado faziam pouco caso dos mistérios de seu país, considerava-os como pessoas que prometiam a sabedoria sem possuí-la. O desencanto o conduziu então à escola de Amônio. Tão logo o ouviu dissertar sobre *o grande princípio e suas emanações*, afirmou: "eis o homem que procurava". Com Amônio estudou onze anos e não o abandonou a não ser para viajar à Índia e à Pérsia, onde instruiu-se mais à fundo sobre os sonhos místicos e os rituais teúrgicos dos magos e gimnosofistas, pois os entendia como a única ciência verdadeira. Uma circunstância que tomou como favorável ao seu destino foi a partida do imperador Gordiano em uma expedição contra os partos. Mas Gordiano foi morto na Mesopotâmia e nosso filósofo correu várias vezes o risco de perder a vida antes de retornar a Antioquia. Dali passou ao grande teatro de Roma, aos quarenta anos, e nada lhe impediria de mostrar-se ali, não fosse o juramento a Amônio. Mas a indiscrição de Herênio afastou o obstáculo. Considerando-se livre da promessa pelo perjúrio de Herênio, professou publicamente o ecletismo durante dez anos, mas apenas de viva voz, sem nada ditar. Se interrogado, respondia. Tendo esta maneira de filosofar se tornado cada vez mais ruidosa, dadas as discussões entre os discípulos, e ainda cansativa, pela necessidade de responder quase sempre às mesmas questões, resolveu escrever. Começou no primeiro ano de Galiano e no décimo já havia escrito vinte e uma obras sobre assuntos diversos. Não era fácil obter tais obras. Para conservar os vestígios da disciplina de Amônio, era ela comunicada apenas aos alunos de maior experiência, aos ecléticos de julgamento são e idade avançada. Era, como se verá adiante, aquilo que a Metafísica pode ter de mais embaralhado e obscuro, a dialética de mais sutil e árduo, um pouco de moral e muito de fanatismo e de teurgia. Mas se havia pouco perigo em ler-se Plotino, muito havia em escutá-lo. A presença de um auditório numeroso elevava sua alma e a bile se inflamava. Via com grandeza e a audiência se deixava seduzir pela força das idéias e das imagens que ele expunha em abundância. Compartilhava-se o seu entusiasmo e, como julgamos a verdade e a beleza pela força do que se acabara de ouvir, pela violência da emoção experimentada, voltava-se para casa convencido de que Plotino era o primeiro entre os homens. Era, com efeito, uma cabeça com a mesma têmpera dos Cardanos, dos Kirchners, dos nossos Malebranches, destes homens menos úteis do que raros:

[um destes homens] cujo gênio, inflamado por um amor assombroso e conduzido por não se sabe que ambição, tolera mal o ser cerceado pelo juízo e sente-se indignado; daqueles que, absorvidos e arrebatados pela grandeza dos objetos que a eles se apresentam, permanecem com freqüência ausentes; daqueles que não sopesam com escrúpulos suas palavras e sentimentos, mas que, envolvidos pelo torvelinho de um pensamento particularmente vivo e fecundo, abraçam tudo o que a imaginação transbordante lhes sugere de profundo, singular e não ouvido; pouco importa que suas visões estejam fundamentadas, e sim que ofereçam aos espíritos atônitos a imagem do prodígio e desmedida[18].

18. "Quorum ingenium miro ardore inflammatum, et nescio qua ambitione ductum, sese judicii habenis coerceri fert et indignatur; qui objectorum magnitudine capti et abrepti sibi saepe ipsi non sunt praesentes; ex horum numero qui non quid dicant sentiantve perpendunt, sed cogitationum vividissimarum fertilissimarumque fluctibus obvoluti, amplectuntur, quidquid aestuanti imaginationi occorrit altum, singulare et ab aliis diversum, fundamento fulciator aliquo vel nullo, dummodo mentibus aliorum attonitis offeratur aliquid portentosum et enorme".

Eis o que Plotino possuía em grau surpreendente e sua figura, por sinal, era imponente e nobre. Todos os sentimentos de sua alma se pintavam no rosto e, quando falava, de seu olhar, de seu gesto, de sua ação e pessoa escapava um convencimento do qual era difícil esquivar-se, sobretudo quando se tem uma disposição natural para o entusiasmo. Foi o que aconteceu a um certo Rogatien: os discursos de Plotino de tal maneira o aqueceram que abandonou as preocupações de seus negócios, despediu seus empregados, desprezou as dignidades que lhe eram devidas e caiu em uma miséria horrenda, mas em meio à qual encontrou a felicidade de conservar seu frenesi.

Com as qualidades que a história concede a Plotino, não lhe faltam discípulos. Teve muitos, entre os quais algumas mulheres. Suas virtudes trouxeram-lhe o apreço dos cidadãos mais preeminentes e eles lhe outorgaram, ao morrer, a fortuna e a educação de seus filhos. Durante os vinte e seis anos que viveu em Roma, foi o árbitro de muitas contendas, finalizadas com tanta eqüidade, que mesmo os que havia condenado se tornaram seus amigos. Foi honrado pelos grandes. O imperador Galiano e sua mulher Salonina deram-lhe especial atenção e ele não lhes pediu senão uma graça, que não obteve. Foi a governança de uma pequena cidade da Campânia, então arruinada, e de seu território. A cidade deveria ser reconstruída com o nome de Platonópolis, em homenagem a Platão. Plotino previa se transferir para ali com seus discípulos e realizar a república do filósofo. Mas aconteceu o que ainda hoje acontece: os cortesãos transformaram o projeto em idéia ridícula, deram Plotino como louco, aborreceram o imperador e impediram que uma experiência tão interessante fosse tentada.

Este filósofo viveu de maneira austera como convinha a um homem que olhava este mundo como lugar de exílio, e seu corpo como a prisão da alma. Professava a filosofia sem descanso e abusava da saúde para melhor se conservar, fazendo pouco caso da atenção médica quando indisposto. Foi afetado por uma angina da qual morreu com a idade de 66 anos, no segundo ano do reinado de Cláudio. Disse ao morrer: "equidem jam enitor quod in nobis divinum est, ad divinum ipsum quod viget in universo, adjungere" (esforço-me por voltar à alma do universo, a partícula divina da qual me separei). Admitia a metempsicose como maneira de se purificar, mas morreu convencido de que sua alma se tornara tão pura, pelo estudo permamente da filosofia, que ela podia retornar ao seio de Deus sem passar por nova prova. Sua filosofia foi largamente aceita e a Escola de Alexandria o considerou um chefe, ainda que tenha tido como predecessores Amônio e Potamon.

Amélio (Amelius), sucessor de Plotino, havia passado seus primeiros anos de aprendizado na instituição do estóico Lisímaco e depois vinculou-se a Plotino. Trabalhou durante 24 anos para desemaranhar o caos de idéias, em parte filosóficas, em parte teúrgicas, daquele virtuoso e singular fanático. Escreveu bastante e, ainda que suas obras não tenham servido senão para reconciliar Porfírio com o ecletismo de Plotino, não foram inúteis para o progresso da seita.

Porfírio, inimigo famoso do cristianismo, nasceu em Tiro no décimo-primeiro ano do reinado de Alexandre Severo, 233 após o nascimento de Jesus. Tornou-se apóstata em decorrência de uma surra que alguns cristãos lhe deram, sem razão aparente. Estudou em Atenas com Longino, que o chamou Porfírio (Malchus, seu nome de família, parecia muito desagradável aos ouvidos do retor). Tinha então dezoito anos e já era bem versado em filosofia e letras. Aos 21 foi a Roma estudar filosofia com Plotino. Uma grande sobriedade, longas vigílias e discussões contínuas produziram em seu espírito entusiasmo e melancolia, ao mesmo tempo.

Observaria aqui, de passagem, que é impossível na poesia, na pintura, na eloqüência e na música criar algo de sublime sem entusiasmo. O entusiasmo é um movimento violento da alma com o qual somos transportados para o centro dos objetos que temos de representar. Então, vemos uma cena completa se passar em nossa imaginação, como se ela estivesse fora de nós. E na verdade está, pois, enquanto dure a ilusão, todos os seres presentes se aniquilam e nossas idéias se realizam em seu lugar. Nada percebemos senão nossas idéias, mesmo que nossas mãos toquem corpos, nossos olhos vejam objetos animados e nossos ouvidos ouçam vozes. Se este estado não é o da loucura, chega-lhe próximo. Eis porque é preciso um grande senso para contrabalançar o entusiasmo. O entusiasmo não arrebata senão os espíritos preparados e submetidos à força da razão. É um princípio que os poetas não devem jamais perder de vista em suas ficções e que os homens eloqüentes sempre observaram em suas peças oratórias. Se o entusiasmo predomina em uma obra, ele dissemina em todas as suas partes algo de gigantesco, de inacreditável e enorme. Se é uma disposição habitual da alma, uma tendência adquirida ou natural do caráter, haverá discursos alternativamente sublimes e insensatos e comportamentos de um heroísmo bizarro, que indicam ao mesmo tempo a grandeza, a força e a desordem do espírito. O entusiasmo toma mil formas: alguns vêem os céus abertos sobre a cabeça, outros o inferno escancarar-se a seus pés. Este se crê em meio aos espíritos celestes, ouve seus concertos e para eles se acha transportado; aquele se dirige às Fúrias, vê suas tochas iluminadas, é ferido por seus gritos, sente-se por elas perseguido e foge horrorizado.

Porfírio não estava longe desse estado encantador ou terrível quando Plotino, que lhe seguia a pista, o encontrou. Estava sentado na ponta do promontório de Lilibela; chorava e suspirava, com os olhos fixos nas águas; recusava alimentos e temia a aproximação de alguém. Queria morrer. Encontrava-se em um estado de entusiasmo que aumentava em sua imaginação as misérias da natureza humana, fazendo da morte a maior felicidade de um ser que pensa, que sente e tem a desgraça de viver.

Eis outro entusiasta, Plotino, quem, fortemente impressionado pelo perigo de seu amigo e discípulo, experimenta ali um outro acesso de entusiasmo que salva Porfírio do furor tranqüilo e surdo do qual estava possuído. O que há de singular é que este se toma por um homem sensato: Escutai-o: *studium nunc istud, o Porphyri, tuum, non sanae mentis est, sed animi atrâ bile furentis* (a paixão que agora sentes, oh Porfírio, não é o ato de mente sadia, mas a de um espírito furioso pelos humores sombrios). Um terceiro que houvesse sido testemunha serena da ação exagerada e do tom enfático de Plotino, teria tentado devolver-lhe sua apóstrofe e dizer-lhe, imitando-lhe a ação e a ênfase: *studium nunc istud, o Plotine, tuum, honestae revera mentis est, sed animi splendida bile furentis* (a paixão que agora sentes, oh Plotino, é o ato de uma pessoa honrada, mas também a de um espírito arrebatado por grandes e furiosos humores). De resto, se um acesso de entusiasmo pode ser reprimido, é por outro entusiasmo. A verdadeira eloqüência seria, em semelhante caso, débil, fria e sem efeito. É preciso pois um choque mais violento e o abalo de um instrumento análogo.

Porfírio, loucamente persuadido de que o cristianismo torna os homens maus e miseráveis (maus, dizia, ao multiplicar os deveres ao infinito e ao perverter a ordem dos deveres; miseráveis, ao encher as almas de culpas, remorsos e terrores), escreveu quinze livros para os desenganar. Temo que Teodósio não lhes tenha concedido a honra necessária pelo edito que os suprimiu e ousaria quase afirmar, pelos fragmentos que nos restaram nos textos dos Padres que os refutaram, que neles havia mais eloqüência e entusiasmo do que bom senso e filosofia. Pareceu-me que o entusiasmo era uma doença epidêmica particular àqueles tempos, não tendo poupado nem mesmo os homens mais respeitados por seus talentos, conhecimentos e hábitos. Alguém acreditou ter repreendido Porfírio quando lhe disse que "era amigo íntimo do diabo"; outro observando-lhe o tom, chamou-o de "ímpio, blasfemador, louco, caluniador, impudente e sicofanta". A causa do cristianismo era muito boa e os Padres tinham bastantes razões para acumular tantas injúrias. Este lugar não será o único do artigo onde teremos oportunidade de observar, para consolo das almas fracas e da nossa, que mesmo nos grandes e santos homens encontramos falhas. Porfírio viveu mais tempo do que se poderia esperar de seu temperamento. Alcançou a idade de 72 anos e só veio a falecer em 305 d.C.

Jâmblico, discípulo de Porfírio, foi uma das principais luzes da Escola de Alexandria. O paganismo se arruinava quando este filósofo teúrgico apareceu. Combateu por seus deuses e não sem sucesso. É uma coisa notável a aversão quase geral dos filósofos ecléticos pelo cristianismo e seu apego obstinado à idolatria. Pois podia haver um sistema mais ridículo do que aquele da mitologia? Se era natural o sacrifício exigido na religião cristã – o do espírito pelos mistérios, o do corpo pelos jejuns e mortificações, o do coração pelo inteiro desprendimento de si mesmo, afastando o crente dos homens carnais e dos pensadores orgulhosos –, se-lo-ia também se um Potamon, um Amônio, um Longino, um Plotino ou um Jâmblico fechassem os olhos para os absurdos da história de Júpiter, ou não os percebessem?

Jâmblico era de Cálcis, cidade de Celesíria, e descendia de pais ilustres. Teve por preceptor Anatólio (Anatolius), filósofo de mérito pouco inferior ao de Porfírio. De caráter ameno e ensimesmado, abria-se mais com seus discípulos. Sua eloqüência era menor do que a de Porfírio e tal qualidade não deveria ser pouco considerada nas escolas onde se professava particularmente a teurgia, sistema no qual era impossível obter cores sedutoras sem se lançar mão do sublime e do entusiasmo. No entanto, não lhe faltavam ouvintes, devido mais à sua afabilidade do que ao conhecimento. Era alegre com seus amigos e lhes inspirava alegria. Aqueles que haviam experimentado o charme de sua escola, dela dificilmente se afastavam.

A história nada nos relatou dos nossos místicos cristãos que não possamos encontrar em Jâmblico. Tinha êxtases, o corpo se elevava aos ares durante seus diálogos com os deuses, suas roupas brilhavam de luz, predizia o futuro, fustigava os demônios ou invocava gênios do fundo das águas. Escrevia muito e nos deixou uma *Vida de Pitágoras*, uma exposição de seu sistema teológico, exortações ao estudo do ecletismo, um tratado de matemáticas, um comentário sobre as instituições aritméticas de Nicômaco e uma exposição sobre os mistérios egípcios. Entre tais obras há muitas nas quais dificilmente se reconheceria um pretenso feitor de milagres. Mas quem reconheceria Newton em um comentário sobre o Apocalipse? E quem creria que o homem que reuniu toda Londres em uma igreja para servir de testemunha de ressurreições, seriamente prometidas, foi o geômetra Fatio?

Jâmblico morreu no ano 333 após Jesus Cristo, sob o reino de Constantino. A conversão deste príncipe à religião cristã foi um acontecimento fatal para a filosofia. Os templos do paganismo foram destruídos, as portas das escolas ecléticas fechadas e os filósofos dispersados. E custou mesmo a vida de alguns que ousaram enfrentar a situação.

Este foi o destino de Sopatro, discípulo de Jâmblico, nascido em Apaméia, na Síria. Eunapo dele nos fala como de um homem eloqüente em seus escritos e discursos. Acrescenta que a extensão de seus conhecimentos fê-lo ganhar, entre os gregos, a reputação de primeiro filósofo de seu tempo (τον επισημοτατον τον τε παρ Ελλησιν επι παιδενσει γεγενημενον). Eis os fatos tal como os diz Eunapo. Constantinopla ou Bizâncio (a mesma cidade sob nomes diferentes) fornecia víveres antigamente à Ática e era inacreditável a quantidade de grãos que esta província grega procurava. Mas aconteceu naqueles tempos que os navios vindos carregados do Egito, de provisões da Síria, da Fenícia, de toda a Ásia, e de uma infinidade de regiões abastecedoras do império não foram suficientes para as necessidades de uma multidão inumerável de prisioneiros que o imperador havia reunido em Bizâncio, e isso pela vaidade pueril de juntar no teatro a maior quantidade possível de aplausos. E que tipo de aplausos, e que gente! Uma populaça entupida de vinho, homens a quem a ebriedade não permitia falar ou sustentar-se de pé, bárbaros e estrangeiros que mal sabiam pronunciar seus nomes. Ocorre que a situação do porto de Constantinopla, rodeado por montanhas, não era favorecido pelos ventos. Tendo estes cessado de soprar e suspendido por muito tempo a chegada de víveres a uma cidade que transbordava de habitantes, a fome se fez sentir. Ia-se ao teatro em jejum e, como quase não havia bêbados, poucos aplausos eram ouvidos, para grande espanto do imperador, que não havia reunido tantas bocas para que ficassem mudas. Os inimigos de Sopatro e dos filósofos, atentos a qualquer ocasião para lhes prejudicar e destruir, acreditaram ter encontrado uma muito favorável:

> É este Sopatro – disseram ao crédulo imperador –, este homem que vós haveis coberto de benefícios, e que conseguiu por sua política assentar-se ao trono, ao vosso lado, é ele que, pelas artimanhas de sua política malfazeja, mantém os ventos aprisionados e opõe-se ao vosso triunfo e glória, enquanto vos seduz com falsos elogios prodigalizados.

Irritado, o imperador ordena a morte de Sopatro e o infeliz filósofo cai por terra abatido por uma acha. Infelizmente, chegou à corte com o objetivo de defender a causa dos filósofos e de impedir, se fosse possível, a perseguição que a eles se fazia. Havia previsto algum sucesso, dada a força de sua eloqüência e a retidão dos intentos, e, de fato, houvera conseguido ir além das esperanças. O imperador o admitiu entre os seus favoritos e os filósofos começaram a ganhar crédito na corte, enquanto os cortesãos se alarmavam e os intolerantes lastimavam-se. Estes se haviam tornado temíveis aos olhos do príncipe, a quem atraíram para as suas opiniões, pois parece que Sopatro foi uma vítima que o imperador sacrificou, com o intuito de acalmar os murmúrios que se levantavam. "Para dissipar as dúvidas que se pudesem ter sobre aquele que acolheu favoravelmente um hierofante, um teurgista, considerando-o um neófito equivocado, determinou o príncipe (diz Suidas) que se desse fim ao filósofo Sopatro": *ut fidem faceret se non amplius religioni gentili addictum esse* (para atestar que já não pertencia a uma religião estrangeira).

Ablabius, um vil cortesão sem nascimento e alma, sem virtude, um homem feito, como tantos, para captar os favores dos grandes por todos os meios, e desonrá-los em seguida pelos maus conselhos dados em troca dos favores recebidos, tornou-se invejoso de Sopatro e foi esta inveja que acelerou a perda do filósofo. Por que é necessário que tantos reis sempre comandem e não leiam jamais?

Edésio (Edesius) provinha da Capadócia. Sua família era reputada, mas não opulenta. Dedicou-se aos estudos de filosofia em Atenas, para onde havia sido enviado a fim de aprender uma profissão lucrativa, decisão a pior possível face às intenções dos pais. Em troca de uma moeda de ouro dada por eles, comprou todos os livros da república de Platão. Sua sabedoria, moderação, o respeito que adquiriu, sua paciência e discursos conseguiram, no entanto, fazer com que seu pai se reconciliasse com a filosofia. Este homem honesto percebeu enfim que uma ciência que tornava seu filho feliz sem riquezas era preferível às riquezas que, sem ela, jamais haviam feito a felicidade de ninguém.

A reputação de Jâmblico atraiu Edésio à Síria. Jâmblico o recebeu com afeto, o instruiu e conferiu-lhe um dom, o dom por excelência, o do entusiasmo. Os teúrgicos não podiam dar melhor demonstração de respeito pela religião cristã do que devotar-se a copiá-la. Os apóstolos haviam recebido o Espírito Santo, esta qualidade divina em virtude da qual alguém se persuade daquilo de que se está firmemente persuadido e os ecléticos parodiavam tais efeitos com seu entusiasmo. No entanto, a perseguição que o imperador fazia aos filósofos aumentava dia a dia. Amedrontado, Edésio recorreu às operações da teurgia para esclarecer seu destino; e os deuses lhe prometeram ou a maior reputação, se permanecesse na sociedade, ou uma sabedoria que o igualaria aos deuses, caso se retirasse de entre os homens. Edésio se dispunha a tomar este último partido quando seus discípulos reuniram-se tumultuadamente à sua volta, e lhe pediram, conjuraram, ameaçaram e o impediram de sair pelo receio indigno de um filósofo, o relegar-se ao fundo de uma floresta e privar os homens dos exemplos de sua virtude, em uma época em que a superstição, diziam, avançava a grandes passos, arrastando a multidão dos espíritos.

Edésio estabeleceu sua escola em Pérgamo. Juliano pediu-lhe conselhos, o honrou com sua estima e lhe ofertou presentes. A promessa dos deuses a quem consultou se cumpriu: seu nome difundiu-se pela Grécia e ia-se a Pérgamo de todas as regiões vizinhas. Possuía um talento particular para humilhar os espíritos orgulhosos e extrovertidos, e para encorajar os tímidos e fracos. As oficinas dos artistas eram os lugares que freqüentava com prazer ao sair de sua escola, o que prova o quanto o entusiasmo e a teurgia não lhe haviam extinguido o gosto por conhecimentos úteis. Professou a filosofia até uma idade avançada.

Eustate, discípulo de Jâmblico e de Edésio, foi um homem eloqüente, doce, mas a ele muita bobagem também se debitou. O mesmo se pode dizer de Sosipatra, requisitada a seu pai por um grupo de anciãos que lhe provaram miraculosamente que ele não poderia, em sã consciência, recusar o pedido. O pai cedeu a filha, os velhos se apoderaram dela, a iniciaram nos mistérios do ecletismo e da teurgia, conferiram-lhe o dom do entusiasmo e desapareceram, sem que jamais se soubesse o que lhes aconteceu depois. Também a Antonino se podem atribuir os mesmos atributos, mas observaria que ele não fez milagres porque o imperador não gostava que os filósofos o praticassem.

Houve um momento em que o medo acabou por fazer o que do senso comum se esperaria – separar a filosofia da teurgia e mandar esta última aos leitores da boa sorte, aos saltimbancos, aos malandros e prestidigitadores.

Eusébio de Minde, cidade da Cária, que na época apareceu em cena, distinguiu duas espécies de purificação que a filosofia eclética igualmente recomendava: uma teúrgica e outra, racional. Ele se ocupou seriamente em criticar a primeira, mas os espíritos já estavam demasiadamente contagiados – pois era atrativo comerciar com os deuses, ter demônios sob domínio, chamá-los por encantamentos, elevar-se até eles pelo êxtase – para que se pudesse desmascarar com facilidade a ilusão que os homens tinham por uma ciência que se arrogava tantas maravilhosas prerrogativas. Se havia um homem com quem a filosofia de Eusébio poderia obter sucesso, era o imperador Juliano. Mas nada fez em seu favor. Juliano deixou de lado este filósofo de bom senso para entregar-se a dois dos mais violentos teurgistas que a seita eclética tinha até então produzido – Máximo de Éfeso e Crisanto.

Máximo de Éfeso procedia de família nobre e rica, mas se desfez das expectativas mais lisonjeiras para se dedicar à filosofia. É uma coragem rara para não lhe reconhecer o mérito. Ninguém teve mais inclinação para a teurgia e o ecletismo, caso se tenha a eloqüência como característica da vocação. Máximo parecia sempre agitado pela presença interior de algum demônio. Punha tanta força em seus pensamentos, tanta energia em sua expressão, tanta nobreza e amplitude em suas imagens, um não sei quê de tocante e sublime, mesmo na desrazão, que tirava de seus ouvintes a liberdade de contradizê-lo. Era Apolo sobre a tribuna, a dominar as almas e comandar os espíritos. Era sábio e os conhecimentos profundos e variados que detinha forneciam um alimento inesgotável ao seu entusiasmo. Teve Eudésio por mestre e Juliano por discípulo. Acompanhou o imperador em sua expedição à Pérsia. Juliano morreu e Máximo caiu em um estado lastimável. Mas sua alma mostrou-se sempre superior à adversidade. Valentiniano e Valente, atiçados pelos cristãos, o encarceraram no fundo de um calabouço e só o tiraram para expô-lo em um teatro, onde se mostrou com firmeza. Frente às acusações, respondeu sem faltar com o imperador e consigo próprio. Pretendia-se torná-lo responsável por tudo o que havia sido repreensível em Juliano, mas instou o imperador a rejeitar tal acusação: “Se é permitido, disse, acusar uma pessoa de tudo o que seu soberano fez de mal, por que não elogiá-la por tudo o que o mesmo soberano tenha feito de bem?". Procurava-se fazê-lo perder-se, mas, coisa surpreendente, não se conseguiu. Na impossibilidade de convencê-lo de culpa, deram-lhe a liberdade. Mas como acreditavam que se havia aproveitado de sua amizade com Juliano para acumular tesouros, condenou-se-lhe a uma multa exorbitante que se reduziu a quase nada quando descobriram que só possuía seu alforje e seu bastão.

A presença de um homem com quem tantos equívocos foram cometidos era demasiado inoportuna para ser suportada. Máximo foi enviado aos confins da Ásia onde grandes sofrimentos o esperavam e o ódio implacável de seus inimigos para lá o seguiu. Tão logo chegou ao local do exílio, foi preso e destinado à desumanidade de homens que a justiça emprega para atormentar culpados. Corrompidos pelos perseguidores, inventaram-lhe novos suplícios e lhe fizeram objeto de brutalidades e furor. Cansado de viver, Máximo pediu veneno à sua mulher, que não hesitou em trazer-lhe. Mas antes de dar-lhe, tomou ela mesma uma grande porção e morreu. Máximo sobreviveu.

Caso se busquem as causas de sua infelicidade, outra não se encontra senão a de ter desagradado os defensores das opiniões dominantes. Lição terrível para os filósofos, pensadores que foram e serão suspeitos em todos os tempos. A providência, que parecia ter-se esquecido de Máximo após a morte de Juliano, deitou enfim um olhar de piedade a esse desgraçado. Clearca, homem de bem, que Valente havia nomeado prefeito da Ásia, encontrou o filósofo exposto em um cavalete de tortura e prestes a morrer. Correu em sua salvação, libertou-o e lhe forneceu todos os cuidados que necessitava para recuperar-se do estado deplorável em que se encontrava. Acolheu-o em sua casa e o reconciliou com o imperador. Aplicou a pena de Talião aos seus inimigos e restabeleceu sua parca fortuna, que devia a amigos e parentes. Deu-lhe ainda alguns benefícios e o reenviou triunfante a Constantinopla, onde a consideração geral do povo e dos grandes parecia-lhe ao menos assegurar alguma tranqüilidade nos últimos anos de sua vida. Mas não foi assim. Inimigos políticos promoveram uma conspiração contra Valente e Máximo, embora dela não houvesse tomado parte, havia mantido, anteriormente, contato com a maior parte deles. Suspeitou-se que conhecesse o intento dos conspiradores e seus inimigos insinuaram ao imperador que fora consultado na qualidade de teurgista. O procônsul Festo deu ordem de prendê-lo e executá-lo. Este foi o fim trágico de um dos mais hábeis e honestos homens de seu século.

Festo não sobreviveu-lhe muito tempo. Seu espírito transtornou-se, pois acreditava ver Máximo em seus sonhos, arrastando-o pelos cabelos perante os juízes do inferno. O sonho sempre o perseguia, o que o fez perder o juízo e morrer louco. O povo, esquecendo-se das desgraças cruéis às quais os deuses haviam abandonado Máximo durante sua vida, viu na morte de Festo um exemplo claríssimo da justiça divina. Festo era odiado e Máximo não mais. A veneração que lhe coube tornou-se cada vez maior, meio pelo qual o povo entendia ver algo de sobrenatural no sonho do procônsul e na morte, sem causa aparente, em meio à prosperidade. Não se é comumente bem instruído para saber que um homem ameaçado de morte súbita sente antecipadamente agitações de eventos. São abalos surdos que ele negligencia, pois não prevê nem teme as conseqüências; são tremores passageiros, inquietudes vagas, abatimento, agitação e fraqueza de ânimo. Se em meio a essas sensações íntimas um homem supersticioso e mau tem a consciência carregada por um crime atroz e recente, então poderá ver objetos do crime e se tornar obsessivo. Tomará a obsessão pela causa de sua doença e, ao invés de procurar um médico, se dirigirá aos deuses. No entanto, o germe de morte que traz consigo se desenvolverá até matá-lo. E com isso, o povo imbecil cria o prodígio. Trata-se de uma injúria ao ser supremo; é até mesmo expor-se à dúvida de sua existência procurar nas aflições e nas prosperidades deste mundo as marcas da justiça ou da bondade divinas. O mau pode ter tudo, exceto o favor do céu.

Prisco, amigo e discípulo de Máximo, era de Trespotia. Havia estudado muito a filosofia dos antigos e concordava com Eusébio de Minde em ver na teurgia uma vergonha para o ecletismo. Mas nascido taciturno, introvertido, inimigo de disputas escolásticas, e tendo do vulgo um pouco do que se deve ter, ou seja, não fazer muita mesura ao se dizer a verdade, foi um homem pouco dado a se ligar a discípulos e a difundir suas opiniões. Essa maneira tranqüila e retirada de filosofar lançou-lhe uma certa obscuridade salutar e os inimigos da filosofia o esqueceram. Os demais ecléticos ou tiveram que se dar à morte ou perder a vida em tormentos. Ignorado, Prisco terminou tranqüilamente a sua nos templos desertos do paganismo.

Crisanto, discípulo de Eudésio e instrutor de Juliano, uniu o estudo da oratória ao da filosofia:

> Para si mesmo, dizia, é bastante conhecer a verdade. Mas para os outros, é ainda preciso saber dizê-la e fazê-la ser amada. A filantropia é o caráter distintivo do homem de bem, mas ele não deve se contentar em ser bom; deve trabalhar para tornar os semelhantes melhores. A virtude não o domina o bastante se ele apenas a mantém dentro de si mesmo. Quando ela se converte na paixão de um homem, enche sua alma de uma felicidade que não saberia esconder e os maus não poderiam fingir possuí-la. É à virtude que cabe fazer verdadeiros entusiastas; ela conhece o valor dos bens, das coisas dignas e da vida, pois somente ela sabe quando convém perdê-las e conservá-las.

A teurgia, tão fatal a Máximo, serviu de modo útil a Crisanto. Este aqui se manteve firme na inspeção das vítimas sacrificadas e às regras da adivinhação, as quais lhe prognosticavam os piores males se abandonasse o seu retiro. Nem as instâncias de Máximo, nem os convites reiterados do imperador, as deputações expressas, as preces de uma esposa a quem amava ternamente, nem mesmo as honras que se lhe atribuíam ou a felicidade prometida conseguiram fazer-lhe abandonar os sinistros pressentimentos e atraí-lo à corte de Juliano. Quando Máximo partiu, disse, "resolveu violentar a natureza e os destinos". Juliano vingou-se das recusas de Crisanto dando-lhe o pontificado da Lídia, exortando-o a ali reerguer os altares dos deuses e a chamar a seus templos os povos que deles se havia afastado. Crisanto, filósofo e pontífice, conduziu-se com tamanha discrição em suas funções que nem mesmo suscitou o murmúrio dos intolerantes. Assim, não se viu envolvido nas convulsões que se seguiram à morte de Juliano. Ficou desolado, mas tranqüilo, em meio às ruínas do ecletismo e do paganismo. Foi até mesmo protegido pelos imperadores cristãos. Retirou-se para Atenas onde demonstrou que lhe era mais fácil suportar as adversidades do que a muitos homens fazer uso da felicidade. Empregava seus dias a honrar os deuses, a ler os antigos, a inspirar o gosto pela teurgia, pelo ecletismo e pelo entusiasmo a um pequeno número de discípulos e ainda a compor obras de filosofia. Os tendões de seus dedos chegaram a se contrair a força de escrever. Caminhadas eram suas únicas distrações e as fazia em ruas espaçosas, marchando grave e lentamente, entretendo-se com seus amigos. Evitava o contato com os grandes, não por desprezo, mas por gosto. Punha em suas relações com os homens tanta doçura e amenidade que se suspeitava afetar tais qualidades. Falava bem e era elogiado pelos tons dados às coisas. Se abria a boca, todos em volta se calavam. Era firme em suas convicções. Os que não o conheciam bem expunham-se facilmente a contradizê-lo, mas não tardavam a perceber com quem se entretinham. Estaríamos surpreendidos com suas qualidades de sentimentos e de espírito – Crisanto era um dos maiores defensores do paganismo – se não soubéssemos o quanto o mistério da Cruz é uma estranha loucura para espíritos orgulhosos. Gozava de uma saúde tão vigorosa aos oitenta anos que era obrigado a fazer sangrias por precaução. Eunápio era seu médico, mas uma das sangrias feitas quando o amigo se encontrava ausente lhe custou a vida. Foi tomado por frio e abatimento em todos os membros, os quais Oribaso conseguiu dissipar por um momento, mas que não tardaram a voltar, matando-o.

Juliano, flagelo do cristianismo, honra do ecletismo, e um dos homens mais extraordinários do século, foi educado sob proteção do imperador Constantino. Aprendeu gramática com Nicoclés e arte oratória com Eubole. Seus primeiros mestres eram todos cristãos e o eunuco Mardônio os inspecionava. Aqui não se trata nem do conquistador nem do político, mas do filósofo. Apenas prevenimos aqueles que queiram formar uma idéia justa de suas qualidades, de seus defeitos, de seus projetos, de sua ruptura com Constantino, de suas expedições contra partos, gauleses e germanos, do retorno à antiga religião, de sua morte prematura e dos acontecimentos de sua vida, desconfiar igualmente dos elogios e adulação prodigalizados pela história profana e das injúrias que o ressentimento vomitou-lhe na história da Igreja. Nestes casos, é sobretudo importante seguir uma regra crítica que, em uma infinidade de outras conjunturas, conduziu à verdade de modo mais seguro que qualquer outro testemunho, a saber: deixar de lado o que outros escreveram conforme suas paixões e preconceitos e examinar, segundo nossa própria experiência, o que há de verossímil. Para julgar com indulgência ou severidade o gosto desenfreado de Juliano pelas cerimônias pagãs e pela teurgia, não é com os olhos de nosso século que o devemos fazer. É preciso transportar-se ao tempo do imperador e em meio à multidão de homens importantes, todos encasquetados com tais doutrinas supersticiosas; sondarmo-nos a nós mesmos e observar no fundo do coração, sem parcialidade, se seríamos mais sábios do que ele. Temia-se que abandonasse a religião cristã, mas estava-se longe de perceber que a mediocridade de seus mestres ocasionaria infalivelmente a apostasia. Com efeito, quando o exercício assíduo de seus talentos naturais colocou-o acima de seus preceptores, a curiosidade o conduziu às escolas dos filósofos. Seus professores, cansados de um discípulo que os embaraçava e confundia, não responderam com suficiente escrúpulo à confiança de Constantino. Freqüentou Libânio, em Nicomédia, com quem o imperador havia expressamente proibido de manter-se relações e que se lamentava amargamente de uma defesa que não lhe permitia, segundo disse, "difundir um só grão de boa semente em um terreno precioso, abandonado à cultura de um miserável retor cujo talento, tão pequeno e comum, era o de denegrir os deuses".

As disputas intestinas entre católicos e com os arianos acabaram por asfixiar em seu íntimo o pouco de cristianismo que as lições de Libânio não lhe haviam de todo arrancado. Viu o filósofo Máximo. Pressupõe-se que o imperador não ignorasse tais procedimentos; mas como as qualidades superiores de Juliano começassem a inquietá-lo, imaginou, por um pressentimento que não era muito justo, que, para a tranqüilidade do império, e para a sua própria, seria melhor que este espírito ambicioso mais se inclinasse para o lado das letras e da filosofia do que do governo e dos assuntos públicos. Juliano abraçou o ecletismo. Como estaria ele a salvo do entusiasmo, tendo um temperamento bilioso e melancólico, um caráter impetuoso ou fogoso, uma imaginação rápida e ardente? Como poderia perceber todas as puerilidades da teurgia e da divinação se os sacrifícios, as evocações e todos os prestígios das doutrinas não cessavam de lhe prometer a soberania? É bem difícil rejeitar como duvidosos os princípios de uma arte que nos convoca ao exercício do império. E aqueles que meditarem, pouco profundamente que seja, sobre o caráter de Juliano, sobre os de seus inimigos, sobre as circunstâncias em que se encontrava e sobre os homens que o cercavam ficarão talvez mais espantados com sua tolerância do que com sua superstição. Apesar do furor pagão do qual estava possuído, não derramou uma só gota de sangue cristão. E estaria isento de qualquer repreensão caso se observe que um príncipe no comando de homens que pensam de modo diferente do seu, em matéria de religião, a ninguém mande matar. Os cristãos pediam a Juliano o exercício pleno de sua religião, a liberdade de assembléias e de escolas, a participação em todos os privilégios da sociedade da qual eram membros úteis e fiéis. Nisto tinham inteira razão. Os cristãos não lhe exigiam que constrangesse os pagãos a renunciar aos falsos deuses, e não lhe discutiam o direito. Reprovavam, sim, se não a violência, ao menos as vias indiretas e ocultas das quais se servia para fazer com que os cristãos renunciassem a Jesus. Diziam:

> Abandonai a si própria a obra de Deus. As leis de nossa Igreja não são as do império, nem as leis do império, as de nossa Igreja. Castigai-nos se nos acontece infringir aquelas, mas não imponhais à nossa consciência qualquer jugo. Ponde-vos em lugar de um súdito pagão e imaginai em vosso lugar um príncipe cristão: que pensaríeis dele se empregasse todos os recursos da política para vos atrair a nossos templos? Se a eqüidade não vos autoriza, atuais em excesso; se tendes esta autoridade, atuais de menos.

Como quer que seja, se Juliano houvesse refletido sobre o que lhe ocorrera, ter-se-ia convencido de que, em lugar de impedir o estudo aos cristãos, melhor faria se lhes tivesse aberto as escolas ecléticas. Ali teriam sido infalivelmente atraídos pela grande conformidade dos princípios desta seita com os dogmas do cristianismo. Mas não lhe foi sugerido aplicar uma armadilha tão perigosa à religião.

A Providência, que estendeu sobre seu inimigo este espírito de sombras, não protegeu o cristianismo, de maneira menos surpreendente, quando fez sair das entranhas da terra aqueles turbilhões de chamas que devoraram os judeus dedicados a escavar o chão de Jerusalém com o propósito de reconstruir os muros e o templo. Juliano, novamente enganado em seus projetos, consumou a profecia que ele se propunha demonstrar mentirosa, e o endurecimento de consciência foi a sua punição e a de seus cúmplices. Perseverou em sua apostasia; os judeus que havia reunido se dispersaram como antes. Ammiano-Marcelo, que nos transmitiu o fato, não abjurou o paganismo e quis Deus que um dos maiores e mais certos milagres que jamais se produziram, que põe em xeque a dialética infeliz dos filósofos atuais, enchendo de dúvidas suas almas incrédulas, a ninguém convertesse na época em que se operou. Conta-se deste imperador supersticioso que, assistindo um dia à invocação de demônios, ficou de tal forma aterrorizado com a aparição, que fez o sinal da cruz e, imediatamente, eles se foram.

Eu perguntaria de bom grado a um cristão se ele acredita ou não no fato. Se ele o negasse, eu lhe perguntaria ainda se seria porque não acredita em demônios, ou se não crê na eficácia do sinal da cruz, ou na eficiência das invocações. Mas se crê nos demônios, não pode estar suficientemente convencido da eficácia do sinal da cruz, pois, por que razão duvidaria da eficácia das invocações, quando os livros santos lhe oferecem tantos exemplos? Ele não pode, pois deixar de admitir o fato ocorrido com Juliano e, conseqüentemente, a maior parte dos prodígios da teurgia. E que razão teria de negar os prodígios? Confesso, de minha parte, que não acusaria um dialético bem instruído nos fatos de fazer presunções acima de suas forças, caso se empenhasse com o padre Balthus em demonstrar ao autor dos oráculos, e a todos os que pensam como ele, que é preciso ou cair num pirronismo geral sobre todos os fatos sobrenaturais, ou convir com a verdade de muitas operações teúrgicas.

Mas não nos alonguemos mais sobre a história de Juliano. O que poderíamos acrescentar de interessante estaria fora de nosso tema. Juliano morreu aos 33 anos. É preciso lembrar, ao se ler sua história, que uma grande qualidade natural adquire o nome de um grande vício ou de uma grande virtude, conforme o bom ou o mau uso que dela se fizer, e que pertence aos homens sem preconceitos, sem interesses e parcialidade o direito de pronunciar a última palavra sobre tais assuntos.

Eunápio floresceu ao tempo de Teodósio. Discípulo de Máximo e de Crisanto, foram eles os mestres com os quais estudou arte oratória e filosofia alexandrina. Os imperadores exerciam então a mais viva perseguição aos filósofos. Aqui se apresentaria um problema singular a ser resolvido: o de saber-se por que a perseguição fez expandir o cristianismo e extinguir o ecletismo. Os filósofos teurgistas eram entusiastas; por que não produziram seus próprios mártires? Estariam menos convencidos da verdade da teurgia do que os cristãos da verdade da ressurreição? Sim, sem dúvida. Além disso, que diferença entre uma crença pública e um sistema de filosofia, entre um templo e uma escola, entre um povo e um pequeno número de homens escolhidos, entre a obra de Deus e os projetos humanos. A teurgia e o ecletismo passaram. Se um sistema de conhecimentos é falso, cedo ou tarde ele encontrará um fato que o negue. Não se passa o mesmo com as noções que não possuem vínculos com o que acontece na Terra, pois não há na natureza nenhum fenômeno que as contradiga. Elas se estabelecem nos espíritos quase que sem esforço e ali permanecem por inércia. A única revolução que experimentam é a de passar por uma infinidade de metamorfoses, entre as quais há apenas uma que as pode colocar em risco: a que lhes fazem adquirir uma forma natural, aproximando-as dos limites de nossa razão e as submete, infelizmente, ao nosso exame.

Tudo está perdido quando a teologia degenera em filosofia e a filosofia em teologia. É um monstro ridículo o que se compõe com uma e outra. E foi essa a filosofia daqueles tempos: sistema de purificações teúrgicas e racionais que Horácio não poderia melhor representar, tendo em vista o começo de sua *Arte Poética*: com efeito, não se tratava de uma cabeça de homem, de um pescoço de cavalo, de plumas de várias espécies e de membros de muitos animais? (*undique collatis ut turpiter atrum desinat in piscem, mulier formosa superne* – membros tomados de partes várias, de maneira que terminava em horrível peixe negro o que era formosa mulher na parte superior).

Eunápio estebeleceu-se em Atenas, viajou pelo Egito e por todos os lugares nos quais acreditou encontrar luzes, como um homem extraviado nas sombras que dirige seus passos para onde ruídos longínquos e algumas flamas intermitentes anunciam a presença humana. Tornou-se médico, naturalista, orador, filósofo e historiador. Resta-nos dele um comentário sobre a vida dos sofistas que se deve ler com cautela.

Hierocles sucedeu a Eunápio. Professou a filosofia alexandrina mais ou menos ao tempo de Teodósio, o Jovem. Sua cabeça era um caos de idéias platônicas, aristotélicas e cristãs. E seus cadernos não provam outra coisa senão que o verdadeiro ecletismo exigia mais capacidade de juízo do que as possuíam. Foi com ele que o ecletismo passou de Alexandria para Atenas. Plutarco, filho de Nestório, ali o divulgou após a morte de Hierocles. É sempre uma mistura de dialética, de moral, de entusiasmo e teurgia: *humanum caput et cervix eqüina* (cabeça de homem e pescoço de cavalo).

Plutarco deixou sua cátedra a Siriano, que teve por sucessor a Hermes (ou Hermeas), um homem bom, se os há. Foi ele quem provou um dia, a um egípcio moribundo, que a alma era mortal, com um argumento muito parecido ao de um luterano pouco instruído que diria a um católico, a quem quisesse convencer da empanação: "nós admitimos ambos a existência do diabo. Pois bem, meu caro amigo, que o diabo me carregue se o que digo não for verdade". Hermeas tinha um irmão que não era tão honesto quanto ele, mas que possuía mais inteligência. Ensinou o ecletismo à sua mulher Edésia, ao aritmético Domino e a Proclos, o mais louco de todos os ecléticos. Este aqui tinha a cabeça cheia de gimnosofias, de noções herméticas, órficas, pitagóricas, platônicas e aristotélicas. Devotou-se às matemáticas, à gramática, à arte oratória e juntou a todos esses conhecimentos uma forte dose de entusiasmo natural. Por conseqüência, ninguém jamais entrou tanto em contato com os deuses, vendeu maravilhas e coisas sublimes ou fez mais prodígios. Só o seu entusiasmo podia aproximar idéias tão disparatadas e torná-las eloqüentes sem a garantia da lógica. Quando as coisas são grandes, a ausência de encadeamento acaba por lhes dar um tom elevado. É inacreditável o quanto o desejo de adaptar os milagres do cristianismo a outros milagres promoveu a venda de sonhos, de mentiras e puerilidades aos filósofos daqueles tempos. Um filósofo eclético via-se como um pontífice universal, ou seja, como o maior mentiroso que no mundo havia: "Dicere philosophum" – dizia o filósofo Marino – "non unius cujusdam civitatis, neque certarum tantum gentium institutorum ac rituum curam gerere; sed esse in universum totius mundi sacrorum antistitem" (convém que o filósofo não se interesse apenas por uma única cidade ou pelas instituições e ritos de certos países; deve ser, mais genericamente, o sacerdote dos mistérios do mundo todo). Eis o personagem que Proclos queria representar; assim, fazia chover quando lhe aprazia, por meio de um *yunge* ou pequena esfera; fazia aparecer o diabo e ir embora as doenças. O que não fazia?

Todas essas coisas tinham por finalidade, depois de haver-se purgado e defecado, superar sua condição e fazê-lo introduzir-se felizmente nos santuários do conhecimento; então, na contemplação da beatitude e da verdade, já não necessitava de dissertações infinitas para adquirir o conhecimento desses objetos; os abraçaria com um ato simples do espírito, à semelhança do espírito divino, e adquiriria assim virtudes que não seriam chamadas prudência, mas sim conhecimento[19].

19. "Quae omnia eum habuerunt finem ut purgatus defaecatusque, et nativitatis suae victor, ipse adyta sapientiae feliciter penentraret; et contemplator factus beatorum ac revera existentium spectaculorum, non amplius prolixis dissertationibus indigeret ad colligendam sibi earum rerum sapientiam; sed simplici intuitu fruens et mentis actu spectans exemplar mentis divinae, assequeretur virtutem quam nemo prudentiam dixerit, sed sapientiam".

Descrevi essa longa passagem, palavra por palavra, na qual se encontram as mesmas pretensões absurdas, as mesmas extravagâncias, as mesmas visões, a mesma linguagem que em nossos místicos e quietistas atuais, a fim de demonstrar que o entendimento humano é um instrumento mais simples do que se imagina e que o passar do tempo nos traz as mesmas loucuras, no mesmo idioma.

Proclos teve por sucessor o discípulo Marino, ao qual sucederam Hégias, Isidoro e Zenódoto, que teve por discípulo Damáscio, aquele que fechou a grande cadeia platônica. Não sabemos nada de importante de Marino. A teurgia não agradava a Hégias; via-a como uma pedanteria de sortilégios, não valendo a pena lê-la. Zenódoto pretendia ser um eclético, mas sem se importar em ler: "Todas essas leituras, dizia, oferecem muita opinião e quase nada de conhecimentos". Quanto a Damáscio, eis o retrato que Fócios nos legou: "Fuisse Damascium summe impium quoad religionem" – quer dizer, teve a infelicidade de não ser cristão – "et novis atque anilibus fabulis scriptionem suam replevisse" – quer dizer, que ele encheu sua filosofia de revelações, de êxtases, de curas de doenças, de aparições e outras bobagens teúrgicas –: *Sanctamque fidem nostram, quamvis timide tecteque, allatravisse* (Damáscio foi um dos mais ímpios face à religião; encheu seus escritos de contos de velha e murmurou contra a nossa santa fé, mantendo-se covardemente encoberto). Os pagãos injuriavam os cristãos; estes, algumas vezes, devolviam a injúria. A causa dos primeiros era muito má e os segundos estavam tão feridos de males a eles causados que nenhum nem outro puderam se manter nos limites estreitos da moderação. Se os templos do paganismo foram derrubados, seus altares destruídos e seus deuses despedaçados, a terra ainda estava úmida ou fumegante de sangue cristão. Era então como hoje: dizia-se o bem para cometer-se o mal. "Seque eorum judicem constituendo, nullum non perstrinxisse; in singulis quos laudarat aliquid desiderando, et quos in coelum evexerat, humi rursus alliendo" (rebaixou inclusive aqueles a quem havia exaltado e coberto de elogios pelo saber e, erigindo-se em juiz, a ninguém desculpou; encontrava reproches em alguns dos que havia elogiado e aos que havia elevado aos céus, arrojava para destruir). Era assim que se usavam os amigos.

Os ecléticos contaram também com mulheres entre seus discípulos. Não falaremos de todas. Mas mereceríamos a mais severa censura por parte da espécie humana, à qual mais tememos desgostar, se passássemos em silêncio pelo nome da célebre e muito infeliz Hipatia. Nasceu ela em Alexandria sob o reino de Teodósio, o Jovem, sendo filha de Theon, contemporâneo de Pappo, e seu êmulo em matemática. A natureza não deu a ninguém um espírito mais elevado nem um gênio mais feliz do que à filha de Theon. E a educação fez dela um prodígio. Com seu pai aprendeu geometria e astronomia e nas escolas que então floresciam em sua grande cidade extraiu os princípios fundamentais das outras ciências. O que não se alcança com perspicácia e ardor pelos estudos? Os prodigiosos conhecimentos que exigiam a profissão pública da filosofia eclética não atemorizaram Hipatia. Entregou-se inteiramente ao estudo de Aristóteles e de Platão e logo não havia ninguém em Alexandria que melhor os conhecesse. Tão logo se aprofundou em suas obras, dedicou-se ao exame de outros sistemas filosóficos, sem deixar de lado as belas artes e a oratória. Todos os conhecimentos possíveis de serem apreendidos pelo espírito humano, reunidos nesta mulher encantadora, fizeram dela um fenômeno surpreendente – não digo isso em relação ao povo, que tudo admira, mas aos filósofos, que dificilmente se assombram. Viu-se chegar a Alexandria uma multidão de estrangeiros, vindos de todas as regiões da Grécia e da Ásia, para vê-la e ouvi-la. Talvez não devêssemos mencionar sua figura e seu aspecto se não precisássemos dizer que reunia a virtude mais rara à beleza mais cativante. Embora não houvesse na capital nenhuma mulher que lhe igualasse a beleza, e os filósofos e matemáticos de seu tempo lhe fossem inferior em mérito, era a modéstia em pessoa. Gozava de uma consideração tão grande e se havia formado uma tão alta opinião de sua virtude que, ainda que houvesse inspirado grandes paixões e reunisse em sua casa os homens mais distinguidos por seus talentos e riqueza, em uma cidade dividida por facções, jamais a calúnia ousou desconfiar de seus hábitos e atacar sua reputação. Os cristãos e os pagãos que nos transmitiram sua história e infortúnios têm uma só voz a respeito de sua beleza, de seus conhecimentos e virtude. E reina tanta unanimidade em seus elogios, apesar da oposição de crenças, que pelos relatos seria impossível determinar sua religião, se não soubéssemos ser pagã. A providência tomou tantos cuidados na formação desta mulher que poderíamos acusá-la de não haver feito o mesmo para sua conservação, caso mil experiências não nos tivessem ensinado a respeitar a profundidade de seus desígnios. Mas essa própria estima de que gozava entre os concidadãos foi o pretexto de sua desgraça.

Aquele que então ocupava a sede patriarcal de Alexandria era um homem imperial e violento. Arrastado por um zelo de pouco entendimento em sua crença, ou talvez por uma ambição em aumentar sua autoridade na capital, havia pensado em dela banir os judeus. Um conflito havido entre eles e os cristãos, quando dos espetáculos públicos, pareceu-lhe uma conjuntura apropriada para servir a seus projetos ambiciosos. Não teve dificuldades em agitar um povo naturalmente levado à revolta. O governador, encarregado da ordem policial da cidade, tomou conhecimento do caso e mandou prender e submeter a torturas um dos partidários mais sediciosos do patriarca. Este, irritado pela injúria que considerava ter sofrido em sua dignidade e pela proteção que o magistrado civil parecia outorgar aos judeus, mandou procurar os principais das sinagogas e dizer-lhes que renunciassem a seus propósitos, sob pena de sofrer todo o peso de sua indignação. Os judeus, longe de temer suas ameaças, insuflaram novos tumultos, nos quais houve alguns cidadãos mortos. Não mais se contendo, o patriarca reuniu um grande número de cristãos, marchou diretamente sobre as sinagogas, tomou-as, expulsou os judeus de uma cidade onde se haviam estabelecido desde Alexandre, e abandonou suas casas à pilhagem.

Sem dificuldade se poderá presumir que o governador não viu com tranqüilidade um atentado cometido contra suas funções e uma cidade privada de uma multidão de ricos habitantes. O magistrado e o patriarca levaram o assunto ao imperador; o patriarca lamentava os excessos dos judeus e o governador, os excessos do patriarca. Nesse ínterim, quinhentos monges do Monte Nitria, persuadidos de que seu chefe estava em perigo e que se tramava a ruína de sua religião, acorreram furiosos, atacaram o magistrado na rua e, não contentes em cobri-lo de injúrias, o feriram na cabeça com uma pedrada. Indignado, o povo reuniu-se tumultuadamente, afugentou os monges e agarrou aquele que ferira o governador, entregando-o ao próprio dirigente, que o mandou executar. O patriarca recolheu o cadáver, ordenou seus funerais e pronunciou em honra do monge sedicioso um panegírico no qual o elevou à categoria de mártir. Esta conduta não foi inteiramente aprovada. Os mais sensatos entre os cristãos perceberam e lamentaram toda a indiscrição. Mas o patriarca havia avançado o bastante para ali se deter. Havia feito algumas tentativas para se reconciliar com o governador, mas não de todo frutíferas, e em seu íntimo trazia o ressentimento mais vivo contra aqueles que ele desconfiava terem atravessado seu caminho. E Hipatia tornou-se um objeto dessa desconfiança. O patriarca não pôde perdoar-lhe as ligações estreitas com o magistrado, nem talvez a estima que lhe tinham pessoas honestas, e contra ela insuflou a populaça. Um certo Pedro, leitor na igreja de Alexandria, sem dúvida um destes escravos vis que abundam no meio dos homens de poder, que esperam com impaciência e aproveitam sempre com alegria a ocasião de cometer crimes que lhes tornem pessoas agradáveis a seus superiores, este homem, pois, reuniu um bando de celerados e meteu-se-lhe à frente. Esperaram por Hipatia à sua porta e a atacaram, agarraram-na quando voltava, levaram-na à igreja chamada Cesaréia, ali a despiram, degolaram, cortaram seus membros e a queimaram. Foi este o destino de Hipatia, honra de seu sexo e espanto para o nosso.

O imperador teria mandado caçar e punir os autores do assassinato, se os favores e a intriga não estivessem envolvidos no caso. O historiador Sócrates e o sábio M. Fleuri, em quem podemos crer, dizem que esta ação violenta, indigna de pessoas que se dizem cristãs, cobriu de vergonha a igreja de Alexandria e seu patriarca. M. Brucker, em sua *História Crítica da Filosofia*, acrescenta:

> Eu não saberia dizer se é preciso atribuir todo o horror a este homem. Sei que há historiadores que preferiram culpar uma populaça desabrida. Mas aqueles que conheceram de perto o caráter impetuoso do patriarca considerarão, quando muito favoravelmente, que, se ele não mergulhou as mãos no sangue inocente de Hipatia, ao menos não ignorava o desejo já formado de o derramar.

Brucker opõe à inocência do patriarca presunções muito fortes, tais como o rumor público, seu temperamento colérico, o papel turbulento que desempenhou no tempo, a canonização do monge de Nitria e a impunidade do leitor Pedro. Este fato pertence ao reino de Teodósio, o Jovem, no ano 415 de Jesus Cristo.

A seita eclética antiga termina com a morte de Hipatia. É uma época bem triste. Esta filosofia espalhou-se sucessivamente na Síria, no Egito e na Grécia. Poder-se-ia ainda acrescentar ao número dos platônicos reformados: Macróbio, Calcídio, Ammiano-Marcelo, Dexippo, Temístio, Simplício, Olimpiodoro e alguns outros. Mas considerando com mais atenção Olimpiodoro, Simplício, Themístio e Dexippo, vê-se que pertenciam à escola peripatética; Macróbio, ao platonismo, e Calcídio, à religião cristã.

O ecletismo, essa filosofia tão racional que havia sido praticada pelos primeiros gênios, tempos antes de receber seu nome, permaneceu no esquecimento até o fim do século XVI. Então a natureza, que ficara adormecida e como que esgotada, fez um esforço e produziu enfim alguns homens devotados à mais bela prerrogativa do ser humano – a liberdade de pensar por si mesmo. E viu-se renascer a filosofia eclética sob Giordano Bruno de Nola, Jerônimo Cardano, Tommaso Campanella, Thomas Hobbes, René Descartes, Wilhelm Leibniz, Christian Thomasius, Nicolas J. Gundlingius, François Budée, André Rudigerus, Jean-Jacques Syrbius, Jean Leclerc, Malebranche etc.

Jamais terminaríamos se nos dispuséssemos aqui a expor os trabalhos desses grandes homens, a seguir a história de seus pensamentos e a indicar o que fizeram pelo progresso da filosofia em geral e pela filosofia eclética em particular. Limitamo-nos a esboçar, em poucas palavras, o quadro de renovação da filosofia eclética.

O progresso dos conhecimentos é uma rota traçada de onde dificilmente se afasta o espírito humano. Cada século possui o seu gênero e espécie de grandes homens. Infelizes aqueles que, destinados por seus talentos naturais a ilustrar-se em um gênero de arte ou conhecimento, nascem no século seguinte e são levados pela torrente dos estudos ou ocupações literárias reinantes para as quais não possuem a mesma inclinação – trabalham com dificuldade, sem resultado e glória, e morrem na obscuridade –, quando poderiam ter trabalhado com sucesso e facilidade e conquistado um nome.

Se ocorresse à natureza, que muito tarde os trouxe ao mundo, conduzi-los por acaso a este gênero esgotado, no qual não há mais reputação a ser feita, vê-se, pelo ponto a que chegaram, que teriam igualado os primeiros do gênero se lhes fossem contemporâneos. Não temos nenhuma obra da *Academie* que não nos ofereça a prova do que formulo. O que acontecerá, pois, com a renovação das letras entre nós?

Não se imaginava compor novas obras, naturalmente, pois havia muitas que ainda não entendíamos. Os espíritos se voltaram para a arte gramatical, para a erudição, para a literatura. Quando houve condições de entender os antigos, se propôs a sua imitação e se escreveram discursos oratórios e versos de todos os gêneros. A leitura dos filósofos também produziu emulação e se aumentaram e se construíram sistemas, cujas discussões logo descobriram os pontos fortes e os fracos. Foi então que se sentiu a impossibilidade de admiti-los ou de rejeitá-los por inteiro. Os esforços que se fizeram para dar relevo ao que consentíamos, corrigindo o que a experiência diária destruía, deu nascimento ao sincretismo. A necessidade de abandonar um lugar em ruínas por todos os lados, de se lançar em outro que logo experimentava a mesma sorte, e ainda passar deste último a um terceiro, que o tempo também destruía, determinou que outros construtores (para não abandonar a minha analogia) se dirigissem a um campo limpo a fim de ali construir uma cidade estável, eterna, capaz de resistir às forças que haviam destruído as anteriores, mas que, reerguida com materiais dos lugares arruinados, deles se reconhecia a solidez buscada. Estes novos construtores chamaram-se *ecléticos*.

Apenas haviam lançado os primeiros fundamentos, perceberam que lhes faltava uma infinidade de materiais e que eram obrigados a rejeitar as mais belas pedras por falta daquelas que lhes fariam a junção. E disseram então: os materiais que nos faltam encontram-se na natureza; procuremo-los ali. Puseram-se a observar e a procurar no espaço dos céus, nas entranhas da terra, no fundo das águas e isso é o que se chama *cultivar a filosofia experimental*. Mas antes de abandonar o projeto de construir e deixar os materiais esparsos no chão, como as pedras, era preciso assegurar-se, pela combinação, que era absolutamente impossível erguer-se um edifício sólido e regular sobre o modelo de universo que tinham perante os olhos: pois esses homens não se propunham nada menos do que encontrar o projeto do grande Arquiteto e os planos perdidos deste universo. Mas o número de suas combinações é infinito. Eles já experimentaram várias, sem muito sucesso. No entanto, continuam a fazer combinações. E pode-se chamá-los *ecléticos sistemáticos*.

Os que se acham convencidos não apenas de que nos faltam materiais, mas que nada será feito de bom com aqueles que possuímos no estado em que estão, ocupam-se em reunir novos outros, sem descanso. Os que, ao contrário, pensam que estamos prontos para começar alguma parte do grande edifício, não se cansam de combinar os materiais e chegam, por força de tempo e de trabalho, a suspeitar do lugar onde estão as pedreiras de que têm necessidade. Eis o estado em que se encontram as coisas da filosofia, em que permanecerão muito tempo e onde o círculo que traçamos as confinaria necessariamente, se por um evento inimaginável a terra viesse a se cobrir de longas e espessas trevas, e os trabalhos de todos os gêneros fossem suspensos por séculos.

De onde se vê que há duas espécies de ecletismo: uma, experimental, que consiste em reunir as verdades conhecidas e os fatos dados e fazê-los aumentar em quantidade pelo estudo da natureza; outra, sistemática, que se ocupa em comparar entre elas as verdades e os fatos conhecidos para chegar ou à explicação de um fenômeno, ou à idéia de uma nova experiência. O ecletismo experimental é a partilha entre homens laboriosos; o ecletismo sistemático é o de homens de gênio; aqueles que os reunir verá seu nome posto entre os nomes de Demócrito, de Aristóteles e de Bacon.

Duas causas retardaram os progressos do ecletismo: uma, necessária e inevitável, fundada na natureza das coisas; a outra, acidental e derivada de acontecimentos que o tempo podia não trazer ou, ao menos, trazer sob circunstâncias menos desfavoráveis. Eu me limito nesta distinção a uma maneira comum de enxergar as coisas e faço a abstração de um sistema que atrairia facilmente um homem que refletisse com profundidade e precisão, crendo-se que todos os eventos aos quais vou me referir sejam igualmente necessários.

A primeira causa do atraso do ecletismo moderno é o caminho que o espírito humano segue normalmente em seu progresso e que o ocupa, de modo inevitável e durante séculos inteiros, com conhecimentos que foram e que serão, em todos os tempos, anteriores ao estudo da filosofia. O espírito humano tem sua infância e sua virilidade: praza aos céus que não tenha também seu declínio, velhice e caducidade. A erudição, a literatura, as línguas, as antigüidades, as belas artes são ocupações de seus primeiros anos e adolescência, e a filosofia não pode ser senão a ocupação de sua virilidade e a consolação ou o desgosto de sua velhice. Que seja uma ou outra coisa, isso depende do emprego do tempo e do caráter de cada um. Ora, a espécie humana tem o seu e percebe muito bem em sua história geral os intervalos vazios e os que estão repletos de fatos que a honram ou que a humilham.

Quanto às causas do atraso da filosofia eclética, com as quais formamos uma outra classe, basta enumerar-lhes. São as disputas religiosas que ocupam tantas boas almas; a intolerância da superstição, que persegue e desencoraja; a indigência, que lança o homem de gênio para o lado oposto àquele para o qual a natureza o chamava; as recompensas mal atribuídas, que o fazem indignar-se e desistir; a indiferença do governo, que em seu cálculo político faz valer infinitamente menos o benefício que a nação recebe das letras e das artes, e que negligencia os progressos das artes aplicadas, que não sabe sacrificar esforços para os ensaios de um homem de gênio, que morre com seus projetos na cabeça, sem que se saiba se a natureza poderá substituir a perda. Pois na seqüência de todos os indivíduos da espécie humana que existiram e existirão, é impossível que haja dois perfeitamente iguais. De onde se segue – para os que sabem refletir –, que todas as vezes que uma descoberta ou invenção útil ligada a uma diferença específica que distinguia este ou aquele indivíduo dos demais, e assim o constituía, não for feita ou publicada, não mais será refeita; fica perdida para o progresso da ciência e das artes, para a felicidade e a glória da espécie. Convido os que julgarem esta consideração muito sutil a interrogar alguns contemporâneos sobre o assunto;

eu me atenho a seus juízos. Eu os convido ainda a lançar um olhar sobre as produções originais, antigas e modernas, de qualquer gênero que seja, e a meditar sobre o significado da originalidade e dizer-me se há dois originais que se assemelhem, não digo exatamente, mas só com pequenas diferenças. Acrescentaria enfim a proteção arbitrária que abandona os homens do país, aqueles que o representam com dignidade entre as demais nações, aqueles a quem deverá sua condição no futuro, aqueles a quem reverencia internamente e dos quais se fala com admiração em outras terras, premiando em troca os condenados à personagem que interpretam, seja porque a natureza os fez medíocres e maus, seja por uma depravação de caráter que circunstâncias tais como a má educação, a má companhia, o espírito arrivista conduziram, ou ainda pela pequenez de certos homens pusilânimes que os temem e bajulam, que talvez os irritem, que se envergonham de ser protetores declarados, mas que o público, a quem nada escapa, acaba por incluí-los no número de seus protegidos. Parece-me que nos conduzimos na república das letras pela mesma política cruel que reinava nas democracias antigas, onde todo cidadão que se tornava muito poderoso era exterminado. Esta comparação é tanto mais justa, pois desde que a lei sacrificou pessoas honestas pelo ostracismo, começou também a desonrar os que ela poupava. Escrevi estas reflexões em 11 de fevereiro de 1755, de volta dos funerais de um de nossos maiores homens, desolado pela perda que a nação e as letras tiveram, e profundamente indignado pelas perseguições que havia sofrido. A veneração que tinha por sua memória foi gravada em seu túmulo com estas palavras que eu tinha anteriormente destinado a sua grande obra d'*O Espírito das Leis*: *alto quaesivit coelo lucem, ingemuitque reperta* (Buscou a luz nos altos céus e padeceu por havê-la encontrado). Pudessem elas passar à posteridade para que o mundo soubesse que esteve alarmado pelos murmúrios de inimigos que temia e que foi ainda sensível às injúrias periódicas que desprezou, embora não tivessem o selo da autoridade de que pareciam revestidas. A perda da tranqüilidade deste homem sensível foi a triste recompensa pela honra que acabara de fazer à França e do serviço que acabara de prestar ao universo.

Até o presente, aplicou-se o termo ecletismo quase que só à filosofia. Mas não é difícil prever que, com a fermentação das idéias e das práticas, ele venha a se tornar mais genérico. Não creio, e talvez nem seja desejável, que seus primeiros efeitos sejam rápidos. Pois aqueles que são versados na prática das artes não estão habituados à reflexão; e os que costumam raciocinar abstratamente não estão suficientemente instruídos e nem dispostos a instruir-se nos trabalhos mecânicos. Caso se atue com precipitação e se queira tudo corrigir na reforma, poderemos pôr tudo a perder. O primeiro movimento é sempre o de se posicionar nos extremos; convido, pois, os filósofos a desconfiar dele. Se forem prudentes, tornar-se-ão discípulos em vários gêneros, antes de desejarem ser mestres, e arriscarão algumas conjecturas antes de estabelecer princípios. Que eles imaginem estar em contato com espécies de autômatos, aos quais será preciso comunicar um impulso bastante cuidadoso, pois mesmo os mais dotados dentre eles são pouco capazes de resistir-lhe. Não seria mais razoável estudar primeiramente os recursos de uma arte, antes de querer aumentar-lhe ou contrair os limites? É por falta deste caráter de iniciação que não se sabe admirar ou dar continuidade: falo das artes liberais. Os falsos amadores corrompem os artistas; os semiconhecedores os desencorajam. Mas ainda que a luz em tudo penetre e o espírito do século faça avançar a revolução que ele começou, as artes mecânicas poderão ser interrompidas no estágio em que se encontram se os governos perderem o interesse pelo seu progresso e utilidade. Não seria desejável que elas tivessem sua própria academia? Crer-se-ia que os cinqüenta mil francos que o governo utilizaria por ano para fundá-la e mantê-la seriam mal gastos? De minha parte, considero indubitável que em vinte anos dela sairiam cinqüenta volumes *in 4*, nos quais se encontrariam, se tanto, cinqüenta linhas inúteis. As invenções que possuímos se aperfeiçoariam e a comunicação das luzes faria necessariamente nascer outras, além de recobrar as antigas perdidas. E o Estado proporcionaria a quarenta cidadãos infelizes, esgotados de trabalho, e a quem só resta um pedaço de pão, para eles e seus filhos, um recurso digno e o meio de continuar a oferecer serviços ainda maiores do que os que já prestaram, consignando em suas memórias observações preciosas que fizeram durante longos anos de esforço. Que vantagem não haveria para aqueles destinados à mesma carreira, de nela entrar já com experiências que os antigos só adquiriram com os cabelos brancos. Mas na ausência deste estabelecimento que proponho, todas as observações são perdidas, toda a experiência se esvanece, os séculos passam, o mundo envelhece e as artes mecânicas permanecem sempre infantis.

Após um resumo histórico da vida dos principais ecléticos, resta-nos expor os pontos principais de suas filosofias. É a tarefa que nos impusemos para o resto do artigo. Apesar da atenção que tivemos de retirar tudo o que nos pareceu ininteligível (embora não o fosse para outros), temos receio de não haver conseguido, naquilo que conservamos, a clareza que alguns leitores desejariam. Enfim, aconselhamos àqueles para quem o jargão escolástico não seja compreensível de manter-se no que precede; e àqueles que tenham os conhecimentos necessários, de não se valorizarem mais por isso.

Filosofia dos Ecléticos

Princípios da Dialética dos Ecléticos

Esta parte de sua filosofia não elimina obscuridades. Trata-se de idéias aristotélicas levadas à quinta-essência e tão refinadas que o bom-senso nelas se dissolveu, e a todo momento nos encontramos nos confins da parolagem. Além disso, estamos quase certos de chegar a essa situação todas as vezes em que não pusermos algum freio à argumentação e a empurrarmos até onde possa ir. Era uma das artimanhas do ceticismo. Se vós seguísseis o cético, ele vos faria perder-se em trevas inexplicáveis; se recusásseis acompanhá-lo, tiraria de vossa pusilanimidade induções bastante verossímeis, como também contra vossa tese em particular e contra a filosofia dogmática em geral.

Os ecléticos afirmavam:

1. Não se pode chamar verdadeiramente de *ser* senão aquilo que exclui, de modo absoluto, a qualidade oposta à entidade, a *privação da entidade*;
2. Há no primeiro ser qualidades que têm por princípio a unidade; mas como a unidade não se conta entre os gêneros, ela não impede o primeiro ser de ser o primeiro, embora se diga que ele é um;
3. É pela razão que se entende que tudo o que é primeiro não é nem igual nem semelhante e que a unidade não impede que o ser primeiro seja o primeiro gênero, o *gênero supremo*;
4. O que se percebe primeiramente é a existência, a ação e o estado; eles são um só no sujeito; neles mesmos, são três;
5. O número, a quantidade e a qualidade não são seres primeiros entre os seres; são posteriores à essência, pois é necessário começar por ser possível;
6. O em-si (o que é em si mesmo), a qüididade ou o isto, a identidade, a diversidade ou alteridade não são, propriamente ditos, qualidades do ser; mas são suas propriedades, as concomitâncias necessárias da existência atual;
7. A relação, o lugar, o tempo, o estado, o hábito, a ação não constituem gêneros primeiros; e sim acidentes que indicam composição ou defeito;
8. O retorno do entendimento sobre seu ato primeiro lhe oferece o número, ou seja, o um ou os vários: força, intensidade, remissão, poder, grandeza, infinito, quantidade, qualidade, qüididade, similitude, diferença, diversidade

etc., de onde deriva uma infinidade de outras noções; o entendimento se compraz indo de si mesmo aos objetos e retornando dos objetos a si mesmo;

9. O entendimento se ocupa de suas idéias, ou a inteligência é inerente a algo mais geral do que ela;
10. Após o entendimento, desço à alma que é una em si, em cada parte dela mesma, e assim ao infinito; a inteligência é uma de suas qualidades; é o seu ato puro, una em si, ou una em cada parte, e até o infinito;
11. Há cinco gêneros análogos uns com os outros, tanto no mundo inteligível quanto no corporal;
12. Não se pode confundir essência com corporeidade ou materialidade; esta última engloba a noção de fluxo e chamar-se-ia mais exatamente *geração*;
13. Os cinco gêneros do mundo corporal, que se poderia reduzir a três, são a substância, o acidente que está na substância, o acidente no qual se encontra a substância, o movimento e a relação. *Acidente* é tomado aqui por modo, e o acidente no qual está a substância é, consoante todas as aparências, o lugar;
14. A substância é uma espécie de base, de suporte; ela é por si mesma, e não para outro; é um todo ou uma parte. No caso de uma parte, é a parte de um composto que ela pode completar, e que de fato completa, pois que o todo é um todo;
15. É essencial para uma substância que dela se diga que é sujeito (aqui entendido em sentido lógico);
16. Seríamos conduzidos à divisão das substâncias genéricas em espécies pela sensação ou pela consideração das qualidades simples ou compostas, e ainda pelas formas, aparências e lugares;
17. O número e a grandeza constituem a quantidade; é a relação que constitui o tempo e o espaço; não é preciso contar as quantidades entre esses seres;
18. É necessário considerar a qualidade nela mesma, em seu movimento e sujeito;

19. O movimento será ou não será um gênero, conforme a maneira pela qual se o observar; é uma progressão do ser, permanecendo ou mudando a natureza do ser;
20. A idéia de progressão, comum a todo movimento, traz consigo a idéia de manifestação de um poder ou força;
21. O movimento nos corpos é a tendência de um corpo em direção a outro, o qual deve ser atraído pelo movimento. Não se deve confundir esta tendência com os corpos movidos;
22. Para encontrar a verdadeira distribuição dos movimentos, é preferível apegar-se mais às diferenças interiores do que às exteriores, e distinguir as forças em forças animadas ou inanimadas, ou, melhor ainda, entre forças animadas pela arte ou pela sensação;
23. O repouso é uma privação, a menos que seja eterno;
24. As qualidades ativas e passivas não passam de modos diferentes de se mover;
25. Quanto à relação, ela supõe a pluralidade de seres, considerados por alguma qualidade que nasce essencialmente da pluralidade.

Eis aqui o sistema dos gêneros ou de predicações que a seita eclética havia adotado. Não será desconveniente, caso alguém se dê ao trabalho de o ler com atenção, percerber-se que, entre não poucas noções obscuras e pueris, havia algumas fortes e autenticamente filosóficas.

Princípios da Metafísica dos Ecléticos

Este é outro labirinto de idéias sofísticas, no qual Plotino se perde e onde o leitor nos perdoará por também nos desgarrarmos às vezes. Os ecléticos diziam:

1. Há coisas e seus princípios. O princípio encontra-se acima das coisas; sem ele, as coisas não poderiam ser. Tudo, pois, procede do *ser princípio*. No entanto, nele não há movimento, divisão ou multiplicação de si mesmo. Eis aqui a fonte das emanações ecléticas.

2. Este princípio é o autor da essência e do ser; é uno, primeiro, simples, causa da existência inteligível. Tudo dele emana e, assim, o movimento e o repouso. O movimento não está nele e não há nada no qual possa repousar.
3. Ele é indefinível. Chama-se *infinito*, pois é uno, porque a idéia de limite não possui uma analogia com ele e nada existe em que termine. Mas sua infinitude não tem nada de comum com a da matéria.
4. Como nada existe de melhor que o princípio de tudo o que é, segue-se que o que há de melhor, é.
5. É da natureza do excelente ser suficiente em si mesmo. O que poderíamos chamar, pois, excelente se não o que era antes que algo houvesse, quer dizer, antes do mal ser?
6. A excelência é a fonte do belo, está em seu limite e deve ser o seu fim.
7. O que não tem senão uma razão para atuar não age com menos liberdade, pois a unidade do motivo não conduz à idéia de privação, quando esta unidade emana da natureza do ser. É um corolário de sua excelência. O primeiro princípio é, portanto, livre.
8. A liberdade do primeiro princípio não possui nada de semelhante com os seres dele emanados. O mesmo se pode dizer de seus atributos.
9. Se nada está acima do que antes de tudo estava, não é necessário ir além. É preciso deter-se nesse primeiro princípio, guardar silêncio sobre sua natureza e dirigir todas as buscas para o que dele emanou.
10. O que é idêntico com a essência predomina, sem que dele se retire a liberdade; o ato é essencial, sem ser obrigado.
11. Quando dizemos do primeiro princípio que ele é justo, excelente, misericordioso, isto significa que sua natureza é sempre uma e a mesma.
12. Posto o primeiro princípio, as demais causas são supérfluas. É preciso descer desse princípio até o entendimento, ou àquilo que concebe, e do entendimento à alma: é

a ordem natural dos seres. O gênero inteligível está limitado a estes objetos. Não abrange nem mais nem menos. Não menos porque há diversidade entre eles; não mais, pois a razão demonstra que a enumeração é completa. O primeiro princípio, tal como o admitimos, não pode ser ainda tornado mais simples; o entendimento é, mas de modo simples, ou seja, dele não se pode dizer que esteja em repouso ou em movimento. Da idéia de entendimento à idéia de razão, e desta aqui à idéia de alma, há uma processão ininterrupta. Não se concebe nenhuma natureza intermediária entre ambos. Plotino desfila essas noções com uma sutilidade infinita e as dirige contra os gnósticos, dos quais transtorna os eões e todas as famílias divinas. Mas esta era apenas a metade de seu projeto. Delas ainda deduz uma trindade hipostática, contrária à dos cristãos.

13. Há um centro comum aos atributos divinos. E tais atributos são outros raios que do centro emanam. Formam uma esfera para além da qual nada é luminoso. Tudo quer ser iluminado.
14. Não há senão o ser simples, primeiro e imóvel que possa explicar tudo o que dele decorre. É a ele que se deve apelar para instruir-se, não por prece oral, mas por impulsos reiterados que conduzem a alma para além dos espaços tenebrosos que a separam do princípio eterno da qual emanou. Eis o fundamento do entusiasmo eclético.
15. Quando se aplica o termo *geração* à produção dos princípios divinos, é preciso retirar-lhe a noção de tempo. Tratase aqui de transações passadas na eternidade.
16. O que provém do primeiro princípio dele emana sem movimento. Se houvesse movimento no primeiro princípio, o ser seria o terceiro ser movido, e não o segundo. Esta emanação se faz sem que haja no primeiro princípio nem repulsa, nem consentimento.

17. O primeiro princípio encontra-se no centro dos seres que dele provêm; em repouso, como o sol no centro da luz e do mundo.
18. O que é fecundo e perfeito engendra eternamente.
19. A ordem da perfeição segue a ordem da emanação. O ser da primeira emanação é o ser mais perfeito após o princípio; foi ele o entendimento.
20. Toda emanação tende ao seu princípio. É um centro no qual foi necessário que ela permanecesse em repouso, enquanto não havia outros seres senão ela e seu princípio. Estavam então reunidos, mas distintos, pois um não era o outro.
21. A primeira emanação é a linguagem mais perfeita do primeiro princípio; ela é sua imagem, sem intermediações.
22. É desta emanação a primeira, a mais pura, a mais digna do primeiro princípio, que não pôde nascer senão deste princípio, do qual é a mais viva imagem, que se lhe assemelha mais do que a luz aos corpos luminosos, da qual emanaram todos os seres, toda a sublimidade das idéias, todos os deuses inteligíveis.
23. O primeiro princípio, do qual tudo veio, reabsorve tudo; trazendo-as de novo ao seio, as impede de degenerar em matéria.
24. O entendimento, ou primeira emanação, não pode ser estéril, se é perfeito. O que ele engendrou? A alma, segunda emanação menos perfeita que a primeira e mais perfeita que todas as seguintes.
25. A alma é uma hipóstase do primeiro princípio. É inerente a ele, por ele é iluminada, o representa. É fecunda, por sua vez, e deixa surgir de si infinitos seres.
26. O que entende é diverso do que é entendido. O que entende e o que é entendido por outro são co-existentes, embora não idênticos. E o que entende tem em si tudo o que pode haver de semelhante e de análogo àquilo que entende; donde se segue:

27. Que há algo de supremo que nada entende; uma primeira emanação que entende; uma segunda que é entendida e que, conseqüentemente, possui semelhança e afinidade com aquilo que entende.
28. Onde há inteligência, há multiplicidade. O inteligente não pode ser o que há de primeiro, de simples e uno.
29. O inteligível aplica-se a si mesmo e sua natureza. Se ele retorna ao seu próprio seio e ali exerce sua ação, daí resultará as noções de dualidade, pluralidade e de todas as quantidades.
30. Os objetos dos sentidos são algo, são as imagens dos seres; o entendimento conhece o que está nele e fora dele, e sabe que as coisas existem, sem as quais não haveria imagens.
31. Os inteligentes diferem dos sensíveis, como o entendimento difere dos sentidos.
32. O entendimento é, ao mesmo tempo, uma infinidade de coisas, das quais se distingue.
33. Da mesma maneira que o mundo possui diferentes princípios de fecundidade, assim há almas diversas e idéias no entendimento divino.
34. O que se entende torna-se íntimo; institui-se uma espécie de unidade entre o entendimento e a coisa entendida.
35. As idéias estão em princípio no entendimento. O entendimento em ato, ou inteligência, aplica-se a idéias. A natureza do entendimento e a das idéias é una, pois, se nós as dividimos, se delas fazemos seres essencialmente diferidos, é uma conseqüência do caminho do nosso espírito e da maneira pela qual adquirimos nossos conhecimentos. Eis o princípio fundamental da doutrina das idéias inatas.
36. O entendimento divino age sobre a matéria por suas idéias, não por uma ação exterior e mecânica, mas interior e geral, que não é, entretanto, nem idêntica nem dela separada.
37. As idéias irracionais estão no entendimento divino. Mas ali não se encontram de modo irracional.

38. Há duas espécies de deuses no céu incorpóreo: os inteligíveis e os inteligentes. Estes aqui são as idéias; aqueles, os entendimentos beatificados pela contemplação das idéias.
39. O terceiro princípio emanado do primeiro é a alma do mundo.
40. Há duas Vênus; uma, filha do céu; outra, filha de Júpiter e Dione. Esta preside os amores dos homens; a outra não teve mãe. Nasceu antes de qualquer união corporal, pois tais coisas não ocorrem no céu. Esta Vênus celeste é um espírito divino, uma alma tão incorruptível quanto o ser da qual proveio. Reside acima da esfera sensível e despreza mesmo pisá-la. Refiro-me a pés, mas ela não possui um corpo. É puro espírito, uma quinta-essência do que há de mais sutil; inferior, mas co-existente ao seu princípio. Este a produziu em um ato simples; era-lhe anterior e a amava pela eternidade; nela se compraz e sua felicidade é contemplá-la.
41. Desta alma divina emanaram outras, ainda que seja uma só; aquelas constituem partes dela mesma, que tudo penetra.
42. Está em repouso em si mesma; nada a agita ou a distrai; é una, inteira e está em toda parte.
43. Não houve tempo em que a alma faltasse ao universo; este não poderia subsistir sem ela e sempre foi o que é. A existência de uma massa informe não é concebível.
44. Se não houvesse corpo, não haveria alma. Um corpo é o único lugar onde a alma pode existir. Ela não possui movimento progressivo sem ele. Ela se move, degenera e toma um corpo ao se afastar de seu princípio, como um fogo no alto de uma montanha, cuja luz vai-se afrouxando até onde as sombras começam.
45. O mundo é um grande edifício, co-existindo com seu arquiteto. Mas o arquiteto e o edifício não são um só, embora não haja uma só molécula do edifício em que o arquiteto não esteja presente. Foi necessário este mundo ser. Foi necessária sua beleza. Foi necessário que tenha sido o que foi possível.

46. O mundo é animado, mas antes por estar em sua alma do que ela nele. Ela o envolve, e ele lhe é íntimo. Não há um ponto sequer no qual ela não se aplique ao mundo e lhe dê forma.
47. Esta alma tão grande por sua natureza segue o mundo por todos os lugares; está em todos os lugares em que ele esteja.
48. A perfeição dos seres, nos quais a alma do mundo está presente, é proporcional à distância do primeiro princípio.
49. A beleza dos seres é proporcional à energia da alma em cada ponto; eles são o que ela os faz.
50. A alma encontra-se como que adormecida nos seres inanimados. Mas o que se junta a um outro, tende a assimilá-lo. É assim que ela vivifica tudo quanto nela está, o que por si não tem vida.
51. A alma se deixa dirigir sem esforços; torna-se cativa quando se lhe oferece aquilo que ela pode suportar, sendo induzida a ceder uma porção de si mesma. Não é difícil seu entendimento, da mesma maneira que um espelho tampouco admite representações indistintas dos objetos que reflete.
52. A natureza universal contém a razão de uma infinidade de fenômenos, e ela os produz quando se sabe provocá-la.

Eis os princípios dos quais Plotino e os ecléticos deduziram seu entusiasmo, a atividade e as teurgias prática e especulativa. Eis o labirinto no qual se perderam. Se se quiser seguir-lhes todos os desvios, chegar-se-á à conclusão de que menos esforços seriam precisos para alcançar a verdade.

Princípios da Psicologia dos Ecléticos

O que se ensinava na escola alexandrina sobre a natureza da alma humana não era menos obscuro nem mais sólido do que se atribuía à natureza do primeiro princípio, do entendimento divino e da alma do mundo.

1. A alma do homem e a alma do mundo têm a mesma natureza; são como irmãs.

2. No entanto, a alma humana não está na alma do mundo, como as partes estão no todo; por outro lado, se a alma do mundo se encontrasse dividida, não estaria inteira em todos os lugares.
3. Há uma única alma do mundo, mas cada ser humano tem a sua. Estas almas diferem entre si, pois não são decorrências da alma universal. Elas apenas repousam nesta última, esperando os corpos. E os corpos foram repartidos entre as almas dos homens, no correr do tempo, pela alma universal, que a tudo domina.
4. As verdadeiras essências só residem no mundo inteligível. É também a habitação das almas. É de lá que elas passam ao nosso mundo. Aqui, elas se unem aos corpos; lá, elas os esperam.
5. O entendimento é a mais importante das verdadeiras essências. Não está dividido, nem é discreto. As almas lhe são co-existentes. Nenhum intervalo as separa dele, nem uma das demais. Se as almas experimentam alguma divisão, isso ocorre neste mundo, onde sua união com os corpos as tornam suscetíveis de movimento. Elas estão presentes, ausentes, distanciadas, estendidas; o espaço que ocupam tem suas dimensões. Distinguimos-lhes partes, mas são indivisíveis.
6. As almas possuem outras diferenças, além daquelas que resultam da diversidade dos corpos. Cada qual tem uma maneira própria de sentir, de agir e pensar; são os vestígios de vidas anteriores. Isso não impede que contenham analogias que as conduzam uma para as outras. Tais analogias se encontram nas sensações, nas ações, nas paixões, nos pensamentos, nos gostos e desejos etc.
7. A alma não é nem material nem composta, pois do contrário não lhe poderíamos atribuir vida ou inteligência.
8. Há boas almas e almas más. Formam todas uma cadeia de ordens diversas: de primeira ordem, de segunda ordem etc. Esta desigualdade é, em parte, original; em parte, acidental.

9. A alma não se encontra num corpo como a água num vaso. O corpo não é o sujeito; e também não é um todo do qual seria ela uma parte. Sabemos apenas que ela ali está presente e o anima.
10. Para falar de modo exato, a alma está menos no corpo do que o corpo na alma. Dentre as funções do homem, a faculdade de sentir e de vegetar é do corpo; a de perceber e a de refletir são da alma.
11. Os poderes da alma estão todos em partes do corpo; mas o exercício em cada parte possui analogia com a natureza do órgão.
12. A alma, separada do corpo, não permanece aqui, neste mundo, onde não há lugar para ela. Retorna ao seio do princípio de onde emanou. E os lugares não são distribuídos aleatoriamente; a razão e a justiça os distribuem.
13. A alma não toma a forma do corpo, pois dele nada sofrem. Se ocorre uma impressão sobre o corpo, a alma a percebe, e perceber é agir.
14. A alma é a razão derradeira das coisas do mundo inteligível e a primeira razão das coisas deste mundo. Alternadamente cidadã de uma e de outra, nada faz senão recordar-se do que se passou no primeiro, quando crê aprender o que se passa no segundo.
15. É a alma que constitui o corpo. O corpo não vive; dissolve-se. A vida e a indissolubilidade pertencem à alma.
16. O comércio do corpo com a alma ensina a existência de um outro ser que não é nem a alma nem o corpo, mas que reside em nós, incriado, imortal, e pelo qual tudo persevera e dura.
17. Este ser é o princípio do movimento. É ele quem constitui a vida dos corpos, por uma qualidade que lhe é essencial, que possui por si mesmo e que não se perde. Os platônicos o chamavam αυτοχινησις, automovimento.
18. As almas aliam-se pelo mesmo princípio eterno e divino que lhes é comum.

19. O vício e a dor lhe são acidentais. Aquele que tem a alma pura não duvida de sua imortalidade.
20. Reina entre as almas a mesma harmonia que no universo. Elas possuem suas revoluções, tanto quanto os astros os seus apogeus e perigeus. Elas provêm do mundo inteligível para o mundo material e remontam daqui para o mundo inteligível. Por isso se diz que nos céus se lê o seu destino.
21. Sua revolução periódica é um encadeamento de transformações por meio das quais elas passam de um movimento às vezes acelerado para outro mais lento. Elas descem do seio do primeiro princípio até a matéria bruta e daqui voltam ao primeiro princípio.
22. No ponto mais elevado de sua órbita adquirem a tendência a descer; já do ponto mais baixo, tendem a subir. No primeiro caso, trata-se do caráter de emanação que não pode ser destruído. No segundo, trata-se do caráter de emanação divina que não pode ser suprimido.
23. A alma, na condição de ente criado, sofre e se deteriora. Na qualidade de ser eterno, permanece a mesma, sem sofrer, melhorar ou deteriorar. É, portanto, diferente e idêntica, conforme se considere o ponto distinto de sua revolução periódica, ou se leve em conta todo o processo de sua revolução. Ela se deteriora quando desce do primeiro princípio ao ponto mais baixo de sua órbita; ela melhora ascendendo em direção contrária.
24. Em seu perigeu tudo se passa como se estivesse morta. O corpo que ela informa é uma espécie de sepulcro onde ela mal conserva a memória de sua origem. Seus primeiros olhares em direção ao mundo inteligível, que ela perdeu de vista, e do qual se encontra separada por espaços imensos, anunciam que seu modo estacionário vai acabar.
25. A liberdade cessa quando a violência da paixão ou dos sentimentos retira todo o uso da razão. É recuperada na medida em que a sensação ou a paixão perdem força. É-se perfei-

tamente livre quando a paixão guarda silêncio e só a razão fala. É o estado de contemplação. Então o homem percebe, julga, se acusa, se absolve, reforma o entendimento. Assim, a virtude não é outra coisa que uma obediência à vontade, à clareza e aos conselhos do entendimento.

26. Todo ato livre muda o estado da alma, seja para o bem, seja para o mal, dada a adição de um novo modo. Este, se acrescentado, sempre deteriora a alma quando ela descende em sua revolução, afastando-se do primeiro princípio, vinculando-se ao que encontra e conservando o simulacro. Assim, na contemplação que a faz melhorar e que a conduz ao primeiro princípio, é preciso haver abstração do corpo e de tudo o que lhe é análogo. Passa-se o contrário em todo ato de vontade que altere a pureza original e primeira da alma; ela aqui escapa ao inteligível, entrega-se ao corporal, materializa-se cada vez mais. Enterra-se em um túmulo e a energia do puro entendimento e do hábito contemplativo se desvanece. A alma perde-se num encadeamento de metamorfoses que a desfigura progressivamente, e do qual jamais voltaria se não fosse, por natureza, indestrutível. Esta essência permanece viva e, com ela, uma espécie de memória ou de consciência. Tais germes de contemplação brotam com o tempo e começam a tirar a alma do abismo de trevas onde se precipitou e a lançá-la em direção à fonte de sua emanação ou de Deus.

27. Não é nem pela inteligência natural, nem pela aplicação ou qualquer maneira de se perceber as coisas deste mundo que nos elevamos ao conhecimento e à participação de Deus. É sim pela presença íntima deste ser em nossa alma, luz bem superior a toda outra. Falamos de Deus, conversamos e escrevemos a seu respeito; tais exercícios excitam a alma, a dirigem, preparam-na para sentir a presença de Deus. Mas é outra coisa que a comunica.

28. Deus está presente em todos, ainda que pareça de todos, ausente. Sua presença só é sensível às almas que estabele-

ceram com o ser por excelência alguma analogia ou similitude, e que, por reiteradas purificações, restituíram-se ao estado de pureza original e primeira que possuíam no momento da emanação: então elas vêem Deus, tanto quanto seja visível por sua natureza.

29. Então os véus que as recobriam são desfeitos, os simulacros que as obsedavam e lhes afastavam da presença divina desaparecem. Não lhes resta nenhuma sombra que impeça a luz eterna de iluminá-las e de lhes preencher.

30. A mais digna ocupação do homem é, pois, a de separar sua alma de todas as coisas sensíveis, conduzi-la ao mais profundo de si mesma, isolá-la e fazê-la perder-se em uma contemplação de auto-esquecimento e de tudo o que conhece. *O quietismo é bem antigo, como se vê.*

31. Esta profunda contemplação não é o nosso estado habitual, mas é o único pelo qual alcançamos o fim de nossos desejos e este repouso delicioso em que cessam todas as dissonâncias que nos cercam e que nos impedem de experimentar a divina harmonia das coisas inteligíveis. Encontramo-nos então na fonte da vida, na essência do entendimento, na origem do ser, na região das verdades, no centro de todos os bens, no oceano de onde as almas se elevam, sem que essas emanações eternas a esgotem, pois Deus não é massa material. É lá que o homem se sente verdadeiramente feliz. Lá cessam as paixões, sua ignorância e inquietudes. É ali que ele vive, compreende, que é livre e ama. É lá que devemos deter o nosso retorno, pisotear os obstáculos que nos retêm, afastando todos os fantasmas enganadores que nos desencaminham e que nos fazem de joguetes, bendizendo o momento feliz que nos religa ao nosso princípio e que devolve ao todo eterno sua emanação.

32. Mas é necessário saber esperar o momento. Aquele que conduzir seu corpo com mão violenta, e deste modo o acelerar, demonstrará ao menos uma paixão e levará consigo

algum vão simulacro. O filósofo não expulsará, pois, sua alma; esperará que ela saia, o que ocorrerá quando sua morada, ao desmoronar-se, interromper a harmonia constituída entre ambos desde a eternidade. Aqui encontramos vestígios das idéias de Leibniz.

33. A alma separada do corpo conserva, em suas revoluções através dos céus, aquilo que mais foi durante a vida – racional, sensitiva ou vegetal. A função que a dominava no mundo corporal a dominará no mundo inteligível, conservando suas outras potências inertes, embotadas, cativas. O mau não diminui o bom, mas co-existem subordinados.
34. Ensinemos nossa alma, ainda neste mundo, a elevar-se até às coisas inteligíveis se não quisermos, por estar acompanhada de simulacros viciosos, que seja no outro novamente expulsa do centro das emanações e condenada à vida sensível, animal ou vegetal, e submetida às funções brutas de engendrar e crescer.
35. Aquele que tiver respeitado em si a dignidade da espécie humana, renascerá homem; o que a degradou, animal; o que a embruteceu, planta. O vício dominante determinará a espécie. O tirano planará nos ares sob a forma de ave de rapina.

Princípios da Cosmologia dos Ecléticos

Eis aqui o que se pode entender de mais claro de nosso muito ininteligível filósofo Plotino.

1. A matéria é a base e o suporte das diversas modificações. Esta noção tem sido, até o momento, comum a todos os filósofos. De onde se segue que há matéria mesmo no mundo inteligível, pois há idéias que se modificam, ou todo modo requer um sujeito. Por outro lado, sendo o mundo inteligível uma cópia do mundo sensível, a matéria deve ter uma representação naquele, pois tem sua existência neste aqui. Ora, a representação pressupõe uma tela material à qual esteja ligada.

2. Mesmo os corpos possuem no mundo sensível um sujeito que não pode ser corpo. Com efeito, suas transmutações não supõem diminuição, pois de outro modo as essências seriam reduzidas a nada, já que não é mais difícil ser reduzido a nada do que a menos. Além disso, o que renasce não pode renascer daquilo que não é mais.
3. A matéria primeira não teve nada em comum com os corpos: nem figura, nem qualidade, grandeza ou cor. De onde se segue que a seu respeito só se possa dar uma definição negativa.
4. A matéria em geral não é uma qualidade. As idéias de grandeza, unidade, pluralidade não lhe são aplicáveis, pois ela é indefinida. Não está jamais em repouso e produz uma infinidade de espécies diversas por uma fermentação interna que sempre dura e jamais se esteriliza.
5. Como origem, o lugar é posterior à matéria e ao corpo. Não lhe é, portanto, essencial. As formas não são, pois, atributos necessários da quantidade do corpo.
6. Não se deve imaginar, a respeito destes princípios, que a matéria seja um nome vão. Ela é necessária e os corpos são com ela produzidos. Ela constitui o sujeito da qualidade e da grandeza, sem perder seus títulos de invisível e indefinida.
7. Relacionar-se a essência e a produção do universo ao acaso não comporta sentido ou possibilidade de entendimento.
8. O mundo sempre existiu. A idéia que lhe serviu de modelo não lhe é anterior, a não ser como prioridade de origem, mas não de tempo. Como era inteiramente perfeito, é a demonstração mais evidente da necessidade e da existência de um mundo inteligível. E este mundo inteligível, não sendo senão uma idéia, é eterno, inalterável, incorruptível, uno.
9. Não é por indução, mas por necessidade que o mundo existe. O entendimento agiu sobre a matéria, que lhe obedeceu sem esforço, e todas as coisas nasceram.
10. Não há nenhum efeito contraditório na geração de um ser pelo desenvolvimento de seu germe. Existe apenas uma

multitude de forças opostas entre si que reagem e se equilibram. Assim, no universo, uma parte é antagonista de outra; uma quer, outra recusa. Umas e outras podem desaparecer no conflito, para depois renascer, entrechocar-se e desaparecer novamente. E assim se forma um encadeamento eterno de gerações e de destruições que não se pode recriminar à natureza, pois seria loucura atacar o todo em uma só de suas partes.

11. O universo é perfeito. Nele há tudo o que pode haver e a si mesmo se basta. Está cheio de deuses, de demônios, de almas justas, de homens que a virtude torna felizes, de plantas e animais. As almas justas, espalhadas pelas extensões dos céus, dão movimento e vida aos corpos celestes.
12. A alma universal é imutável. O estado de tudo o que nela é digno de nossa admiração e homenagens é permanente. As almas circulam nos corpos até que, exaltadas e conduzidas para fora do estado de geração, passam a viver com a alma universal. Os corpos mudam continuamente de formas e são, alternativamente, os animais e as plantas que os alimentam.
13. Não há o mal absoluto. O homem injusto deixa ao universo sua bondade. Só a retira de sua própria alma, que ele degrada na ordem dos seres. Eis uma lei geral à qual é impossível subtrair-se.
14. Cessemos, pois, de lamentar este universo. Esforcemonos a ser bons, compadeçamo-nos dos maus e deixemos à razão universal das coisas o cuidado de puni-los e tirar vantagens de sua malícia.
15. Os homens têm os deuses sobre eles e os animais sob. São livres de se elevar ao estado divino ou de se rebaixar, pelos vícios, à condição animal.
16. A razão universal das coisas distribuiu a cada um toda a bondade que lhe convinha. Se pôs os deuses acima dos demônios, os demônios acima das almas, as almas acima dos homens e os homens acima dos animais não foi por

escolha ou predileção; a natureza de sua obra o exigia, tanto quanto o encadeamento e a necessidade das transmutações o demonstram.

17. Como o mundo engloba tudo o que é possível, nada perdendo e nada adquirindo de novo, durará eternamente tal como é.
18. O céu, e tudo o que ele contém, é eterno. Os astros brilham com um fogo inextinguível, uniforme e tranqüilo. Não há na natureza nenhum elo tão forte quanto a alma, que liga todas as coisas.
19. É a alma dos céus que povoa a terra de animais. Ela imprime no limo uma aparência de vida, e o limo sente, respira e se move.
20. Não há nos céus senão fogo, mas este contém água, terra e ar, ou, em uma palavra, todas as qualidades dos outros elementos.
21. Como é da natureza do calor elevar-se, a fonte dos fogos celestes jamais se estancará. Nada se dissipa sem esforço, e o movimento circular nela torna a reunir tudo o que deles se dissipa.
22. Os astros mudam em seus aspectos e movimentos, mas de natureza não.
23. É porque os astros anunciam o futuro que sua marcha é regular e trazem consigo as marcas das coisas. O universo está pleno de signos; o sábio os conhece e com eles formula induções. É uma conseqüência necessária da harmonia universal.
24. A alma do mundo é o princípio das coisas naturais e ela semeou a extensão dos céus de corpos luminosos que a embelezam e anunciam os destinos.
25. A alma que se afasta do primeiro princípio submete-se à lei dos céus em suas diversas mudanças de domicílio. Tal não ocorre com a alma que dele se aproxima: ela faz seu próprio destino.
26. O universo é um ser vivo que possui seu corpo e sua alma. E a alma do universo, que não está ligada a nenhum corpo

em particular, exerce uma influência geral sobre as almas ligadas aos corpos.

27. A influência celeste não engendra coisas. Ela apenas dispõe a matéria para os fenômenos e a razão universal os faz eclodir.
28. A razão universal dos seres não é uma inteligência, mas uma força interna e agitante que opera sem desígnio, a qual, exercendo sua energia de algum ponto central, põe tudo em movimento, como as ondulações que vimos nascer de um fluido e se estendem ao infinito.
29. É preciso distinguir deuses e demônios. Os deuses não têm paixão, e os demônios sim. São eternos como os deuses, mas inferiores de um grau. Na escala universal dos seres, ocupam o lugar entre nós e os deuses.
30. Não há demônio no mundo inteligível. Os que ali chamamos de demônios são deuses.
31. Os que habitam a região do mundo sensível, que se estende até à Lua, são deuses visíveis, de segunda ordem. São para os deuses inteligíveis o que o esplendor é para as estrelas.
32. Tais demônios são simpatias emanadas da alma, a qual faz o bem do universo. Ela os engendra a fim de que cada parte tenha no todo a perfeição e a energia que lhe convém.
33. Os demônios não são seres corporais, mas põem em ação o ar, o fogo e os elementos: se fossem corporais, seriam animais sensíveis.
34. É preciso supor uma matéria geral inteligível que seja um veículo, um intermédio entre a matéria sensível e os seres aos quais ela se encontra subordinada.
35. Não há elementos que a Terra não contenha. A geração de animais e de plantas demonstra que ela é um ser vivo. E como a porção de espírito que ela contém é grande, tem-se razão em tomá-la por uma divindade. Ela não se move por translação, mas não é incapaz de se mover. Pode sentir porque tem alma, como os astros a possuem, como o homem tem a sua.

Princípios da Teologia Eclética

Tais como foram difundidos nas obras de Jâmblico, o teólogo por excelência da seita.

1. Há deuses e nós trazemos em nós a demonstração desta verdade. Seu conhecimento nos é inato; existe em nosso entendimento antes de toda indução, de todo conceito prévio ou juízo. Trata-se de uma consciência simultânea da união necessária de nossa natureza com a sua causa geradora. É uma conseqüência imediata da coexistência desta causa com o nosso amor pelo bom, belo e verdadeiro.
2. Essa espécie de contato íntimo da alma e da divindade não se encontra em nós de modo subordinado. Nossa vontade não pode alterá-lo, evitá-lo, negá-lo ou prová-lo. Está necessariamente em nós – o sentimos, e ele nos convence da existência dos deuses, pois nós somos, o que quer que sejamos.
3. Mas a idéia de companheiros imortais dos deuses não nos é menos íntima, nem menos inata ou perceptível que a dos deuses. O conhecimento natural que temos de sua existência é inalterável, pois sua essência não muda. Também não é uma verdade por conseqüência ou indução. É uma noção simples, pura, primitiva, extraída sempre do seio da divindade, à qual permanecemos unidos no tempo por este elo indissolúvel.
4. Há deuses, demônios e heróis, e tais seres celestes encontram-se distribuídos em classes diferentes. As semelhanças e as diferenças que os distinguem e que os aproximam nos são conhecidas por analogia. É preciso, por exemplo, que a bondade lhes seja uma qualidade comum, pois, essencial à sua natureza. Diferentemente das almas, que deste atributo participam por comunicação.
5. Os deuses e as almas são os dois extremos das coisas celestes, enquanto os heróis constituem uma ordem intermediária. Estes aqui são superiores em excelência, em natureza, em poder, em virtude, em beleza, em grandeza, ou, em geral, em toda qualidade, àquelas almas que afetam imediatamen-

te, e com as quais têm semelhança e simpatia, dada a vida que lhes foi comum. É preciso ainda admitir a espécie dos gênios subordinados aos deuses e ministros de sua beneficência, da qual sofrem a paixão e a imitam. São os meios pelos quais os seres celestes adquirem uma forma que os tornam visíveis a nós; o veículo que nos leva aos ouvidos as coisas inefáveis e, ao nosso entendimento, o incompreensível; a vidraça que permite passar para nossa alma as imagens que não foram feitas para ali penetrar sem tal recurso.

6. São essas duas classes que formam o elo e o comércio dos deuses e das almas, que tornam o encadeamento das coisas celestes indissolúvel e contínuo, que facilitam aos deuses o meio de descender até aos homens, aos homens de ir aos últimos seres da natureza e a todos os seres remontar aos deuses.

7. A unidade, uma existência mais perfeita que aquela dos seres inferiores, a imutabilidade, a imobilidade, a potência de mover, sem ser movido, e a providência são ainda qualidades comuns aos deuses. Pode-se conjecturar, pela diferença dos extremos, quais são aquelas dos seres intermediários. As ações dos deuses são excelentes, as das almas são imperfeitas. Os deuses tudo podem, igualmente, ao mesmo tempo, sem obstáculos e sem demora. Há coisas que são impossíveis às almas. É-lhes preciso tempo para o que podem fazer, pois as executam separadamente e com esforço. A divindade produz sem esforço e governa; a alma se atormenta para criar e serve. Tudo está submetido aos deuses, até as ações e existências das almas; eles vêem as essências das coisas e os fins dos movimentos da natureza. As almas passam de um efeito a outro e se elevam por degraus. A divindade é incompreensível, incomensurável, ilimitada. As almas experimentam todas as paixões e formas diversas. A inteligência que tudo preside, a razão universal dos seres, está presente nos deuses sem névoas e sem reservas, sem raciocínio e sem indução, por um ato

puro, simples e invariável. A alma não se esclarece que de maneira imperfeita e por intervalos. Os deuses deram leis ao universo; as almas seguem as leis dadas.

8. É a vida e o primeiro movimento de vontade que a alma recebeu em seu início que determinam a espécie de ser orgânico a que ela dará forma, assim como a tendência que terá para se aperfeiçoar ou se deteriorar.
9. As coisas excelentes e universais contêm nelas mesmas a razão das coisas menos boas e particulares. Eis o fundamento das revoluções dos seres, de suas emanações, da eternidade de seu princípio elementar, de sua relação indelével com as coisas celestes, de sua depravação ou perfectibilidade e de todos os fenômenos da natureza humana.
10. Os deuses não estão unidos a nenhuma parte do universo, mas estão presentes nas coisas do mundo. Contêm tudo e nada os contém. Estão em todos os lugares e tudo está deles preenchido. Se a divindade se apropria de alguma substância corporal, do céu ou da terra, de uma cidade sagrada, de uma floresta, de uma estátua, seu império e presença espalham-se em volta, como a luz escapa do sol em todas as direções. A substância é por ela penetrada e ela age dentro e no exterior, mais perto ou mais longe, sem definhamento ou interrupção. Os deuses têm aqui embaixo domicílios diferentes conforme sua natureza ígnea, terrestre, aérea ou aquática. Tais distinções e os dons que deles se esperam constituem os fundamentos da teurgia e das evocações.
11. A alma é impassível, mas sua presença em um corpo torna passível o ser composto. Se isto é certo para a alma, com mais razão valerá para heróis, demônios e deuses.
12. Os demônios e os deuses não são igualmente afetados pelas partes dos sacrifícios; existem o ponto de importância e a coisa enérgica e secreta. Também não são igualmente sensíveis a todas as formas de sacrifícios. A uns são precisos símbolos, a outros vítimas ou representações, ou ainda homenagens ou boas ações.

13. As preces são supérfluas. A beneficência dos deuses, que conhece nossas verdadeiras necessidades, está atenta para prever nossos pedidos. As preces são apenas meios para nos elevarmos aos deuses e unirmos nosso espírito aos seus. É assim que o sacerdote se preserva das paixões e conserva a pureza.
14. Se a idéia da cólera dos deuses fosse melhor conhecida, não se buscaria apaziguá-la com sacrifícios. A cólera celeste não é um ressentimento divino, do qual a criatura deve temer algum mau efeito. É uma aversão de sua parte pela beneficência. Os holocaustos não são úteis senão quando marcas do arrependimento. É um passo que o culpado dá em direção aos deuses, dos quais se afastou. O malvado foge dos deuses, mas estes não o perseguem. É apenas ele próprio que se torna infeliz e se perde por sua maldade.
15. É piedoso esperar dos deuses todo o bem que lhes é imposto por sua natureza. É ímpio acreditar que se lhes possa fazer violência. Não é necessário, pois, dirigir-se aos deuses a não ser para se tornar melhor. Se as lustrações afastaram de nós algumas calamidades iminentes, foi para que nossas almas não recebessem nenhuma nódoa.
16. Não é por meio dos órgãos sensíveis que os deuses nos escutam. É pelo fato de terem em si a razão e os efeitos das preces dos homens piedosos e, sobretudo, as dos seus ministros. A razão e os efeitos das preces se encontram presentes naqueles homens consagrados e por sua intromissão falamos com os deuses.
17. Os astros que nós chamamos de deuses são substâncias muito parecidas aos seres imateriais. Mas é a estes seres que enformam os astros que é preciso dirigir-se, em especial. Todos são benfeitores e fazem desprender de si influências indeléveis sobre os corpos. Não há nenhum ponto do espaço onde suas virtudes não se façam sentir. Mas sua ação sobre as partes do universo é proporcional à

natureza daquelas partes. Ela, a ação, dissemina a diversidade, mas jamais produz qualquer mal absoluto.

18. Não há qualquer coisa que seja excelente, relativamente à harmonia universal, que não possa vir a ser prejudicial a uma parte específica.
19. Os deuses inteligíveis que presidem às esferas celestes são originários do mundo inteligível. E é pela atenção que devotam às suas próprias idéias, encerrados em si mesmos, que governam os céus.
20. Os deuses inteligíveis foram os paradigmas dos deuses sensíveis. Tais simulacros, uma vez criados, conservaram sem nenhuma alteração as marcas dos seres divinos dos quais eram imagens.
21. É esta semelhança inalterável que nós devemos olhar como a base do intercâmbio eterno que reina entre os deuses deste mundo e os deuses do mundo superior. É por esta analogia indestrutível que tudo o que dela emana volta ao ser único do qual provém e nele é reabsorvido. É a identidade que liga os deuses entre si no mundo inteligível e no mundo sensível; é a similitude que estabelece a relação dos deuses de um mundo com os do outro.
22. Os demônios não são perceptíveis à visão e ao tato. Os deuses são mais fortes do que todo obstáculo material. Os deuses governam o céu, o universo e todos os poderes secretos que nele estão contidos. Os demônios só têm o governo das porções deixadas pelos deuses. Os demônios são aliados quase inseparáveis dos seres que lhes foram concedidos. Os deuses governam a matéria e os corpos, sem neles estar presentes. Os deuses comandam e os demônios obedecem, mas livremente.
23. A geração dos demônios foi o último esforço da potência dos deuses; já os heróis deles emanam como simples conseqüência de sua existência viva e o mesmo ocorre com as almas. Os demônios têm a faculdade geratriz: a eles foi entregue o cuidado de unir as almas aos corpos.

Os heróis vivificam, inspiram, dirigem, mas não engendram.

24. Foi permitido às almas, por graça especial dos deuses, o poder de elevar-se à altura dos anjos. E então elas podem romper os limites que lhes haviam sido prescritos por sua natureza. Perdida esta última, revestem-se daquela da nova família que passaram a integrar.
25. As aparições dos deuses são análogas às suas essências, potências e operações. Mostram-se sempre como são. Têm seus próprios signos, seus caracteres e movimentos, suas formas fantásticas particulares. E o fantasma de um deus não é o de um demônio, nem o deste semelhante ao de um anjo, nem deste como o de um arcanjo. Há espectros de almas das mais variadas espécies. O aspecto dos deuses é consolador, mas o dos arcanjos, terrível; os dos anjos, menos severo; o dos heróis, atraente, e dos demônios, aterrador. Há ainda nessas aparições uma infinidade de variações relativas à categoria do ser, sua autoridade, gênio, velocidade, grandeza, cortejo e influência... Jâmblico detalha tais coisas com minuciosa exatidão, e nossos naturalistas não observaram melhor as lagartas, moscas e pulgões do que o nosso filósofo eclético, assim como os deuses, anjos, arcanjos, demônios e gênios de todas as espécies que esvoaçam nos mundos inteligível e sensível. Caso se cometa um erro na evocação teúrgica, então haverá um outro espectro daquele invocado; vós contais com um deus e será um demônio que vos aparecerá. De resto, não é o conhecimento das coisas santas que santifica. Todo homem pode santificar-se, mas cabe aos teurgistas invocar os deuses, homens maravilhosos que possuem em suas mãos o segredo dos dois mundos.
26. A presciência nos vem do alto e nela nada há de humano ou físico. Mas não é assim com a revelação. Trata-se de uma voz débil que escutamos, na passagem da vigília ao sono, e isto prova que a alma tem duas vidas: uma com o

corpo e outra, separada. Por outro lado, como sua função é a de contemplar, e ela contém a razão de todos os possíveis, não há nada surpreendente no fato do futuro lhe ser conhecido. Ela enxerga as coisas futuras nas suas razões preexistentes. Se recebeu dos deuses uma capacidade sublime de penetração, um pressentimento extraordinário, se possui uma longa experiência, a facilidade de observar, o discernimento, o gênio, nada do que foi, do que é e do que será escapará ao seu conhecimento.

27. Eis aqui os verdadeiros caracteres do entusiasmo divino. Aquele que o experimenta está privado do uso comum dos sentidos: sua vigília não se parece com a de outros homens; sua ação é extraordinária; ele não se possui, não pensa e não fala por si mesmo; a vida que o envolve encontra-se dele ausente; não sente a ação do fogo ou não é por ele ferido; não vê nem teme o machado sobre sua cabeça; é transportado a lugares inacessíveis, caminha sobre brasas e passeia pelas águas. Tais estados são o efeito de uma divindade que exerce todo o seu império sobre a alma do entusiasta, por intermédio dos órgãos do corpo. É então o ministro de um deus que obseda, que agita, que persegue, que atormenta, que lhe arranca a voz, que nele vive, que toma conta de suas mãos, olhos e boca e o mantém acima da natureza comum.

28. A poesia e a música foram consagradas aos deuses. Com efeito, há nos cantos e na versificação toda a variedade que convém introduzir nos hinos destinados à invocação dos deuses. E cada deus tem a sua característica, cada evocação tem sua forma e exige uma melodia. A alma já havia percebido a harmonia dos céus antes de ser exilada num corpo. Se alguns acentos análogos àqueles divinos, dos quais não perde inteiramente a lembrança, lhe vêm tocar, ela estremece, se liberta, vê-se transportada. Jâmblico dedica-se aqui a todas as espécies de divinações, bobagens magníficas com as quais não temos coragem de segui-lo. Pode-se ver neste

autor ou na história crítica da filosofia de M. Brucker todos os devaneios do ecletismo teológico sobre a potência dos deuses, a iluminação, as invocações, a magia, os sacerdotes e a necessária ação da fumaça das vítimas sobre os deuses.

29. A justiça dos deuses não é a dos homens. O homem define a justiça por relações extraídas da vida atual e de seu estado presente. Os deuses a definem considerando suas existências sucessivas e a universalidade de nossas vidas.
30. A maior parte dos homens não possuem liberdade e estão presos ao destino.

Princípios da Teogonia Eclética

1. Há um deus de toda a natureza, princípio de toda geração, causa dos poderes elementares, superior a todos os deuses, em quem tudo existe, imaterial, incorporal, mestre da natureza, subsistente em si por toda a eternidade, indivisível e individido, todo por si, tudo em si, anterior a todas as coisas, mesmo aos princípios universais e às causas gerais dos seres, imóvel, encerrado na solidão de sua unidade, fonte das idéias, dos inteligíveis, das possibilidades, auto-suficiente, pai das essências e da entidade, anterior ao princípio inteligível. Seu nome é Noetarco.
2. Emet vem após Noetarco. É a inteligência divina que se conhece a si mesma, da qual todas as inteligências emanam e onde, como num abismo, todas são recolhidas. Os egípcios punham Eicton antes de Emet, sendo aquele a primeira idéia exemplar. Adorava-se Eicton pelo silêncio.
3. Após esses deuses vêm Amen, Ptá e Osíris, os quais presidem a geração dos seres aparentes, deuses conservadores da sabedoria e também seus ministros no tempo em que ela engendrava os seres e produzia a força secreta das causas.
4. Há quatro potências masculinas e quatro femininas acima dos elementos e de suas qualidades. Elas residem no sol. Aquela que dirige a natureza em suas funções geradoras habita a lua.

5. O Céu divide-se em duas, ou quatro, ou trinta e seis regiões, e cada uma delas em outras mais. Cada uma possui a sua divindade e todas submetem-se a uma outra divindade superior. Destes princípios é necessário descender-se a outros, até se perceber que o universo inteiro encontra-se distribuído pelas potências que emanam umas das outras e todas da primeira.
6. Esta primeira potência retirou a matéria da essência e deixou-a à inteligência para que com ela se fabricassem esferas incorruptíveis. Ela utilizou o que havia de mais puro nesta obra. Com o resto fez as coisas corruptíveis e a universalidade dos corpos.
7. O homem possui duas almas; uma retirada da primeira inteligência e, outra, recebida no mundo sensível. Cada uma delas conserva os caracteres distintivos de suas origens. A alma do mundo inteligível volta sempre à sua fonte e as leis da fatalidade nada podem contra ela. A outra é escrava dos movimentos do mundo.
8. Cada qual tem seu demônio e ele preexiste à união da alma com o corpo. É ele, o demônio, que os une, corpo e alma, inspira e conduz a união. É sempre um bom gênio, pois os maus gênios não têm aqui jurisdição.
9. Este demônio não é uma faculdade da alma. Constitui um ser dela diverso e de ordem superior à sua.

Princípios da Filosofia Moral dos Ecléticos

Eis o que se recolherá de mais comumente admitido, folheando-se as obras de Porfírio e de Jâmblico.

1. Nada se faz do nada. Logo, a alma é emanação de algum princípio mais nobre.
2. As almas existiam antes de serem unidas aos corpos. Elas decaíram e o exílio foi o seu castigo. Após a queda, passaram sucessivamente por diferentes corpos, onde ficaram retidas como prisioneiras.
3. É por um encadeamento de crimes e de impiedades que elas tornaram sua escravidão mais longa e difícil. Cabe

à filosofia amenizar o castigo e fazê-lo acabar. Há, para isso, dois meios: a purificação racional e a purificação teúrgica, que elevam as almas sucessivamente a quatro graus de perfeição, sendo o último a teopatia.

4. Cada grau de perfeição contém suas virtudes. Há quatro virtudes cardeais: a prudência, a força, a temperança e a justiça. E cada virtude tem as suas escalas.
5. As qualidades físicas, que são vantagens apenas de conformação, encontram-se na última classe. Têm por qualidade a de serem empregadas como instrumentos para o alcance de outras qualidades.
6. As qualidades morais e políticas são aquelas de um homem sensato, que, superior às suas paixões, e após ter trabalhado para se tornar feliz, pela prática das virtudes, ocupa-se em conseguir a mesma felicidade para seus semelhantes. Essas qualidades são práticas.
7. As qualidades especulativas são as que constituem propriamente o filósofo. Ele não se contenta em fazer o bem. Ele se introjeta, se volta para si mesmo, e medita a fim de conhecer a verdade dos princípios pelos quais se conduz.
8. As qualidades expurgativas ou santificantes são as que elevam o homem acima de sua condição, pela privação de tudo o que está além das necessidades mais estreitas da natureza. Em tal estado, o homem sacrificou tudo o que o prende à vida: seu corpo torna-se um fardo oneroso e deseja a sua dissolução. Está filosoficamente morto. Ora, a morte filosófica perfeita é o ponto de perfeição humana mais próxima da vida divina.
9. As qualidades especulativas consistem na contemplação habitual do primeiro princípio e na imitação, a mais aproximada das virtudes.
10. As qualidades teúrgicas são aquelas pelas quais é-se digno, neste mundo, de entrar em relação com os deuses, os demônios, os heróis e as almas livres.

11. O homem pode, apenas com a ajuda das forças que recebeu da natureza, elevar-se sucessivamente da degradação a mais profunda ao último grau de perfeição, pois a lei da necessidade não impera invicta sobre a energia do princípio divino que ele traz em si e com a qual não encontra obstáculo que não possa superar.
12. Se a separação do corpo e da alma for feita antes que a alma se tenha liberado de seu estado de aviltamento, tendo sido conduzida ainda com traços de depravação, ela experimenta os suplícios do inferno ao reentrar em novo corpo, convertido em prisão mais cruel que o abandonado; e isto a afasta mais do primeiro princípio, o que torna a sua revolução mais longa e mais difícil.

Foi isso o que achamos de mais importante e menos obscuro na filosofia dos ecléticos antigos. Para instruir-se nela a fundo, é preciso extrair nas fontes e folhear o que nos resta de Plotino, de Porfírio, de Juliano, Jâmblico, Ammiano-Marcelo etc., sem esquecer a história crítica da filosofia de Brucker e a multidão de autores antigos e modernos que ali é citada.

ELEATISMO, ELEÁTICA, SEITA. (História da filosofia) A seita eleática foi assim chamada em decorrência de Eléia, cidade da Magna Grécia onde nasceram Parmênides, Zenão e Leucipo, três célebres defensores da filosofia da qual iremos falar.

Xenófanes de Cólofon passa por ser o fundador do eleatismo. Diz-se que ele sucedeu a Telargo, filho de Pitágoras, que ensinava na Itália a doutrina de seu pai. O que há de certo é que os eleáticos foram por vezes chamados de *pitagóricos*.

Houve um grande cisma na escola eleática que a dividiu em duas espécies de filosofias que conservaram o mesmo nome, mas cujos princípios foram tão opostos quanto podem ser. Uns perderam-se em abstrações e, por alçar a certeza dos conhecimentos metafísicos em prejuízo das ciências dos fatos, olharam a física experimental e o estudo da natureza como ocupações vãs e enganosas para um homem que procurava a verdade no exterior, quando já a trazia em si, tornando-se, por vontade própria, um brinquedo de aparências e fantasmas. Deste lado estiveram Xenófanes, Parmênides, Melisso e Zenão. Os outros, ao contrário, persuadidos de que só há verdade em proposições fundadas sobre o testemunho dos nossos sentidos, e que o conhecimento dos fenômenos da natureza é a única e verdadeira filosofia, dedicaram-se inteiramente ao estudo da física. E à frente destes encontram-se os nomes célebres de Leucipo, Demócrito, Protágoras, Diágoras e Anaxarco. Este cisma nos dá a divisão da história da filosofia eleática em história do eleatismo metafísico e do eleatismo físico.

História dos Eleatas Metafísicos

Xenófanes viveu tanto tempo que não sabemos a que ano atribuir seu nascimento. A diferença apontada por historiadores é de vinte olimpíadas. E é difícil encontrar outra, senão a 56ª, que satisfaça a todos os fatos. Nascido nessa data, Xenófanes pôde aprender elementos de gramática ao tempo em que Anaximandro estava no auge; entrar para a escola pitagórica com a idade de 25 anos; professar a filosofia até os 92; ser testemunha da derrota dos persas em Platéia e Maratona; ver o reino de Hierão; ter Empédocles por discípulo; esperar o começo da 81ª Olimpíada e morrer aos cem anos.

Xenófanes não teve mestre. Perseguido em sua pátria, retirou-se para Zancle ou para a Catânia, na Sicília. Era poeta e filósofo. Reduzido à completa indigência, mendigou pão a Hierão. Pedir pão a um tirano! Mais valia cantar seus versos nas ruas; teria sido mais honesto e conforme os hábitos do tempo. Indignado com as fábulas que Homero e Hesíodo tinham debitado à conta dos deuses, escreveu contra ambos os poetas. Mas os versos deles nos chegaram, enquanto os de Xenófanes caíram no esquecimento. Combatia os princípios de Tales e de

Pitágoras. Fustigou um pouco o filósofo Epimênides e escreveu a história de seu país. Lançou as bases de uma nova filosofia em uma obra intitulada *Da Natureza*. Suas disputas com os filósofos do tempo serviram também de alimento ao mau humor de Tímon. Quero dizer que o misantropo regozijava-se com isso, embora parecesse irritado exteriormente.

Não temos as obras dos eleáticos e se acusam os antigos que fizeram menção a seus princípios de terem sido pouco exatos e fiéis nas exposições deixadas. Tudo leva a crer que os eleáticos tivessem uma dupla doutrina. Eis aqui o que se pôde recolher de sua metafísica e de sua física.

Metafísica de Xenófanes

Nada provém do nada. Portanto, o que é sempre foi. O eterno é infinito e o infinito é um, pois onde há dissimilitude, há pluralidade. O que é eterno, infinito, único e sempre o mesmo é também imutável e imóvel. Pois se pudesse mudar de lugar, não seria infinito; se pudesse tornar-se outro, teria em si coisas que começariam e coisas que terminariam sem causa; faria algo a partir do nada e do nada alguma coisa, o que é absurdo. Só há um ser eterno, infinito, uno, imutável e imóvel, total, e este ser é Deus. Deus não é um corpo, e, no entanto, sua substância estende-se igualmente em todas as direções e preenche um imenso espaço esférico. Nada tem em comum com o ser humano. É, simultaneamente, inteligência, duração, natureza. Não tem nossa forma, nossas paixões e seus sentidos não são os mesmos que os nossos. Vê tudo, entende tudo, está em tudo presente.

Este sistema não está afastado do spinozismo. Se Xenófanes parece reconhecer duas substâncias cuja união íntima constitui um todo, que ele chama universo, de outra parte uma das substâncias é figurada e não pode ser concebida e separada da outra senão abstratamente. Além disso, esta alma do universo, que Xenófanes parece ter imaginado, e que todos os filósofos que o seguiram admitem, nada era do que entendemos por *espírito*.

Física

Existe apenas um universo, mas há uma infinidade de mundos. Como não há verdadeiro movimento, não existe alteração, geração nem decrepitude. Não há nem começo nem fim de nada, a não ser aparências. As aparências são os únicos processos reais do estado de possibilidade para o de existência, e deste para o estado de aniquilamento. Os sentidos não podem nos elevar ao conhecimento da razão primeira do universo, pois nos enganam, necessariamente, sobre as leis. Nenhuma sólida ciência nos chega a não ser pela razão. Tudo o que está fundado sobre o testemunho dos sentidos é opinião. A metafísica é a ciência das coisas; a física, o estudo das aparências. O que percebemos em nós, é. Já o que percebemos fora de nós, nos parece ser. Mas a única filosofia verdadeira é a das coisas que são, e não a das que parecem ser.

Apesar do menosprezo que os eleáticos tinham da ciência dos fatos e do conhecimento da natureza, eles se ocuparam deles seriamente. Apenas os julgavam menos favoravelmente do que outros filósofos do tempo. Estariam de acordo com os pirronianos sobre a incerteza das relações estabelecidas pelos sentidos, mas teriam defendido, contra eles, a infalibilidade da razão.

Diziam os eleáticos que há quatro elementos e eles se combinam para formar a Terra, matéria de todos os seres. Os astros são nuvens inflamadas, grandes carvões que se apagam de dia e se acendem à noite. O sol é um amontoado de partículas ígneas que se destrói e se refaz em 24 horas. Eleva-se pela manhã como um grande braseiro incendiado por vapores recentes, os quais são consumidos na medida em que seu curso avança, e à tarde cai, esgotado sobre a terra. Seu movimento dá-se em linha reta; é a distância percorrida que parece formar uma linha curva. Há muitos sóis; cada clima, cada região tem o seu. A Lua é uma nuvem condensada e habitada; nela existem províncias e cidades. As nuvens são exalações que o sol extrai da superfície da terra. É a afluência das coisas mistas precipitadas sobre o mar que o deixa salgado? Os mares cobriram toda a Terra e este fenômeno está demonstrado pela presença de corpos marinhos sobre a superfície e em suas entranhas. O gênero humano fenecerá quando a Terra, atraída para o fundo dos mares, for recoberta novamente pelas águas, e se diluir, formando um só lodaçal. Os séculos se escoarão e o imenso lodaçal secará, fazendo renascer os homens. Esta é a grande revolução de todos os seres.

Não devemos perder de vista que, em meio a essas puerilidades, há muitas idéias que não são inferiores à filosofia de nosso tempo: a distinção e a combinação de elementos, de que resulta a Terra, princípio geral dos corpos; a aparência circular como efeito de grandes distâncias; a pluralidade dos mundos; a lua habitada; as nuvens como exalações terrestres; o fato dos mares já terem recoberto pontos diferentes da Terra. Seria difícil que uma ciência que estava em seu bê-á-bá reconhecesse um número ainda maior de verdades ou de idéias felizes.

Assim era o estado da filosofia eleática quando Parmênides, natural de Eléia, nasceu. Teve por discípulo Zenão e manteve conversações com Sócrates. Escreveu sua filosofia em versos, mas não nos chegaram senão farrapos tão descosidos que com eles não se pode formar um conjunto sistemático. Parece ter dado maior preferência à razão do que aos sentidos. Via a física como a ciência das opiniões e a metafísica como a ciência das coisas em si, deixando assim o eleatismo tal como o encontrou, a menos que não se queira fazer referências a Platão e atribuir a Parmênides tudo o que o platonismo afirmou depois sobre as idéias.

Parmênides criou um sistema físico particular. Via o frio e o quente, ou a terra e o fogo, como princípios dos seres. Descobriu que o sol e a lua brilhavam com a mesma luz, mas que o brilho da luz era emprestado. Pôs a Terra no centro do mundo e atribuiu sua imobilidade à eqüidistância dos demais pontos do universo. Para explicar a geração das substâncias que nos envolvem, dizia: o fogo foi aplicado à Terra, o limo primordial se aqueceu e o homem e toda a forma de vida foram engendrados. O mundo terá um fim. A parte principal da alma humana está posta no coração.

Parmênides nasceu na 79ª Olimpíada e ignora-se a data de sua morte. Os eleatas o chamaram para governar, mas as agitações populares o afastaram dos negócios públicos e ele se retirou para dedicar-se inteiramente à filosofia.

Melisso de Samos veio ao mundo na 84ª Olimpíada. Foi homem de Estado, antes de filosofar. Talvez tivesse sido mais vantajoso para os povos se houvesse começado pela filosofia. Em seu retiro escreveu *Do Ser e da Natureza*. Nada mudou relativamente à filosofia de seus predecessores. Cria apenas que, sendo incompreensível a natureza dos deuses, era necessário calar-se a respeito; e que o que não era, era impossível. Dois princípios em que o primeiro se distingue pela cautela e o segundo, pela esperteza. Acredita-se que tenha sido este nobre filósofo quem comandava os de Samos quando sua frota venceu a dos atenienses.

Zenão, o eleático, foi um belo rapaz que Parmênides recebeu em sua escola e tal fato serviu para que houvesse murmúrios. Também ele imiscuiu-se em assuntos públicos antes de se dedicar à filosofia. Diz-se que estava em Agrigento quando a cidade gemia sob o tirano Falaris e que, tendo utilizado todos os recursos da filosofia sem sucesso, a fim de acalmar a besta feroz, instilou então na juventude a honesta e perigosa vontade de libertação. Sabedor do fato, Falaris mandou prender Zenão e o expôs a tormentos cruéis, na esperança de que a violência da dor arrancasse o nome dos cúmplices. Mas o filósofo só apontou o favorito do tirano. Em meio aos suplícios, sua eloqüência acordou os covardes agrigentinos, que se envergonharam de sua inércia e abandono, enquanto um estrangeiro expirava sob seus olhos por ter empreendido a tentativa de livrá-los da escravidão. Sublevaram-se bruscamente e o tirano foi dilapidado até à morte. Alguns acrescentam que, tendo pedido a Falaris para se aproximar, sob pretexto de lhe revelar tudo o que desejava saber, mordeu-lhe a orelha e não a largou senão quando morreu sob os golpes dos carrascos. Outros asseveram que, para subtrair de Falaris toda a esperança de conhecer a conjuração, cortou sua própria língua com os dentes e a cuspiu na cara do tirano. Mas apesar das honras que a filosofia possa obter desses fatos, não podemos dissimular a incerteza, pois Zenão não viveu sob Falaris nem sob Dioniso, e as mesmas coisas se dizem de Anaxarco.

Zenão era grande dialético. Dividiu sua lógica em três partes. Na primeira, tratava da arte de raciocinar; na segunda, da arte de dialogar; na última, da arte de discutir e contra-argumentar. Não adotou outra metafísica que a de Xenófanes e, portanto, combateu a realidade do movimento. Todo o mundo conhece seu sofisma da tartaruga e de Aquiles. Dizia: "se sofro sem indignação a injúria de alguém mau, seria insensível ao louvor de um honesto". Sua física foi a mesma de Parmênides. Negava a existência do vazio e se agregava ao frio e ao quente o úmido e o seco, não os tinha por quatro princípios diferentes, mas como efeitos de duas causas: da terra e do fogo.

História dos Eleáticos Físicos

Leucipo de Abdera, discípulo de Melisso e de Zenão, e mestre de Demócrito, cedo se deu conta de que a exagerada desconfiança dos sentidos destruía toda a filosofia e que seria preferível procurar sob quais circunstâncias eles nos enganam, ao invés de persuadir-se e aos outros, por sutilezas lógicas, que eles sempre nos enganam. Não apreciava a metafísica de Xenófanes, as idéias de Platão, os números de Pitágoras ou os sofismas de Zenão, e entregou-se inteiramente ao estudo da natureza, ao conhecimento do universo e à procura das propriedades e dos atributos dos seres. O único meio, dizia, de reconciliar o sentido e a razão, que parecem ter brigado após a origem da seita eleática, é a de recolher os fatos e com eles estabelecer a base da especulação. Sem os fatos, todas as idéias sistemáticas a nada conduzem: são apenas sombras inconstantes que com eles só se assemelham por um instante.

Podemos ver em Leucipo o fundador da filosofia corpuscular. Não por que antes não se tenham considerado os corpos como conjunto de partículas, mas porque foi o primeiro a fazer da combinação das partículas a causa universal de todas as coisas. Havia sentido tal aversão pela metafísica que, para não deixar nada de arbitrário em sua filosofia, banira o nome de Deus. Os filósofos que o precederam viam tudo nas idéias e Leucipo não queria admitir nada que não visse nos corpos. Fez tudo provir dos átomos, de sua forma e movimento e imaginou o atomismo. Demócrito aperfeiçou o instrumento e Epicuro o conduziu até onde podia elevá-lo.

Leucipo e Demócrito haviam dito que os átomos se diferiam pelo movimento, pela forma e pela massa e que era de suas coordenações que todos os seres nasciam. Epicuro acrescentou que havia átomos de natureza tão heterogênea que não podiam nem se encontrar ou se unir. Leucipo e Demócrito acreditavam que todas as moléculas elementares haviam começado por se mover em linha reta. Epicuro observou que se elas houvessem começado a se mover em linha reta, não teriam jamais mudado a direção. Assim, não poderiam ter-se chocado, combinado e produzido qualquer substância. De onde concluiu que se haviam movido em direções um pouco inclinadas e convergentes a um ponto comum, mais ou menos como vemos as coisas pesadas caírem, atraídas pela Terra. Leucipo e Demócrito animaram seus átomos com a mesma força de gravitação; Epicuro os fez gravitar de outro modo. Essas são as principais diferenças da filosofia de Leucipo e de Epicuro que conhecemos.

Leucipo dizia também: o universo é infinito; há um vazio e um pleno absolutos – são as duas porções do espaço em geral. Os átomos se movem no vazio e tudo nasce de suas combinações; formam os mundos, que se resolvem em átomos. Atraídos em torno de um centro comum, encontram-se, chocam-se, se separam e se unem. Os mais leves são atirados aos espaços vazios, que circundam exteriormente o turbilhão geral. Outros tendem ao centro, onde ganham velocidade e se ajuntam, formando uma massa de crescente densidade. Esta massa atrai tudo o que dela se aproxima. Dela nascem o úmido, o limoso, o seco, o quente, o ardente, o inflamado, as águas, a terra, as pedras, os homens, o fogo, os astros. O sol é cercado por uma grande atmosfera exterior. É o movimento que mantém incessantemente o fogo dos astros, trazendo aos lugares que ocupam partículas que refazem suas perdas. A lua brilha com a luz emprestada ao sol. O sol e a lua passam por eclipses, pois a Terra inclina-se. Se os eclipses da lua são mais freqüentes que os do sol, é preciso buscar a causa na diferença das órbitas. As gerações, as alterações e as extinções são seqüências de uma lei geral e inevitável que age em todas as moléculas da matéria.

Embora tenhamos perdido as obras de Leucipo, ficou-nos, como vimos, conhecimento suficiente dos princípios de sua filosofia para julgarmos os méritos de alguns sistemas atuais e poderíamos perguntar aos cartesianos se há idéias de Leucipo muito afastadas das de Descartes.

Leucipo teve por sucessor a Demócrito, um dos primeiros gênios da Antigüidade. Demócrito nasceu em Abdera, onde sua família era rica e poderosa. Era jovem no começo da guerra do Peloponeso. Pelo desejo que teve em viajar, deixou com seus irmãos o patrimônio da família e pegou em dinheiro o que lhe cabia como herdeiro. Percorreu o Egito, onde aprendeu geometria, a Caldéia, a Etiópia, onde conversou com os gimnosofistas, a Pérsia, onde interrogou os magos, e as Índias. "Nada economizei para me instruir", dizia Demócrito,

> vi todos os homens célebres de meu tempo; percorri todas as regiões nas quais esperei encontrar a verdade e as distâncias entre elas não me amedrontaram; observei a diferença de climas diversos; recolhi os fenômenos do ar, da terra e das águas; o cansaço das viagens não me impediu de refletir; cultivei as matemáticas nas grandes rotas e no silêncio de minha casa; não creio que hoje alguém possa ultrapassar-me na arte de demonstrar por números e linhas, sem mesmo excetuar os sacerdotes do Egito.

Demócrito voltou à pátria cheio da sabedoria de todas as nações, mas foi reduzido à vida a mais estreita e obscura, pois as longas viagens arruinaram sua fortuna. Felizmente, encontrou na amizade de Damasis, seu irmão, os socorros de que precisava. As leis do país recusavam sepultura a quem houvesse dissipado os bens de seus pais, e Demócrito não quis expor sua memória a tal injúria. Obteve da república uma soma considerável de dinheiro, e uma estátua de bronze, com a leitura de uma de suas obras. Logo depois, tendo previsto, por observações meteorológicas, que haveria escassez de oliva e de óleo, comprou a preço módico tudo o que o mercado oferecia e revendeu bem mais caro, provando aos detratores da filosofia que o filósofo poderia conseguir riqueza quando quisesse.

Seus concidadãos o chamaram para a administração dos assuntos públicos e ele se conduziu à frente do governo como se esperava de um homem com seu caráter. Mas o gosto dominante não tardou a lembrá-lo da contemplação e da filosofia. Meteu-se em lugares selvagens e solitários, percorreu cemitérios, entregou-se aos estudos da moral, da natureza, da anatomia e das matemáticas. Consumou sua vida em experiências, como a dissolução de pedras, a extração de seivas e a dissecação de animais. Seus concidadãos imbecis o tomaram por mágico e louco. Seu encontro com Hipócrates, chamado para curá-lo, é muito conhecido, embora incerto, para que seja aqui mencionado. Seus trabalhos e sua extrema sobriedade não abreviaram seus dias, tendo vivido quase um século. Eis os princípios gerais de sua filosofia.

Lógica de Demócrito

Não existem senão os átomos e o vazio. É preciso tratar o resto como simulacros enganadores. O homem está longe da verdade. Cada um tem sua opinião, mas nenhum tem ciência. Há duas filosofias: uma sensível, a outra racional. É preciso apegar-se à primeira, pois vemos, sentimos, ouvimos, tocamos e temos paladar. Apenas será preciso acompanhar o fenômeno pelo espírito quando aquele escapar do alcance dos sentidos. A via da experimentação é longa, mas é certa; o caminho do raciocínio tem o mesmo defeito, sem a mesma certeza.

Fisiologia de Demócrito

Dizia Demócrito que nada se faz do nada e que o vazio e os átomos são as causas eficientes de tudo. A matéria é um aglomerado de átomos, ou então aparência vã. O átomo não nasce do vazio, nem o vazio dos átomos; os corpos existem no vazio e se diferenciam pelas combinações de seus elementos. É preciso relacionar o espaço aos átomos e ao vazio. Tudo o que é cheio é átomo; o que não contém átomos está vazio. Ambos são dois infinitos. Um na quantidade, outro na extensão. Os átomos possuem duas propriedades primitivas: a forma e a massa. A forma varia ao infinito e a massa é a menor possível. Tudo o que atribuímos aos átomos como sendo suas propriedades está em nós. Movem-se no vazio imenso, onde não há nem alto nem baixo, nem começo ou fim. Este movimento sempre existiu e sempre persistirá. Ele se faz conforme uma direção oblíqua, tal como a dos corpos pesados. O choque e a coesão são conseqüências dessa obliqüidade e da diversidade das formas. A justiça, a providência e o destino são termos vazios de sentido. As ações recíprocas entre os átomos são as únicas causas eternas das coisas. O movimento circular é um efeito imediato daquelas ações. A matéria é uma: todas as suas diferenças provêm do ordenamento, da forma e da combinação atômica. A geração nada mais é do que a coesão de átomos homogêneos; a alteração é apenas um acidente de sua combinação, e a corrupção o efeito da separação. O aumento é um acréscimo de átomos e o decréscimo, a subtração deles. O que se percebe pelos sentidos é sempre verdadeiro e a doutrina dos átomos dá razão a toda a diversidade de nossas sensações. Os mundos são infinitos em número e há os perfeitos, os imperfeitos, os semelhantes e os distintos. Os espaços que ocupam, os limites que os circunscrevem e os intervalos que os separam variam infinitamente. Alguns se formam e outros são formados; outros se decompõem e se destroem. O mundo não tem alma, ou a alma do mundo é o movimento ígneo. O fogo é um amálgama de átomos esféricos. Não há outras diferenças entre os átomos constituintes do ar, da água, da terra e aqueles das massas. Os astros são amontoados de corpúsculos ígneos e leves, que se movimentam sobre si mesmos. A lua tem seus vales, montanhas e planícies. O sol é um globo imenso de fogo. Os corpos celestes são conduzidos por um movimento de oriente a ocidente. Quanto mais sua órbita é próxima à Terra, mais lentamente se move. Os cometas são amontoados de planetas tão próximos que estimulam a percepção de um todo. Caso se comprima em um espaço muito estreito uma grande quantidade de átomos, formar-se-á uma corrente; se, ao contrário, estiverem dispersos em um vazio muito grande, permanecerão em repouso. No começo, a Terra foi levada pela imensidão do espaço com movimento irregular. Com o tempo, adquiriu consistência e peso e seu movimento, pouco a pouco, desacelerou-se, cessando por fim. Ela deve o repouso à sua extensão e gravidade. É um vasto disco que divide o espaço infinito em dois hemisférios, um superior e outro inferior. Ela permanece imóvel pela eqüidade de forças dos dois hemisférios. Se se considera a seção do espaço universal, relativamente aos dois pontos determinados deste espaço, ela será reta ou oblíqua. É neste sentido que o eixo da Terra está inclinado. A Terra é cheia de água e a distribuição desigual deste fluido em imensas e profundas concavidades é o que causa e conserva seus movimentos. Os mares decrescem continuamente e secarão. Os homens saíram do limo e da água. A alma humana é o calor dos elementos do corpo; e por este calor o homem se movimenta e vive. A alma é mortal e se dissipa com o corpo. A parte que reside no coração, reflete, pensa e quer; e aquela que está espalhada uniformemente pelos demais lugares do corpo apenas sente. O movimento que engendrou os seres destruídos os reformará. Os animais, os homens e os deuses têm cada um seus próprios sentidos, e os nossos são espelhos que recebem a imagem das coisas. Toda sensação é um contato. A distinção de dia e noite é uma expressão natural do tempo.

Teologia de Demócrito
Há coisas naturais compostas de átomos muito sutis que a nós se mostram apenas nas sombras. São gigantescos simulacros e sua dissolução é mais rara e difícil do que as de outras naturezas. Tais seres têm voz e são mais instruídos do que nós. Há no futuro acontecimentos que podem prever e nos anunciar – alguns benfazejos, outros nocivos. Eles habitam os ares e possuem a figura humana. Suas dimensões podem recobrir distâncias imensas. De onde se vê que Demócrito tomou como seres reais os fantasmas de sua imaginação e com tais visões compôs sua própria teologia. Algo que aconteceu a muitos outros em seu tempo e que nela acreditavam.

Moral de Demócrito
A saúde do corpo e o repouso da alma são os bens soberanos do homem. O homem sábio não se apega fortemente a nada do que lhe possa ser tirado. É preciso conformar-se com o que acontece pela contemplação do possível. O filósofo não pedirá nada e tudo merecerá; jamais se espantará e se fará sempre admirado. É a lei que faz o bem e o mal, o justo e o injusto, o decente e o desonesto. O conhecimento do necessário é mais desejável do que o gozo do supérfluo. A educação faz homens mais honestos do que a natureza. Não é preciso correr atrás da fortuna, a não ser até o ponto demarcado pela necessidade natural. Bem serão evitados os sofrimentos e os esforços se conhecermos nossas forças e nada nos propusermos além delas, no âmbito privado e em sociedade. Aquele que agir conforme o seu caráter saberá o que lhe pode advir. As leis não retiram a liberdade senão àqueles que dela abusam. Não se está infeliz quando longe da injustiça. O mau que ignora a ruína final e está consciente de sua maldade, vive com medo, morre ansioso

e não pode evitar esperar uma injustiça ulterior, que não existe, o que mereceu daquela que existe. A boa saúde está nas mãos do homem. A intemperança concede alegrias curtas e longos desprazeres.

Demócrito tomou por discípulo a Protágoras, um de seus concidadãos, e o tirou da condição de carregador para elevá-lo à de filósofo. Tendo considerado com olhos de mecânico o artefato especial que Protágoras havia imaginado para carregar confortavelmente uma grande carga, perguntou-lhe como houvera resolvido o problema; e tendo feito uma boa opinião de seu espírito engenhoso, o tomou junto a si.

Protágoras professou a filosofia e a eloqüência e cobrou caro suas lições. Escreveu um livro sobre a natureza dos deuses, que lhe valeu o nome de ímpio e lhe rendeu perseguições. A obra começava por essas palavras: "Não sei se há deuses. A profundidade desta perquirição, junto à brevidade da vida, condenaram-me a ignorá-los para sempre". Protágoras foi banido, seus livros perseguidos, queimados e lidos. *Punitis ingeniis gliscit autoritas* (A punição dos sábios faz crescer sua autoridade). O que nos transmitiu de sua filosofia nada tem de particular. É a metafísica de Xenófanes e a física de Demócrito.

O eleático Diágoras, da ilha de Melos, foi outro ímpio. Nasceu na 38ª Olimpíada. As desordens que observou no terreno da física e da moral o levaram a negar a existência dos deuses. Não ocultou sua maneira de pensar, apesar dos perigos aos quais se expôs. O governo pôs sua cabeça a prêmio por meio de uma coluna de bronze pela qual se prometia um talento a quem o matasse e dois a quem o trouxesse vivo. Uma de suas imprudências foi ter pego uma coluna em madeira de Hércules, em lugar de lenha, para cozinhar nabos. O navio que o levou para longe da pátria foi colhido por uma violenta tempestade e os marinheiros, gente supersticiosa, começaram a invectivá-lo por estar a bordo. Mas o filósofo, apontando outros navios que não corriam menos perigos, perguntou-lhes, com sangue frio, se também carregavam algum Diágoras. Em outra circunstância, respondeu a um amigo da Samotrácia, que lhe mostrava o grande número de ex-votos oferto a Netuno por viajantes salvos de naufrágios, se os sacerdotes se sentiriam igualmente orgulhosos se se pudessem conservar registros dos homens honestos que Netuno houvera feito perecer. Nosso ateu deu boas leis aos de Mantinéia e morreu tranqüilamente em Corinto.

Anaxarco de Abdera foi mais famoso pela licenciosidade de seus hábitos do que por suas obras. Gozou do favor de Alexandre e ocupou-se em corromper este jovem príncipe com adulações. Conseguiu torná-lo inacessível à verdade e teve a baixeza de lhe consolar pela morte de Clitus. "An ignoras", lhe disse, "jus et fas Jovi assidere, ut quidquid rex agat, id fas justumque putetur?" (Ignoras que o direito humano e a lei divina assistem a Júpiter, de modo que, faça o que fizer o rei, é considerado justo e legal?). Pediu-lhe durante muito tempo a morte de Nicocréon, tirano da ilha de Chipre. Uma tempestade, no entanto, o atirou nas mãos deste perigoso inimigo. Como Alexandre já não existia, Nicocréon o pilou em um almofariz. O infeliz morreu com a firmeza digna de um homem honesto. Gritava sob os golpes de pilão: "Anaxarchi culeum, non Anaxarchum tundis" (Espancas o saco que cobre Anaxarco, não Anaxarco). Diz-se também dele que cortou a língua com os dentes e a cuspiu no tirano.

EPICURISMO. (História da filosofia) A seita eleática deu nascimento à seita epicurista e nunca uma filosofia foi menos entendida e mais caluniada do que a de Epicuro. Acusou-se o filósofo de ateísmo, embora ele admitisse a existência de deuses, freqüentasse templos e se prosternasse aos pés dos altares. Foi visto como apologista da devassidão, logo ele cuja vida era uma prática contínua de virtudes, sobretudo a da temperança. O preconceito generalizou-se tão largamente que é necessário confessar, para a vergonha dos estóicos, que o difundiram em suas obras, que os epicuristas foram pessoas muito honestas de má reputação. Mas com o intuito de fazermos um julgamento mais claro da doutrina de Epicuro, apresentaremos o próprio filósofo, cercado por seus discípulos, e lhes dando lições à sombra das árvores que ele plantou. É ele, pois, quem falará ao longo deste artigo e esperamos da eqüidade do leitor que ele bem desejará lembrar-se dele. A única coisa a que nos permitimos é indicar, entre os seus princípios, as conseqüências mais imediatas que deles podem ser deduzidas.

Da Filosofia em Geral

O homem nasceu para pensar e agir, e a filosofia foi feita para dar regras ao entendimento e à vontade dos homens. Tudo o que se afasta desse fim é frívolo. A felicidade se conquista pelo exercício da razão, pela prática da virtude e pelo uso moderado dos prazeres. O que pressupõe as saúdes do corpo e da alma. Se o mais importante dos conhecimentos é o que nos diz o que evitar e fazer, o jovem não pode entregar-se a ele muito cedo, nem o velho a ele renunciar muito tarde. Distingo entre os meus discípulos três espécies de caráter: há homens, como eu, que nenhum obstáculo desencoraja e que avançam sozinhos, com um movimento que lhes é próprio, em busca da verdade, da virtude e da felicidade; outros, como Metrodoro[20], que precisam de um exemplo que os encoraje; e, finalmente, aqueles como Hemarco, a quem é indispensável uma certa violência. Eu os amo e a todos estimo. Oh, meus amigos, há algo mais antigo do que a verdade? Não existia antes de todos os filósofos? Portanto, o filósofo desprezará toda autoridade

20. Metrodoro de Lâmpsaco foi um dos alunos mais próximos de Epicuro, tendo escrito, segundo Diógenes Laércio, *Aos Médicos, Das Sensações, Contra Timócrates, Da Magnanimidade, Contra os Dialéticos, Contra os Sofistas, Da Riqueza, Do Caminho da Sabedoria* e *Da Nobreza.*

e se dirigirá retamente para a verdade, afastando todos os fantasmas inúteis que surgirão na caminhada, assim como a ironia de Sócrates e a volúpia de Epicuro. Por que o povo permanece mergulhado no erro? É porque tomam palavras como se fossem fatos e provas. Criem seus princípios; que eles sejam em pequeno número, mas fecundos em conseqüências; não negligencieis o estudo da natureza, mas aplicai-vos sobretudo à ciência dos costumes. De que nos servirão o conhecimento aprofundado dos seres exteriores a nós, se podemos, sem tal instrução, dissipar o medo, remediar a dor e satisfazer a nossas necessidades? O uso da dialética levado a excessos degenera na arte de semear espinhos em todas as ciências. Detesto tal arte. A lógica verdadeira pode reduzir-se a poucas regras. Existem na natureza as coisas e nossas idéias e, por conseguinte, não há senão duas espécies de verdade – uma de existência, outra de indução. As verdades de existência pertencem aos sentidos; as de indução, à razão. A precipitação é a fonte principal de nossos erros; daí que eu não deixaria de vos dizer: *esperai*. Sem o uso conveniente dos sentidos não há pré-noções ou idéias; e sem elas não há nem opinião nem dúvida. Longe de poder trabalhar na procura da verdade, nem mesmo se tem condições de elaborar signos. Multiplicai, pois, as pré-noções pelo uso contumaz de vossos sentidos; estudai o valor preciso dos signos que outros instituíram e determinai cuidadosamente o valor daqueles que instituireis. Se resolverdes falar, preferi as expressões mais simples e comuns, ou temei não ser entendidos ou ainda perder tempo em vos interpretar a vós mesmos. Quando escutardes, aplicai-vos a sentir toda a força das palavras. É pelo esforço contínuo destes princípios que chegareis a discernir sem esforço o verdadeiro, o falso, o obscuro e o ambíguo. Mas não é suficiente introduzir a verdade em vossos raciocínios, pois também é preciso saber usar a sabedoria em vossas ações. Em geral, quando a volúpia não trouxer nenhum sofrimento posterior, não hesitai em abraçá-la. E se o pesar que produzir for ainda menor do que ela, abraçai-a ainda uma vez. E abraçai mesmo o sofrimento que vos prometer um grande prazer. Vós calculareis mal quando vos abandonardes a uma volúpia que vos causará um grande mal, ou que vos privará de um grande prazer.

Da Fisiologia em Geral

Que objetivo nos propomos no estudo da fisiologia? Conhecer as causas gerais dos fenômenos, a fim de que, livres de todos os terrores inúteis, nos entreguemos sem remorsos aos nossos apetites razoáveis. E após ter gozado a vida, a deixemos sem mágoas.

Nada é feito do nada. O universo sempre foi e sempre será. Só existem a matéria e o vazio, pois não concebemos nenhum ser intermediário. Agregai à noção de vazio a da impenetrabilidade, a da forma e a do peso e tereis a idéia da matéria. Separai desta as mesmas qualidades e tereis a noção do vazio. Considerada a natureza, abstraída da matéria, tem-se o vazio; o vazio ocupado dá-nos a noção de lugar; o lugar percorrido dá-nos a idéia de região. Que entendemos por espaço senão o vazio considerado como algo extenso? A necessidade do vazio é demonstrada por si mesma, pois, sem ele, onde os corpos existiriam? Onde se movimentariam? Mas o que é o vazio? É uma qualidade, uma coisa. Não é uma qualidade. E se é uma coisa, é coisa corpórea? Disso não se pode duvidar. Esta coisa uniforme, homogênea, imensa, eterna, atravessa todos os corpos sem alterá-los, os determina, demarca seus limites e os contém. O universo é o agregado da matéria e do vazio. Ambos são infinitos, pois se o vazio fosse infinito e a matéria finita, nada reteria os corpos e limitaria seus desvios: os choques e as repercussões cessariam de ocorrer. E o universo, longe de formar um todo, tornar-se-ia um amontoado de corpos isolados, de curta duração, perdidos na imensidão do espaço. Se, ao contrário, a matéria fosse infinita e o espaço finito, haveria corpos que não estariam no espaço, o que é absurdo. Por conseguinte, não aplicaremos ao universo nenhuma dessas expressões pelas quais distinguimos as dimensões e determinamos pontos nos corpos finitos. O universo é imóvel, pois não há espaços além; é imutável, porque não é suscetível de crescimento ou diminuição; é eterno, dado que não começou e não terminará. No entanto, os seres se movem, as leis se executam e os fenômenos se sucedem. Entre tais fenômenos, uns se produzem, outros permanecem e outros passam. Mas tais vicissitudes são relativas às partes, não ao todo. A única conseqüência que se pode tirar das gerações e destruições é que há elementos com os quais os seres são criados e nos quais se extinguem. Não se concebe nem formação nem resolução sem a idéia de composição, e não se tem a idéia de composição sem que se admita a de partículas simples, primitivas e constituintes. São essas partículas que chamamos *átomos*. O átomo não pode dividir-se, simplificar-se ou extinguir-se; é essencialmente inalterável e finito. Donde se segue que em um composto finito, qualquer que seja, não existe nenhuma espécie de infinito, nem em grandeza, nem em extensão, nem em quantidade. Homogêneos em relação à sua solidez e inalterabilidade, os átomos possuem qualidades específicas que os diferenciam. Tais atributos são: a grandeza, a forma, o peso e todos aqueles que daí derivam, tais como o liso e o anguloso. Não convém colocar em meio a estes últimos o quente, o frio e outros semelhantes, pois seria confundir as qualidades imutáveis com as momentâneas. Embora atribuamos ao átomo todas as dimensões do corpo sensível, ele é menor do que qualquer porção imaginável de matéria. Escapa aos nossos sentidos, cujo alcance é a medida do imaginável, seja em pequenez, seja em grandeza.

É pela diferença entre os átomos que se explica a maior parte dos fenômenos relativos às sensações e às paixões. Sendo a diversidade de formas uma conseqüência necessária da diversidade das dimensões, não seria impossível que em todo o universo não houvesse um composto perfeitamente igual a outro. Ainda que haja átomos angulosos ou aduncos, suas pontas não se embotam e os ângulos jamais se quebram. Para eles, o peso é uma qualidade essencial, pois que, se se movem ou tendem ao movimento, isto se deve a uma força intrínseca que não se pode conceber nem chamar salvo de *ponderação*[21]. O átomo tem dois movimentos principais: um de queda ou de ponderação, que o leva ou levaria sem o concurso de uma ação exterior, e o choque ou movimento de reflexão que recebe pelo contato com outro. Esta última espécie de movimento é variada, conforme a infinita diversidade das massas e das direções. A primeira, sendo uma energia intrínseca da matéria, precisa ser vista como a que conserva o movimento da natureza e a causa eterna das composições. A direção geral dos átomos levados pelo movimento de ponderação não é paralela, mas um pouco convergente. É a esta convergência que se relacionam os choques, as coerências, as composições dos átomos, a formação dos corpos, a ordem do universo com todos os seus fenômenos. Mas de onde nasce essa convergência? Da diversidade original dos átomos, tanto em massa e forma quanto em força de ponderação. Tanta é a velocidade de um átomo e a falta de resistência do vazio que, se ele não se deparar com nenhum obstáculo, percorrerá o maior espaço inteligível em tempo muito diminuto. Com efeito, o que o retardaria? O que é o vazio, considerando-se o movimento? Tão logo os átomos combinados tenham formado um composto, adquirem movimentos e ações, intrínsecas ou extrínsecas, diferentes no próprio agregado e no espaço. O que comumente denominamos *elementos* são compostos de átomos; podemos encará-los como princípios, mas não como os primeiros. O átomo é a primeira causa de tudo o que há e a matéria-prima de tudo o que é. É essencialmente ativo e por si mesmo. Esta atividade passa do átomo ao elemento e deste às coisas compósitas, e varia segundo todas as possíveis elaborações.

21. Seria uma capacidade própria ao átomo de declinar, isto é, de movimentar-se para fora de um eixo ou ponto fixo.

Mas toda atividade produz ou o movimento ou uma tendência a ele. Aqui se encontra o princípio universal das destruições e das regenerações. As vicissitudes dos compostos são modos do movimento e conseqüências da atividade essencial dos átomos que os constituem. Quantas vezes não atribuímos a causas imaginárias os efeitos desta atividade que pode, conforme as ocorrências, conduzir partes de um ser a distâncias imensas, ou abalá-lo, ou ainda a translações imperceptíveis? É ela que modifica o doce em ácido, o flexível em rígido etc. E o que é o destino, senão a universalidade das causas ou das atividades próprias do átomo, considerado individualmente ou em composição com outros? As qualidades essenciais e conhecidas dos átomos não são numerosas, mas elas são suficientes para a infinita variedade das qualidades dos compostos. Da maior ou menor separação dos átomos nascem o denso, o raro, o opaco, o transparente, assim como disso se deduz o fluido, o líquido, a duração, a maciez, o volume etc. Do que faríamos depender uma forma senão de partes que a compõem; e o peso, a não ser da força intrínseca das ponderações? E, no entanto, para falar com exatidão, nada existe em si que seja absolutamente leve ou pesado. O mesmo julgamento se faz para o frio e o quente. Mas o que é o tempo? Na natureza, é uma corrente de eventos e, em nosso entendimento, a fonte de milhares de erros. É preciso ter o mesmo juízo do tempo, pois na natureza não há corpo sem espaço e, sem eventos sucessivos, não há tempo. O movimento e o repouso são estados cujas noções são, em nós, inseparáveis do espaço e do tempo. Não há novas produções na natureza a menos que a diversidade das composições dos átomos as permita. O átomo, incriado e inalterável, é o princípio de toda geração e de toda corrupção. Segue-se de sua atividade intrínseca e essencial que não existe um elemento composto que seja eterno. No entanto, não seria de todo impossível que, após o nosso desaparecimento, não se faça uma combinação geral de toda a matéria, o que restituiria ao universo o mesmo aspecto que ele tem, ou ao menos uma combinação parcial de elementos que nos constituem, em razão da qual ressuscitaríamos. Mas seria sem a memória do passado, pois ela se apaga no momento da morte. O mundo é uma pequena porção do universo, que a fragilidade dos nossos sentidos fixou os limites, já que é, na verdade, ilimitado. Considerado relativamente às suas partes e à sua ordem recíproca, o mundo é um só; não tem alma e não é, portanto, um deus; sua formação não exige nenhuma causa inteligente ou suprema. Por que recorrer a causas semelhantes em filosofia, quando tudo pôde ser engendrado e se explica pelo movimento, pela matéria e pelo vazio? O mundo é fruto do acaso, e não a execução de um destino. Os átomos se puseram em movimento desde a eternidade. O que denominamos *caos* são os átomos quando considerados na agitação geral de onde os seres devem eclodir com o tempo; o que chamamos *mundo* são os átomos considerados na natureza, quando a ordem introduziu-se no espaço, tal como nós a vemos. Seria um preconceito conceber de outro modo a origem da terra, do mar e dos céus. A combinação dos átomos formou primeiro as sementes gerais; tais sementes se desenvolveram e todos os animais, sem exceção do homem, foram produzidos isoladamente. Quando as sementes se esgotaram, a terra cessou de produzi-las e as espécies se perpetuaram por vias diferentes de procriação. Evitemos relacionar conosco os intercâmbios da natureza; as coisas se fizeram sem que houvesse outra causa senão o encadeamento universal dos seres materiais que age tanto para nossa felicidade quanto para nossa desgraça. Deixemos também os gênios e os demônios; se existissem, muitas coisas ou não seriam, ou seriam de modo diferente. Os que imaginaram tais seres não eram filósofos e os que os vêem são apenas visionários. Se o mundo começou, por que não teria fim? Não é um todo composto, não é um composto finito? O átomo não conservou sua atividade neste grande composto, assim como em sua porção mais ínfima? Essa atividade não é igualmente um princípio de alteração e destruição? O que revolta a nossa imaginação são as falsas medidas que fizemos da extensão e do tempo; relacionamos tudo ao ponto do espaço que ocupamos e ao curto tempo de nossa duração. Mas para ajuizar nosso mundo é preciso compará-lo à imensidão do universo e à eternidade do tempo; então este globo será mil vezes mais extenso, entrará na lei geral e nós o veremos submetido a todos os acidentes da molécula. Só o átomo é imutável, inalterável, eterno. Os mundos passarão e só os átomos permanecerão como tais. A pluralidade dos mundos não contém nada de repugnante. Podem haver mundos semelhantes e diferentes do nosso. É preciso considerá-los como um grande turbilhão, uns apoiados sobre outros, a envolver outros ainda menores, e que juntos preenchem o vazio infinito. No meio do movimento geral que produz o nosso mundo, este amontoado de átomos a que chamamos Terra ocupa o centro; outros formaram o céu e os astros que o iluminam. Não nos deixemos impressionar pela queda dos corpos pesados; eles não têm um centro comum; caem paralelamente. E concluamos sobre o absurdo dos antípodas. A Terra não é um corpo esférico, é um grande disco que a atmosfera mantém suspenso no espaço. Ela não tem alma e não é, portanto, uma divindade. Seus tremores devem ser atribuídos às exalações subterrâneas, aos choques súbitos, ao encontro de elementos opostos e à ação do fogo. Se os rios não aumentam os mares é porque, relativamente a esses volumes de água, a seus imensos reservatórios e à quantidade de vapores que o sol faz elevar das superfícies, eles não passam de fracas correntes. As águas dos mares se espalham por toda a massa terrestre, a banham, encontram-se e confluem de novo nas bacias de onde se extravasaram. É nesta circulação que perdem seu gosto amargo. As inundações do Nilo são provocadas pelos ventos etésios, que elevam o mar na embocadura do rio, acumulando diques de areia que o fazem refluir sobre si mesmo. As montanhas são tão antigas quanto a Terra. As plantas têm em comum com os animais o nascer, nutrir-se, crescer, exaurir-se e morrer. Mas não é a alma que as vivifica. Tudo acontece nesses seres pelo movimento e pela interposição. Nos animais, cada órgão elabora uma porção de semente e a transmite a um depósito comum; daí esta analogia própria às moléculas seminais, que as separa, as distribui e dispõe cada uma a formar uma parte semelhante àquela que a preparou e a todas para engendrar um animal semelhante. Nenhuma inteligência preside tal mecanismo. Tudo ocorre como se ela não existisse; e por que a suporíamos? Os olhos não foram feitos para ver, nem os pés para andar. Mas o animal teve pés e caminhou; teve olhos e viu. A alma humana é corpórea. Os que dizem o contrário não são inteligíveis e falam sem ter idéias. Se fosse incorpórea, como pretendem, ela não poderia agir nem padecer. Sua heterogeneidade a tornaria impossibilitada de atuar sobre o corpo. Recorrer a um princípio imaterial, a fim de explicar esta ação, não é resolver a dificuldade, é apenas transportá-la para outro objeto. Se houvesse na natureza algum ser que pudesse modificar as naturezas, a verdade seria um nome em vão. Ora, para que um ser imaterial fosse um instrumento aplicável a um corpo, seria necessário mudar a natureza de um ou de outro. Mas evitemos confundir a alma com o resto da substância animal. A alma é um composto de átomos tão unidos, tão leves e móveis que ela pode separar-se do corpo sem que ele perca peso sensivelmente. Esta rede, apesar de sua extrema sutileza, possui várias qualidades distintas: é aérea, ígnea, móvel e sensível. Difundida por todo o corpo, é a causa das paixões, das ações, dos movimentos, das faculdades, dos pensamentos e das demais funções espirituais ou animais. É ela quem sente, mas conserva esta potência do corpo. No momento em que a alma separa-se do corpo, a sensibilidade se desvanece, pois era o resultado daquela união. Os sentidos são um tato diversificado. Dos próprios corpos, e sem cessar, se desprendem simulacros que lhes são parecidos e que vêm impressionar os nossos sentidos. Os sentidos são comuns aos homens e aos animais. A razão pode ser exercida mesmo quando os sentidos repousam.

Entendo por *espírito* a porção da alma a mais sutil. O espírito encontra-se difuso por toda a substância da alma, assim como esta está em toda a substância do corpo. Ambos estão unidos e formam um ser apenas. Ele produz seus atos em instantes quase indivisíveis e tem sede no coração. Com efeito, é dali que emanam a alegria, a tristeza, a força, a pusilanimidade etc. A alma pensa, como o olho vê, por meio de simulacros ou ídolos. É afetada por dois sentimentos gerais, a dor e o prazer. Quando o estado natural das partes do corpo é perturbado, ocorre o sofrimento. Restituídas as partes do corpo ao seu estado natural, tem-se o prazer. Se essas partes, ao invés de oscilar, pudessem permanecer em repouso, ou deixaríamos de sentir, ou, congelados num estado de paz inalterável, experimentaríamos talvez a mais voluptuosa de todas as situações. Da dor e do prazer nascem a aversão e o desejo, respectivamente. Em geral, a alma abre-se e desabrocha com o prazer; e murcha e se fecha com a dor. Viver é experimentar tais sentimentos alternados. As paixões variam segundo a combinação dos átomos que compõem o tecido da alma. Os ídolos impressionam os sentidos; os sentidos despertam a imaginação; esta excita a alma e a alma faz mover o corpo. Se o corpo cai de enfraquecimento ou de fadiga, a alma estafada ou já distraída sucumbe ao sono. O estado em que ela se percebe obsedada por simulacros errantes, que a aborrecem ou a distraem involuntariamente, chama-se insônia ou sonho, conforme o grau de consciência da situação. A morte é a interrupção permanente da sensibilidade. Se o corpo se dissolve, a alma é dissolvida, suas faculdades desaparecem. Não pensa mais, não mais se lembra, não sofre e não age. A dissolução não é uma aniquilação, é apenas uma separação de partículas elementares. A alma não existia antes da formação do corpo; por que motivo permaneceria após sua destruição? Como não existem mais os sentidos após a morte, a alma não é capaz nem de dor nem de prazer. Longe de nós, portanto, a fábula dos infernos e do Eliseu e todos esses contos mentirosos cuja superstição apavora os maus a quem ela ainda não puniu o bastante por seus crimes, e alimenta os bons que ainda não se julgam recompensados pela própria virtude. Concluamos que o estudo da natureza não é supérfluo, pois conduz o homem a conhecimentos que lhe asseguram a paz de espírito, que o libertam de todos os medos vãos, que o elevam ao nível dos deuses e o conduzem às únicas razões para cumprir com seus deveres. Os astros são aglomerados de fogo. Comparo o sol a um corpo esponjoso cujas cavidades imensas se vêem penetradas por matéria ígnea, que se lança em todas as direções. Os corpos celestes não têm alma; logo, não são deuses. Entre esses corpos, há os fixos e os errantes. Os últimos são chamados de *planetas*. Embora nos pareçam todos esféricos, pode haver os cilíndricos, os cônicos, os anelares ou em formas de porções da esfera. Todas essas figuras e muitas outras não contradizem os fenômenos. Seus movimentos são executados em conseqüência de uma revolução geral do céu, que os arrasta, ou por uma translação que lhes é própria e com a qual eles atravessam a vasta extensão do céu que lhe é permeável. O sol se eleva e se põe, sobe e desce o horizonte, ou ainda ilumina-se a oriente e apaga-se a ocidente, consome-se e reproduz-se diariamente. Este astro é a lareira central de nosso mundo; de lá, todo o calor se espalha e não é preciso mais do que algumas centelhas deste fogo para abrasar toda a nossa atmosfera. A lua e os planetas podem brilhar por luz própria ou emprestada ao sol; os eclipses podem ter por causa ou a própria extinção momentânea do corpo eclipsado, ou a interposição de um corpo que o faz eclipsar-se. Se acontece a um planeta atravessar regiões cheias de matéria contrária ao fogo e à luz, ele não será eclipsado? As nuvens são ou massas de um ar condensado pela ação dos ventos, ou aglomerados de átomos acumulados pouco a pouco, ou ainda vapores elevados da terra e dos mares. Os ventos são ou correntes de átomos na atmosfera, ou talvez sopros impetuosos que escapam da terra e dos mares, ou mesmo uma porção de ar posta em movimento pela ação do sol. Se moléculas ígneas se agrupam, formam massa e são pressionadas para dentro de uma nuvem, elas tenderão forçosamente a escapar e a nuvem se entreabrirá com relâmpagos e trovões. Quando as águas suspensas na atmosfera são raras e esparsas, retornam em chuva sobre a terra, seja por seu próprio peso, seja pela agitação dos ventos. E o mesmo fenômeno acontecerá quando formarem massas espessas e o calor torná-las rarefeitas ou o vento as dispersar. Elas formam gotas, ao entrechocarem-se na queda; essas gotas, geladas pelo frio ou pelo vento, constituem o granizo. O mesmo fenômeno sucede se um calor súbito dissolver uma nuvem gelada. Quando o sol se encontra em especial oposição a uma nuvem e a atinge com seus raios, forma-se o arco-íris. As cores do arco-íris são resultado daquela oposição particular e do ar úmido que as produz todas, ou então uma só que se diversifica conforme a região que atravessa e a maneira pela qual se movimenta. Quando a terra está encharcada por longas chuvas e se aquece por calores violentos, os vapores que se elevam infectam o ar e espalham a morte ao longe.

Da Teologia

Após ter posto como princípio que não há na natureza senão a matéria e o vazio, o que pensaríamos dos deuses? Abandonaremos nossa filosofia para nos sujeitarmos às opiniões populares ou diremos que os deuses são seres corporais? Porque são deuses, são felizes. Gozam de si mesmos em paz e nada do que ocorre aqui embaixo os afeta ou desconcerta. Está suficientemente provado pelos fenômenos do mundo físico e do mundo moral que eles não tiveram nenhuma interferência na geração dos seres e que nada fazem para sua conservação. Foi a própria natureza que nos colocou na alma a noção de sua existência. Qual o povo, por mais bárbaro que seja, que não tenha uma noção dos deuses? Nós nos oporíamos a este consentimento geral dos homens? Rebelarnos-íamos contra a voz da natureza? Ela não mente. A existência dos deuses está provada por nossas noções primárias. Muitos fenômenos lhes foram atribuídos por não conhecermos as suas causas e a natureza dos seres. Tantos outros erros não são garantia desta crença geral? Se um homem se sentiu tocado no sonho por um grande simulacro, do qual conservou a memória ao acordar, chega à conclusão que aquele ídolo tinha, necessariamente, seu modelo na natureza. As vozes que pode ter ouvido não lhe permitiram duvidar que provinham de uma natureza inteligente, assim como a constância da aparição em tempos diferentes, sob uma forma semelhante, que fosse imortal. Mas o ser que é imortal é inalterável e o que é inalterável é perfeitamente feliz, pois não age sobre nada e nada atua sobre ele. A existência dos deuses foi, portanto, e terá sempre, uma existência estéril, pela simples razão de que não pode ser alterada. Pois é preciso que o princípio da atividade, fonte criadora de toda destruição e de toda reprodução, torne-se nulo nos seres. Deles nada temos o que esperar e nada a temer. O que são, por conseguinte, a divinação, os prodígios, as religiões? Se a eles fosse devido algum culto, seria aquele de admiração que não se pode recusar a tudo o que nos oferece a imagem sedutora da perfeição da felicidade. Somos levados a crer nos deuses de modo humano, tal como todas as nações o fizeram. É o único modo pelo qual a razão se exerce e a virtude se pratica. Se sua substância fosse incorpórea, não possuiriam sentidos, percepção, prazer ou dor. Seus corpos, todavia, não são como os nossos, e sim uma combinação semelhante de átomos mais sutis; trata-se da mesma organização, mas composta de órgãos infinitamente mais perfeitos. É de uma natureza tão liberta, tão tênue, que nenhuma causa pode alcançá-la, alterá-la, nem a ela unir-se ou dividi-la, não podendo ter qualquer ação. Ignoramos o lugar onde habitam, mas este mundo, sem dúvida, não é digno deles. Bem poderiam ocupar os intervalos vazios que entre eles deixam os mundos contíguos.

Da Moral

A felicidade é o objetivo da vida, a confissão secreta do coração humano. É o termo evidente das ações, mesmo quando dele se afastam. Aquele que se mata tem a morte por um bem. Não se trata de reformar a natureza, mas de dirigir sua inclinação geral. O que pode acontecer de mal ao homem é o de ver a felicidade onde ela não existe, ou vê-la onde existe, mas enganar-se com os meios de obtê-la. Qual seria, pois, o primeiro passo de nossa filosofia moral se não o de procurar no que consiste a verdadeira felicidade? Que este estudo de máxima importância seja a nossa ocupação permanente. Pois já que desejamos ser felizes desde agora, não deixemos para amanhã sabê-lo. O insensato sempre se propõe a viver, e não vive jamais. E não é dado senão aos imortais ser soberanamente felizes. Uma loucura contra a qual devemos nos garantir é a de esquecermos que somos apenas humanos. Já que nos desesperamos de não ser tão perfeitos quanto os deuses, nos tomemos por modelos e decidamos não ser tão felizes quanto eles. Se os meus olhos não penetram a imensidão dos espaços, desdenharia abri-los para os objetos que me envolvem mais de perto? Tais objetos chegarão a ser uma fonte inexaurível de volúpia, se souber aproveitá-los ou negligenciá-los. A dor é sempre um mal e o prazer um bem. Mas não há prazer puro. As flores crescem aos nossos pés, mas é necessário abaixar-se para colhê-las. No entanto, oh prazer! É por ti somente que fazemos o que fazemos; não é a ti que evitamos, mas o sofrimento que freqüentemente te acompanha. Tu aqueces nossa razão fria; é de tua energia que nasce a firmeza da alma e a força da vontade. És tu que nos move e transporta, quando colhemos rosas para com elas compor um leito para a jovem beleza que nos fascinou, e quando, enfrentando a fúria dos tiranos, nos convertemos, de cabeça baixa e de olhos fechados, em touros ardentes. A volúpia adquire todas essas formas. Portanto, é preciso conhecer bem o preço dos objetos sob os quais a nós ela se apresenta, a fim de que não estejamos inseguros sobre quando convém acolhê-la ou rejeitá-la, viver ou morrer. Após a saúde da alma, nada existe de mais precioso do que a saúde do corpo. Se a saúde do corpo se faz sentir em alguns membros em particular, ela nem sempre é geral, assim como se a alma se entrega em excesso a uma virtude, não é inteiramente virtuosa. O músico não se contenta em afinar algumas cordas de sua lira e seria assim desejável para a harmonia da sociedade que nós o imitássemos e não permitíssemos às nossas virtudes e paixões serem muito frouxas ou retesadas, ou ainda provocar sons muito graves ou muito agudos. Se nos interessarmos por nossos semelhantes, encontraremos prazer em cumprir com nossos deveres, pois é um meio seguro de sermos por eles considerados. Não desprezemos os prazeres dos sentidos, mas também não nos auto-injuriemos, comparando o que é honesto com o sensual. Como poderia alguém ser feliz, enganando-se na escolha de um estado de espírito? Como escolher um estado sem conhecer-se? E como se contentar em seu estado se estão confundidas as necessidades da natureza, os apetites das paixões e os desvios da fantasia? É necessário ter um fim presente na alma caso não se queira agir de modo aventureiro. Nem sempre é impossível apoderar-se do futuro. Tudo deve tender à prática da virtude, à conservação da liberdade e da vida, ao menosprezo da morte. Enquanto somos, a morte não é nada, e nada é ainda quando não somos mais. Tememos os deuses porque os fizemos parecidos com os homens. O que é o ímpio senão aquele que adora os deuses do povo? Se a verdadeira piedade consistisse em se prosternar em frente a pedras talhadas, nada haveria de mais comum; mas como consiste em julgar sadiamente a natureza dos deuses, trata-se de uma virtude rara. Aquilo que se chama *direito natural* outra coisa não é do que um símbolo de utilidade geral. A utilidade geral e o assentimento comum devem ser as duas grandes regras de nossas ações. Não há certeza de que um crime permaneça ignorado; aquele que o comete é, pois, um insensato que joga uma partida na qual há mais a perder do que a ganhar. A amizade é um dos maiores bens da vida, e a decência, uma das maiores virtudes da sociedade. Sede decentes, pois não sois animais, viveis em cidades e não no fundo das florestas.

Eis os pontos fundamentais da doutrina de Epicuro, o único entre todos os filósofos antigos que soube conciliar sua moral com aquilo que julgava a verdadeira felicidade dos homens, tanto quanto seus preceitos com os apetites e necessidades da natureza. Portanto, teve e sempre terá um grande número de discípulos. Nos fazemos estóicos, mas nascemos epicuristas.

Epicuro era ateniense, da vila de Gargeto e da tribo de Egeu. Seu pai chamava-se Neocles e sua mãe, Queréstrata. Seus ancestrais foram importantes, mas a indigência havia envilecido os descendentes. Neocles, herdeiro de apenas uma pequena lavoura, que não preenchia a subsistência, fez-se professor de escola; a velha e boa Queréstrata, de mãos dadas com o filho, percorria as casas para fazer purificações, espantar espectros e desfazer encantamentos. E foi Epicuro quem lhe ensinou as fórmulas expiatórias e todas as bobagens desta espécie de superstição.

Epicuro nasceu no terceiro ano da centésima nona olimpíada, no sétimo dia do mês de Gamelião. Teve três irmãos: Neocles, Querédemo e Aristóbulo. Plutarco os menciona como modelos de rara ternura fraternal. Epicuro permaneceu em Teos até os dezoito anos. Depois dirigiu-se a Atenas com a pequena provisão de conhecimentos feita na escola de seu pai. Mas sua permanência não foi ali muito demorada. Alexandre morreu, Pérdicas devastou a Ática e ele foi obrigado a perambular por Cólofon, Mitilene e Lâmpsaco. As convulsões populares interromperam seus estudos, mas não lhe impediram de fazer progressos. Os homens de gênio, como Epicuro, perdem pouco tempo; sua atividade se debruça sobre tudo; eles observam e se instruem sem se aperceberem. E as luzes adquiridas, quase sem esforço, são ainda mais estimáveis por dizerem respeito a temas os mais amplos, enquanto o naturalista, que tem um olho aplicado na extremidade de um instrumento capaz de aumentar um objeto particular, não goza do espetáculo geral da natureza que o circunda. Algo semelhante se passa como o filósofo; não entra na cena do mundo senão quando sai de seu gabinete; é lá que recolhe estes germes de conhecimento que permanecem muito tempo ignorados no fundo de sua alma, pois não é devido a uma meditação profunda e determinada que ele os percebe, mas a olhares acidentais; germes preciosos que se desenvolvem cedo ou tarde para a felicidade do gênero humano.

Tinha 37 anos quando reapareceu em Atenas. Foi discípulo do platônico Pânfilo, de quem menosprezou soberanamente as visões. Também não pôde agüentar os sofismas perpétuos de Pirro e saiu da escola do pitagórico Nausífanes, descontente com os números e a metempsicose. Conhecia muito bem a natureza do homem e seu poder para se acomodar à severidade do estoicismo. Contentou-se em folhear obras de Anaxágoras, de Arquelau, de Metrodoro e de Demócrito. Vinculou-se particularmente à filosofia deste último e com ela deu fundamentos à sua própria.

Os platônicos ocuparam a Academia, os peripatéticos, o Liceu, os cínicos, o Cinosargo, os estóicos, o Pórtico; Epicuro estabeleceu sua escola em um delicioso jardim, cujo terreno comprou e fez plantar, tendo em mira aquela finalidade. Foi ele quem ensinou aos atenienses transportar o espetáculo do campo para o interior da cidade. Tinha 44 anos quando Atenas, assediada por Demétrio, foi desolada pela fome. Resolvido a viver ou morrer com seus amigos, Epicuro distribuiu diariamente suas favas, compartilhando-as com eles. Vinham ao seu jardim pessoas de todas as regiões da Grécia, do Egito e da Ásia, atraídas por suas luzes e virtudes, mas sobretudo pela conformidade de seus princípios com os sentimentos naturais. Todos os filósofos do tempo pareciam ter conspirado contra os prazeres dos sentidos e a volúpia; pois Epicuro os defendeu e a juventude ateniense, enganada pela palavra volúpia, correu a lhe escutar. Tratou com seriedade a fraqueza de seus ouvintes e demonstrou tanta habilidade em conservá-los quanto em fazê-los aderir. Desenvolvia seus princípios lentamente; suas lições eram dadas à mesa ou em passeios e, assim, era no conforto dos leitos e à sombra das matas que lhes inspirava o entusiasmo pela virtude, a temperança, a frugalidade, o amor pelo bem público, a firmeza do espírito, o gosto racional do prazer e o menosprezo da vida. Sua escola, obscura no início, terminou por ser uma entre as de maior repercussão e afluência.

Epicuro viveu em celibato. As inquietações que se seguem ao casamento pareceram-lhe incompatíveis com o exercício assíduo da filosofia. Queria, além disso, que a mulher do filósofo fosse sábia, bela e rica. Ocupava-se em estudar, escrever e ensinar; compôs mais de trezentos diferentes tratados e nenhum deles nos restou. Não fazia muito caso daquela elegância à qual os atenienses eram sensíveis. Contentava-se em ser verdadeiro, claro e profundo. Foi querido pelos grandes, admirado pelos rivais e adorado pelos discípulos. Recebeu em seus jardins muitas mulheres célebres, como Leôncia, amante de Metrodoro, Temiste, mulher de Leôncio, Filenide, uma das mais respeitadas mulheres de Atenas, Necídia, Erotia, Hedia, Marmaria, Bátis e Fedra. Seus concidadãos, homens inclinados à maledicência e à superstição a mais espantosa, não o acusaram de ser devasso ou ímpio.

Os ferozes estóicos o cobriram de injúrias. Ele expôs sua personalidade, defendeu seus dogmas com força e ocupou-se em demonstrar-lhes a futilidade de seus sistemas. Arruinou a saúde por força do trabalho e nos últimos tempos de sua vida não pôde suportar o uso de roupas, descer de sua cama, expor-se à luz ou ao fogo. Urinava sangue e sua bexiga fechou-se pouco a pouco com cálculos. E, no entanto, escrevia a seus amigos que o espetáculo da vida passada aliviava suas dores. Quando sentiu aproximar-se o fim, mandou chamar os discípulos e legou-lhes o jardim. Assegurou condições para várias crianças desafortunadas, das quais se tornara tutor e libertou os escravos. Morreu com a idade de 72 anos, universalmente pranteado, no segundo ano da centésima vigésima sétima olimpíada.

A filosofia de Epicuro foi professada sem interrupção até os tempos de Augusto. Em Roma, fez grandes progressos. Ali a escola foi composta em sua maior parte por homens de letras e de Estado: Lucrécio cantou o epicurismo, Celso o seguiu sob Adriano, Plínio, o naturalista, sob Tibério. Os nomes de Luciano e de Diógenes Laércio são ainda celebrados entre os epicuristas. Com a decadência do império, no entanto, teve a sorte de todos os conhecimentos: somente saiu do esquecimento, de cerca de mil anos, no começo do século XVII, quando o descrédito das formas plásticas restabeleceu a honra dos átomos. Magnenus, de Luxueu, na Borgonha, publicou seu *Democritus reviviscens* (1646), obra medíocre, na qual o autor toma suas fantasias como se fossem sentimentos de Demócrito e de Epicuro. A ele sucedeu Pierre Gassendi, um dos homens que honram a filosofia e o país. Nasceu no mês de janeiro de 1592, em Chantesier, vila da Provence, a uma légua de Digne, onde fez seus estudos de humanidades. Tinha bons costumes, o julgamento sereno e profundos conhecimentos; versado em astronomia, filosofias antiga e moderna, metafísica, línguas, história e antigüidades, de uma erudição quase universal. Pôde-se dizer dele que jamais um filósofo foi melhor humanista, nem um humanista tão bom filósofo. A seus escritos não faltam ornamentos; é claro em suas argumentações e justo nas idéias. Foi, entre nós, o restaurador da filosofia epicurista. Sua vida foi cheia de contratempos; ora atacou, ora foi atacado, mas em suas disputas com Fludd, com milorde Herbert ou Descartes, sempre procurou ser honesto e ter a razão de seu lado.

Gassendi teve por discípulos ou seguidores vários homens que se imortalizaram, como Chapelle, Molière, Bernier, o abade de Chaulieu, grande prior de Vendôme, o marquês de la Fare, o cavaleiro de Bouillon, o marechal de Catinat e outras pessoas extraordinárias que, por um contraste de qualidades agradáveis e sublimes, reuniram em si o heroísmo com a ternura, o gosto da virtude com o do prazer, as qualidades políticas com os talentos literários, e que formaram entre nós diferentes escolas de epicurismo. A mais antiga delas encontrava-se na rua das Tournelles, na casa de Ninon Lenclos. Foi lá que esta mulher extraordinária reunia tudo o que a cidade e a corte possuíam de gente educada, esclarecida e voluptuosa. Viam-se ali madame Scarron, a condessa de Suze, célebre por suas elegias; a condessa de Olone, tão festejada por sua beleza e quantidade de amantes; Saint-Evremont, que professou o epicurismo em Londres, onde teve por discípulos o famoso conde de Grammont, o poeta Waller e madame de Mazarin; a duquesa de Bouillon Mancini, des Yvetaux, o senhor de Gourville, madame La Fayette, o senhor duque de la Rochefoucault e muitos outros, que formaram no Hotel de Rambouillet uma escola de platonismo, abandonada para aumentar a sociedade e escutar lições de epicurismo.

Após estes primeiros epicuristas, Bernier, Chapelle e Molière transferiram a escola para Auteuil, onde a ilustraram Bachamont, barão de Blot, cujas canções são raras e procuradas, e Desbarreaux, mestre de madame Deshouilleres nas artes da poesia e da volúpia.

À escola de Neuilly sucedeu a de Auteuil, mantida, pelo pouco tempo que durou, por Chapelle e M. M. Sonnings. Tão logo se instituiu, fundiu-se com as de Anet e du Temple. E que nomes célebres nos ofereceu esta última: Chapelle e seu discípulo Chaulieu, o senhor de Vendôme, madame e o senhor de Bouillon, o marquês de Fare, Rousseau, o abade Courtin, Campistron, Palaprat, o barão de Breteuil, pai do ilustre marquês de Châtelet; o presidente de Mesmes, o presidente Ferrand, o marquês de Dangeau, o duque de Nevers, o conde de Fiesque, o duque de Foix, o senhor de Périgny, Renier, o senhor de Lasseré, o duque de Feuillade, sendo esta escola a mesma que a de Saint Maur.

A escola de Sceaux reuniu tudo o que restava destes seguidores do luxo, da elegância, da polidez, da filosofia, das virtudes, das letras e dos prazeres e também contou com o cardeal de Polignac, que a freqüentava mais pelo gosto de estar com os epicuristas que pela doutrina, além de Hamilton, Saint Aulaire, la Motte, Voltaire, o senhor de Fontenelle e muitos acadêmicos e mulheres ilustres por seu espírito. Donde se vê que, em qualquer lugar e tempo que seja, a seita epicurista jamais teve tanta repercussão como em França e, sobretudo, no século passado.

ESTOICISMO, SEITA ESTÓICA OU ZENOÍSMO. (História da filosofia) O estoicismo saiu da escola cínica. Zenão, que havia estudado moral com Crates, foi seu fundador. Por isso se dizia que entre um cínico e um estóico apenas o hábito fazia diferença. No entanto, Zenão tornou sua filosofia mais extensa e interessante que a de Diógenes, pois não se restringiu a tratar dos deveres da vida. Compôs um sistema de filosofia universal, segundo os mestres que havia escutado, e deu aos exercícios da escola uma nova configuração.

Zenão nasceu em Cítio, cidade marítima da ilha de Chipre. Cítio havia sido construída como colônia fenícia, o que lhe valeu, por vezes, o reproche de ser apenas um estrangeiro ignóbil. Mnésio, seu pai, era comerciante e a educação de seu filho não foi por isso negligenciada. Os negócios do pai o levavam freqüentemente a Atenas e de lá não retornava sem trazer-lhe um livro de Sócrates. Com idade entre trinta e trinta e dois anos, ele mesmo foi à famosa cidade para vender púrpura e ouvir aqueles a quem havia lido. Tão logo desembarcou, perguntou onde alguns deles moravam. Mostraram-lhe Crates que passava e o aconselharam a segui-lo. Zenão assim o fez e tornou-se seu discípulo. Não se cansava de admirar o caráter elevado do mestre em suas condutas e discursos. Mas não concordava com o desprezo que se fingia ter pela decência na escola. Dedicou-se profundamente à reflexão e logo fez publicar uma obra intitulada *Da República*, escrita, conforme se dizia, "sob a cauda do cão"[22].

Os cínicos só se ocupavam da moral, não se interessando pelas demais ciências. Sob este ponto de vista, Zenão os desaprovava. Açulado pelo desejo de aumentar seus conhecimentos, abandonou Crates que suportou a deserção não sem sofrimento. Freqüentou outras escolas – Stílpon, por exemplo, ouviu durante dez anos; cultivou Xenócrates, Diodoro Cronos, Polêmon – e enriquecido pelos despojos de tais homens abriu sua própria seita sob o pórtico (*stoa*, daí a seita tomar o nome de estóica). O local estava particularmente adornado por quadros de Polignoto e de outros grandes mestres. Não lhe faltavam ouvintes e sua moral era bastante severa. Mas a sabia temperar com o charme da eloqüência. Foi assim que manteve atraída uma juventude libertina a quem seus preceitos nus e secos poderia afugentar. Era admirado e a ele facilmente se apegava. Sua reputação cresceu e conquistou até mesmo a benevolência dos reis. Antígono Gonates, da Macedônia, que não se esquivou de visitá-lo sob o pórtico, convidou-o a seus domínios. Zenão não foi, mas enviou Perseu, seu aluno. Dos atenienses recebeu não só o nome de grande filósofo, mas ainda o de excelente cidadão. Depositaram em sua casa as chaves das fortalezas da cidade e o honraram em vida com uma estátua de bronze. Era fraco de saúde, mas sóbrio; vivia costumeiramente de pão, figo e mel. Sua fisionomia era dura, mas o acolhimento amável. Embora conservasse a ironia de Diógenes, era mais temperada. Sua vida foi um pouco perturbada pela inveja que contra ele tiveram Arcesílaos e Carnéades, fundadores das academias média e nova. Mesmo Epicuro lhe devotou aquele sentimento. Sofria com o fato de se atribuir particularmente aos estóicos a perífrase de *sábios*. Este homem, que havia recebido em seus jardins a graça e a voluptuosidade, cujo princípio favorito era o de enganar as agruras da vida com os prazeres, e que havia elaborado uma filosofia

22. Ver a respeito da expressão, *Cínica, Escola*.

tranqüila e doce, encarava o estoicismo como hipocrisia. Zenão, por sua vez, tampouco tratou com cortesia a doutrina de seu adversário e o pintava como um preceptor de corrupção, sendo verdade a insinuação de que fosse tão honesto *naturam matris fricare, quam dolentem aliam corporis partem fricando juvare* (ser tão honrado masturbar a própria mãe quanto, em caso de sofrimento, aliviá-la com massagens em qualquer outra parte do corpo). Ou, se a necessidade se tornava urgente, ir-se com um jovem ou uma moça. Epicuro podia facilmente responder-lhe, mas não se deve acreditar que um filósofo cuja continência se tornara proverbial ensinasse sentimentos tão monstruosos. É mais verossímil o ódio ter tirado conclusões desrespeitosas de um princípio recebido na escola de Zenão, mesmo sendo verdade que nada há de vergonhoso nas coisas naturais.

O livro *Da República* não foi o único que publicou. Escreveu um comentário sobre Hesíodo no qual derrubou todas as noções recebidas de teologia, reduzindo Zeus, Juno, Vesta e todos os deuses a palavras vazias de sentido. Gozou de uma longa vida e com a idade de 98 anos esperava o momento em que pudesse morrer naturalmente. Não teve paciência para tanto e, ao cair na saída do pórtico, acreditou que a natureza o chamava: "eis-me aqui – disse, tocando a terra com o dedo que havia quebrado ao cair – estou pronto". E de volta à casa, deixou-se morrer de fome. Antígono sentiu sua perda e os atenienses ergueram-lhe um túmulo no bairro da cerâmica.

Sua doutrina foi uma seleção do que encontrara nas escolas dos acadêmicos, dos erísticos e dos cínicos. Como fundador de seita, era preciso ou inventar coisas ou disfarçar as já existentes com novos nomes. Mais fácil era a primeira opção. Zenão dizia sobre a dialética de Diodoro que este homem havia imaginado balanças muito precisas, mas que jamais pesava algo além de palha. Os estóicos afirmavam que era preciso opor-se à natureza; os cínicos, que era preciso sobrepor-se a ela e viver conforme a virtude, e não segundo as leis. Mas é inútil aqui estender-se sobre o estoicismo e os paralelos com outros sistemas que o precederam. Ele será o resultado da seleção dos princípios da filosofia que adiante exporemos.

Censura-se nos estóicos o serem também sofistas e são repreendidos por terem trazido à sociedade as sobras daquela escola. Sugere-se que tenham desprezado as forças da natureza, que sua moral fosse impraticável e que inspiraram mais a devoção do que a sabedoria. Pode ser. Mas que devoção esta que nos imola à virtude, que refreia nossa alma e a mantém segura e tranqüila, impedindo que as dores mais agudas nos arranquem um suspiro, uma lágrima! Ainda que toda a natureza conspire contra um estóico, o que ela lhe fará? O que poderá abatê-lo ou corromper, este para quem o bem é tudo e a vida, nada? Os filósofos ordinários são de carne como os outros homens; já o estóico é um homem de ferro. Pode-se quebrá-lo, mas não fazê-lo lamentar-se. O que poderão contra ele os tiranos, se Júpiter nada pode? Não há nada que o dirija, salvo a razão. A experiência, a reflexão, o estudo são suficientes para formar um sábio. Mas um estóico é uma obra singular da natureza. Portanto, houve poucos estóicos e não existe em nenhuma outra escola tantos hipócritas quanto nela. O estoicismo é um caso de temperamento e Zenão imaginou para todos os homens, como faz a maior parte dos legisladores, uma regra que lhe convinha particularmente. Ela é muito exigente para os fracos e a moral cristã configura-se como um zenoísmo mitigado e, conseqüentemente, de uso mais geral. E mesmo assim, o número daqueles que se conformam à regra não é grande.

Princípios Gerais da Filosofia Estóica

A sabedoria é a ciência das coisas humanas e divinas. E a filosofia, ou o estudo da sabedoria, é a prática de uma arte que a ela nos conduz.

Esta arte é uma só, a arte por excelência – a de ser virtuoso.

Há três espécies de virtude: a natural, a moral e a discursiva. Seus objetos são o mundo, a vida do homem e a razão.

Existem ainda três espécies de filosofia: a natural, a moral e a racional, correspondentes à observação da natureza, dos costumes e a que aperfeiçoa o entedimento. Tais exercícios se influenciam mutuamente.

Lógica dos Estóicos

A lógica possui dois ramos: a retórica e a dialética.

A retórica é a arte de dizer as coisas que pedem um discurso ornado e extenso. A dialética é a arte de discutir as coisas e na qual é suficiente a brevidade das perguntas e respostas.

Zenão comparava a dialética à mão aberta, e a retórica ao punho fechado.

A retórica pode ser deliberativa, judiciária ou demonstrativa. Suas partes são a invenção, a elocução, a disposição e o pronunciamento. As partes do discurso são o exórdio, a narração, a refutação e o epílogo.

Os acadêmicos recentes excluem a retórica da filosofia.

A dialética é a arte de ater-se à percepção das coisas conhecidas, de maneira a não nos separarmos delas; suas qualidades são a circunspecção e a firmeza.

Seu objeto estende-se aos objetos e às palavras que os designam. Ela trata das concepções e das sensações, pois as idéias e os sentimentos são a base da expressão.

Os sentidos têm um bem em comum: a imaginação.

A alma concorda com as coisas concebidas, conforme o testemunho dos sentidos: o que se concebe, concebe-se por si mesmo. A compreensão segue a aprovação da coisa concebida e a ciência segue a imperturbabilidade da aprovação.

A qualidade pela qual discernimos as coisas de outras chama-se *julgamento*. Há duas maneiras de distinguir o bom e o mau, o verdadeiro e o falso.

Julgamos que a coisa é ou não é pela sensação, pela experiência ou pelo raciocínio.

A lógica supõe o homem que julga e uma regra de julgamento. Esta regra pressupõe a sensação ou a imaginação.

A imaginação é a faculdade de lembrar-se das imagens das coisas que são.

A sensação nasce da ação dos objetos exteriores e exige uma comunicação entre a alma e os órgãos do corpo.

O que se viu e se concebeu permanece na alma, tal como a impressão visual com suas cores, figuras, destaques e vazios.

A compreensão formada segundo as correlações dos sentidos é verdadeira e fiel, e a natureza não forneceu outro fundamento à ciência senão este; não há clareza ou evidência maior.

Toda apreensão decorre originariamente dos sentidos, pois não há nada no entendimento que não esteja antes nas sensações.

Entre as coisas que se compreende, existem as mais e as menos sensíveis; as incorporais são as menos sensíveis.

Há também as racionais e as irracionais, as naturais e as artificiais, tais como, por exemplo, as palavras; as prováveis e as improváveis, as verdadeiras e as falsas, as compreensíveis e as incompreensíveis. Das primeiras, é preciso que elas nasçam de algo que é, que lhe sejam conforme e não impliquem contradição.

É necessário distinguir a imaginação da fantasia e esta do fantástico, que não existe na natureza.

O verdadeiro é o que é e não pode provir senão de onde proveio.

A compreensão, o conhecimento seguro ou a ciência são a mesma coisa. E aquilo que o espírito compreende, ele o faz por assimilação, composição ou analogia.

O homem recebe a sensação e julga, mas o homem sábio reflete antes de julgar.

Não há noções inatas; o homem vem ao mundo como tábula rasa sobre a qual os objetos da natureza são gravados com o tempo.

Há noções naturais que se formam em nós sem arte; outras, no entanto, são adquiridas por indústria e estudo. Deixo às primeiras o nome de *noções*, que também chamo de *antecipações*.

O *sentido* pertence ao animal e, no homem, torna-se ainda *concebido*.

As noções comuns o são a todos e é impossível que uma delas se oponha a outra.

Existe a ciência, a opinião e a ignorância. Se não houve a sensação, fica-se na ignorância; se após a experiência permanece a incerteza, opina-se com insegurança; caso se permaneça imperturbável, sabe-se.

Há três coisas interligadas: a coisa, a palavra e a imagem da coisa.

A definição é um discurso que analisa e se torna a resposta exata a uma pergunta: o que é a coisa? Ela deve abranger apenas o que convém e indicar o caráter próprio que a distingue.

Há duas espécies de definição: as de coisas que existem e a de coisas que apenas concebemos. Existem as parciais e as totais.

A distribuição de um gênero em suas espécies mais próximas chama-se *divisão*. Um gênero se estende a várias espécies e um gênero supremo não possui nada acima; e uma espécie ínfima, nada abaixo dela.

O conhecimento completo forma-se com a coisa a que a palavra se refere.

Há quatro gêneros: a substância, a qualidade, o absoluto e a relação.

Os enunciados que abrangem coisas diversas sob um aspecto comum chamam-se *categorias*. E elas existem no entendimento e na expressão.

O enunciado é perfeito, imperfeito ou defeituoso; perfeito quando compreende tudo o que a coisa é. É ainda afirmativo ou negativo, falso ou verdadeiro. Um enunciado perfeito, afirmativo ou negativo, constitui um axioma. Um axioma é simples ou composto; simples se a proposição enunciada também o for; composto, da mesma forma.

Existem quatro categorias: a direta, a oblíqua, a neutra e a ativa ou passiva.

Há axiomas prováveis, racionais e paradoxais.

O lema (λημμα), o proslema (προσλημμα) e a epífora (επιφορα) são as três partes do argumento.

O argumento é conclusivo ou não, silogístico ou não.

Os silogismos são ligados, conjuntos ou disjuntos. Há maneiras pelas quais os silogismos conclusivos devem estar dispostos. Elas são simples ou compostas.

Os argumentos silogísticos não conclusivos também têm seus modos. Em tais argumentos, a conclusão não provém do elo das premissas.

Há sofismas de gêneros diversos, como, por exemplo, o sorites, o mentiroso, o inexplicável, o preguiçoso, o dominante, o véu, o cornudo, o crocodilo, o recíproco, o deficiente, o ceifeiro, o calvo e o oculto.

Há dois métodos: o vulgar e o filosófico.

Vê-se que toda essa lógica nada tem de maravilhoso; nós a despojamos dos termos bárbaros com que Zenão a tinha revestido. Se a tivéssemos deixado com suas próprias palavras, as coisas não teriam sido diferentes.

Fisiologia dos Estóicos

Antes de tudo havia o Caos. Era um estado confuso e tenebroso de coisas sob o qual estava presente a matéria, soma de todas as coisas com suas qualidades, reservatório de germens e de causas, a essência, a Natureza (se assim se pode exprimir), grávida em seu princípio. E o que chamamos de *mundo* e *natureza* é este caos desenvolvido, com as coisas confusas e tenebrosas tendo se ordenado e adquirido o aspecto que vemos.

O mundo ou a natureza é este todo, do qual os seres são partes. Este todo é um; os seres são seus membros ou partes.

É preciso distinguir princípios diferentes nos elementos. Entre os princípios, um é o eficiente; o outro, o passivo. O eficiente é a razão das coisas, que se encontra na matéria, ou Deus. O passivo é a própria matéria.

São ambos de natureza corporal. Tudo o que age, se movimenta ou sofre é corporal. Portanto, tudo o que é, é corpo.

A causa eficiente, ou Deus, é um ar muito puro e límpido, um fogo artificial, posto na circunferência mais afastada dos céus, morada de tudo o que é divino.

O princípio passivo, ou matéria, é a natureza considerada sem qualidade, mérito, coisa passível de tudo, nada sendo, e deixando de ser o que se torna, mantida em repouso se nada a mover.

O princípio ativo é oposto ao passivo. O fogo artificial é apropriado para formar a matéria com suprema habilidade e segundo razões que contém, em si, as sementes das coisas. Aí está a sua fecundidade. Sua sutilidade permite que seja chamado *incorpóreo, imaterial*. E embora seja corpo, dada sua oposição à matéria, pode-se dizer que é espírito.

Ele é a causa racional, incorruptível, sempiterna, primeira, original; daí cada substância possuir as qualidades que lhes são próprias.

Esta causa é boa e perfeita. Não há qualidades louváveis que não contenha. É previdente, rege o todo e suas partes e faz com que o todo persevere em sua natureza.

A ela se dão nomes diferentes: mundo, do qual constitui, na verdade, a principal porção, natureza, destino, Júpiter, Deus.

Não está fora do mundo; nele está contida com a matéria; constitui tudo o que é, o que se vê e o que não se vê; habita a matéria e todos os seres; a penetra e a faz mover-se, conforme o exige a razão universal das coisas; é a alma do mundo.

Posto que penetra todas as porções da matéria, ali está presente em sua intimidade, a tudo conhece e tudo opera.

Por mover a matéria e imprimir-lhe as qualidades que nela estão, formou o mundo e é a origem das coisas. As coisas são dela. É por sua presença em cada uma que as conserva. É neste sentido que se diz que ela é Deus e que Deus é o pai de todas as coisas, o que ordena e conserva.

Deus não criou o mundo por livre determinação de sua vontade, pois era uma parte dele e nele estava inserido. Mas rompeu o envoltório da substância que o envolvia e agiu e operou por uma força intrínseca, conforme a necessidade de sua natureza e da matéria o permitia.

Há, pois, no universo, uma lei imutável e eterna, uma ordem combinada de causas e de efeitos, encadeadas por elos tão necessários que tudo o que foi, é e será não pode ser de outro modo. E isso é destino.

Tudo está submetido ao destino e nada escapa à sua lei, sem exceção de Deus, pois ele também segue esta ordem inexplicável e sagrada das coisas, este encadeamento que tudo liga, necessariamente.

Deus, ou a grande causa racional, não possui, por conseguinte, nada que o constranja, pois fora dela e do todo só existe o vazio infinito. Só a natureza tem necessidade de limites; age em conformidade com esse princípio e tudo se segue de acordo com sua ação. Não é preciso ter outra idéia da liberdade de Deus, nem da do homem. Deus não é nem menos livre nem menos possante. Ele atua conforme sua necessidade.

São as partes ou os desdobramentos deste espírito universal do mundo, distribuídas por todos os lugares, e que animam o que deve ser animado na natureza, que dão nascimento aos demônios dos quais tudo está cheio.

Cada homem tem o seu gênio e sua Juno que dirigem suas ações, que inspiram seus discursos e merecem o maior respeito. Cada partícula do mundo possui o seu demônio que lhe está ao lado e que o assiste. A isso chamou-se Júpiter, Juno, Vulcano ou Ceres. São porções da alma universal, residentes no ar, na água, na terra e no fogo.

Como os deuses são derivações da alma universal, distribuídos nas partículas da natureza, segue-se que, na deflagração geral que acabará com o mundo, os deuses regressarão a um Júpiter confuso e seus elementos primevos.

Embora Deus esteja presente em tudo, e a tudo movimente e observe, é a alma do todo e dirige as coisas segundo a condição e natureza de cada uma delas. Ainda que seja bom e que queira o bem, não pode fazer com que o bem aconteça, nem que aquilo que aconteça seja bom. Não é a habilidade que a isso se opõe, mas o fato de a matéria ser indócil à manipulação.

Embora haja um vínculo principal e universal das coisas, nossas almas não estão, todavia, sujeitas ao destino, a não ser quando e conforme convenha à sua natureza. Por mais que toda força exterior conspire contra elas, conservar-se-ão se sua bondade for originária e inata. Se não, se nasceram ignorantes, grosseiras ou ferozes, se nada vier melhorá-las, instruílas e fortificá-las, por sua própria condição, sem influência do destino, por seu movimento próprio ou voluntário, serão levadas ao vício e ao erro.

Não é difícil concluir, por tais princípios, que os estóicos eram materialistas, fatalistas e ateus.

Acabamos de expor sua doutrina a respeito do princípio eficiente. Passamos agora a mostrar o que pensavam da causa passiva.

A matéria primeira, ou a natureza, é a coisa primeira, a essência e a base de suas qualidades. Essa matéria geral e primeira é eterna. Tudo o que foi é; ela não aumenta nem diminui. Chama-se *essência* quando considerada a universalidade dos seres; matéria, quando se considera cada um deles.

A matéria em cada ser em particular é suscetível de crescimento ou diminuição. Não permanece a mesma; mistura-se, separa-se, suas partes se afastam ou se unem. Após a deflagração geral, a matéria tornar-se-á novamente uma só em Júpiter.

Não é estável, variando sem cessar. Tudo é levado como torrente, tudo passa e nada do que vemos permanece o mesmo. Mas nada muda a essência da matéria; nada perde, nem mesmo o que desaparece aos nossos olhos. Tudo retorna à fonte primeva das coisas, para dali emanar de novo. As coisas deixam de ser, mas não se aniquilam.

A matéria não é infinita e o mundo tem seus limites.

Não há nada a que não possa ser reduzida, nada que não possa sofrer, com a qual não possa ser feita. O que seria impossível se fosse imutável. É divisível ao infinito e o que é divisível não pode ser infinito. Ela está contida.

É pela matéria, pelas coisas materiais, e pela razão geral que em tudo está presente, do qual é embrião, que o mundo é, que o universo é, que Deus é. Por vezes, entende-se o céu pela palavra Deus.

O mundo existe separado do vazio que o envolve; como um ovo, a Terra está no centro. Há esta diferença entre o mundo e o universo, pois que o universo é infinito. Ele compreende as coisas que são e o vazio que o circunda. O mundo é finito, está contido pelo vazio, que não entra na acepção deste termo.

No início, não havia senão Deus e a matéria. Deus é essência das coisas, natureza ígnea, ser prolífico, do qual uma porção, combinada com a matéria, produziu o ar e depois a água. Encontra-se no mundo como a semente na planta. Depositou o germe do mundo na água para facilitar-lhe o desenvolvimento. Uma parte de si condensou a terra e outra exalou-se – daí o fogo.

O mundo é um grande animal que tem sentido, espírito e razão; há nele, tanto quanto no homem, corpo e alma, e a alma está presente em todas as partes do corpo.

Existem no mundo, além da matéria desprovida de qualquer atributo, quatro elementos: o fogo, o ar, a água e a terra. O fogo é quente, o ar frio, a terra seca e a água úmida. O fogo tende para o alto, seu lugar. Este elemento, ou sua porção conhecida como *éter*, foi o rudimento dos astros e de suas esferas. O ar encontra-se por debaixo do fogo; a água corre sob o ar e sobre a terra. A terra é a base de tudo e está no centro.

Destes elementos, dois são leves, o fogo e o ar; dois pesados, a água e a terra. Tendem para o centro, que não é nem leve nem pesado.

Há uma conversão recíproca dos elementos entre si. Tudo o que cessa de ser um, passa a ser outro; o ar se transforma em fogo, o fogo em ar; o ar em água, a água em ar; a terra em água e vice-versa. Mas nenhum elemento está ausente dos demais, pois todos estão em cada um.

O fogo é o primeiro dos elementos e tem seu lugar em direção ao céu, que é o limite último do mundo e a habitação do divino. Há dois fogos: o artificial, que serve aos nossos usos, e o natural, que serve às operações da natureza. Ele aumenta e conserva as coisas, as plantas, os animais. É o calor universal, sem o qual tudo perece. Este fogo muito alto, espalhado em tudo, envoltório último do mundo, é o éter e também o Deus todo-poderoso.

O sol é um fogo inteiramente puro, maior do que a Terra, um orbe redondo como o mundo. É fogo porque provoca todos os seus efeitos; é maior do que a Terra porque a ilumina e ao céu ao mesmo tempo. Por isso, e a justo título, o sol é o primeiro dos deuses.

Foi uma porção muito pura do éter, de Deus ou do fogo, que formou os astros. São eles ardentes, brilhantes, animados, sentem, concebem, inteiramente compostos e nunca estranhos ao fogo. Mas não há fogo que não tenha necessidade de alimento e são os vapores das águas, do mar e da terra que nutrem o fogo dos astros.

Posto que os astros são porções do fogo natural e divino, que sentem e concebem, por que não anunciariam o futuro? Não são seres onde se possa ler coisas particulares ou individuais, mas a seqüência geral dos destinos. E ela está escrita com caracteres muito evidentes.

Chamam-se astros o sol e a lua. Há esta diferença entre um astro e uma estrela, pois que a estrela é um astro, mas um astro nem sempre é estrela. Eis a ordem dos astros errantes: saturno, júpiter, marte, mercúrio, vênus, o sol, a lua. O principal entre os cinco primeiros é vênus, o mais próximo do sol.

A lua ocupa o lugar mais baixo do éter; é um astro inteligente, sábio, de natureza ígnea, mas não sem alguma mistura com a Terra.

A esfera de ar encontra-se e começa abaixo da lua, um meio entre o céu e as águas. Sua figura é arredondada; é Juno. A região aérea divide-se em alta, média e baixa. A mais alta é muito seca e quente; a proximidade dos fogos celestes a torna muito rarefeita e tênue; a região baixa, vizinha à Terra, é densa e tenebrosa, receptáculo de exalações; a região mediana é mais temperada do que as demais envolventes; seca em sua parte superior e úmida na inferior.

O vento é uma corrente de ar. A chuva, uma mudança de nuvem em água; esta mudança ocorre todas as vezes que o calor não pode dispersar os vapores que o sol elevou da terra e dos mares.

A terra, a porção mais densa do mundo, serve de base a tudo, como os ossos nos animais. Está coberta de águas que se mantêm ao nível da superfície. Encontra-se no centro, é una, redonda, finita, assim como o exige a natureza de todo centro. A água possui a mesma conformação, pois compartilham ambos do mesmo centro.

O mar percorre o interior da Terra por rotas secretas. Sai de suas bacias, desaparece, se condensa, se filtra, purifica-se, perde seu amargor e oferece, depois de tanto caminho, uma água pura aos homens e animais.

A Terra é imóvel e só há um mundo. É eterno, é Deus e a natureza. Este todo não começou e não terá fim. Mas seu aspecto mudará.

Como o ano tem um inverno e um verão, o mundo terá uma inundação e uma deflagração; a inundação cobrirá toda a superfície da Terra e tudo perecerá.

Após esta primeira revolução pela água, o mundo será abrasado pelo fogo. Espalhado por todas as suas partes, ele consumirá a umidade e os seres. Todos se converterão à sua natureza ígnea e tudo se resolverá em Júpiter; e o primeiro caos renascerá.

Este caos se evolverá como o primeiro, o universo será reformado e a espécie humana se reproduzirá.

O tempo encontra-se em último lugar entre os seres.

Antropologia dos Estóicos

O homem é uma imagem do mundo e o mundo está nele; tem alma e corpo como o grande todo.

Os princípios da espécie humana estavam no universo nascente. Os primeiros homens nasceram por intermédio do fogo divino ou pela providência de Deus. No ato da geração, o germe do homem une-se à porção úmida da alma. O licor espermático produz o corpo e contém em tamanho reduzido todos os corpos que se sucederão.

A alma não se forma na matriz; vem de fora e une-se ao corpo antes que ele viva. Se se remonta à origem primeira da alma, far-se-á descê-la do fogo primitivo do qual é uma fagulha. Nada contém de pesado ou terrestre; é da mesma natureza da substância que forma os astros e que os faz brilhar.

A alma do homem é uma partícula de Deus, uma pequena porção da alma universal de que, por assim dizer, destacou-se. Pois a alma do mundo é a fonte fecunda de todas as almas. É difícil explicar-lhe a natureza: é ígnea, ardente, inteligente, racional. Há almas mortais e imortais.

Após a deflagração geral e a renovação das coisas, as almas retornarão aos corpos que haviam animado antes do acontecimento.

A alma é um corpo, pois é e age; mas este corpo é de tenuidade e sutileza extremas. Nela se distinguem oito faculdades: os cinco sentidos, as faculdades de engendrar e falar, sendo esta uma parte principal. E depois da morte, remonta aos céus onde habita os astros, contempla e conversa com os deuses. E este estado permanecerá até que o mundo se consuma e ela e todos os deuses se confundam e formem um ser apenas, Júpiter.

A alma do sábio, após a dissolução do corpo, ocupa-se do curso do sol, da lua e demais astros e verifica os conhecimentos que adquiriu na Terra.

Princípios da Filosofia Moral dos Estóicos

Na vida, é sobretudo a *finalidade* que deve ser observada. A finalidade é o ser para o qual tudo se faz, para o que tudo é, com o que tudo se relaciona.

A finalidade pode ser considerada sobre três aspectos: os objetos, os meios, os usos.

O objetivo do homem deve ser o de conformar sua conduta às leis da natureza. Pois a natureza é a razão universal que a tudo ordena. Adaptar sua conduta à da natureza é ver-se como parte de um grande todo e auxiliar a harmonia das coisas.

Deus é a porção principal da natureza, e a alma do homem é uma partícula de Deus. A lei da natureza, ou de Deus, é a regra ampla pela qual tudo está coordenado, é movido e vivificado. Viver conforme a natureza, imitar a divindade ou seguir a ordem geral constituem as mesmas coisas com nomes diferentes.

A natureza é tudo o que há de bom e belo. E a virtude tem essas duas qualidades, como a natureza. A felicidade é uma conseqüência disso.

Bem viver, amar o belo, praticar o bem e ser feliz – tudo é a mesma coisa.

A virtude tem seu embrião na alma humana; é uma conseqüência de sua origem. Partícula emanada da divindade, ela tende, por si mesma, a imitar o princípio de sua emanação. Este princípio a move, a estimula e a inspira.

Esta partícula destacada da grande alma e tornada específica por sua união com este ou aquele corpo, é o demônio do ser humano; e este demônio o conduz ao belo, ao bom e à felicidade. A felicidade suprema consiste em escutá-lo, pois então se escolhe o que convém à natureza geral ou Deus, rejeitando-se o que contradiz sua harmonia e sua lei.

Como cada homem possui o seu demônio, traz em si o princípio de sua felicidade – Deus nele está presente. É um pontífice sagrado que preside o seu altar. Deus nele está presente; é o próprio Deus atado a um corpo de figura humana.

A natureza da felicidade do homem é a mesma da natureza da felicidade de Deus. É a virtude. A virtude é o grande instrumento da felicidade. A soberana felicidade não está nas coisas do corpo, mas da alma.

Não há bem que não seja honesto. E a honestidade diz respeito só à alma. Nada do que está fora do homem pode acrescentar algo de sólido à sua felicidade.

O corpo, os gozos, a glória ou as dignidades são coisas fora de nós e de nosso poder; nada fazem senão prejudicar nossa felicidade se a elas nos apegamos.

O último degrau da sabedoria consiste em distinguir o bom do mau, o bem do mal.

Entre as coisas, há aquelas que são boas, outras más e as indiferentes. E uma coisa é boa relativamente à natureza do ser. Logo, uma criatura racional só pode ser feliz por meio de objetos análogos à razão.

O que é útil e honesto é bom. A bondade não se concebe separada da utilidade e da honestidade. O útil consiste em se adequar ao todo do qual somos parte, e em seguir a lei do princípio que comanda.

A virtude é o bem verdadeiro, a coisa realmente útil. É para lá que a natureza perfeita nos convida ir. Não é pela comparação da virtude com outros objetos, por discursos ou julgamentos que descobrimos que a virtude é o bem. Nós o sentimos. É um efeito energético de sua própria natureza que em nós se manifesta, apesar de nós mesmos.

A serenidade, o prazer e a alegria são os acessórios do bem. A virtude e seus acessórios constituem a felicidade.

Tudo o que se opõe ao bem é o mal. O mal é um afastamento da razão geral de tudo. E os acessórios do mal são as aflições, as dores, as perturbações.

Há bens presentes e futuros; bens constantes e intermitentes, passageiros e duráveis; bens de objetos, de fins, de utilidade, interiores, exteriores, relativos e absolutos.

O belo é a perfeição do bem.

Todos os bens são iguais e, portanto, é preciso desejá-los todos, sem neglienciar nenhum.

Existem coisas intermediárias entre o bem ou a honestidade e o mal ou o vergonhoso que não podem nem contribuir para a felicidade, nem prejudicá-la. Pode-se negligenciá-las ou buscá-las, sem que haja conseqüências.

O sábio é severo e foge das distrações. Tem o espírito são e não sofre. É um homem-deus, o único pontífice verdadeiro. É profeta e não opina. É o *cínico* por excelência: livre, rei, podendo governar um povo; não erra, é inocente e de nada tem piedade. Não é indulgente e nem feito para habitar um deserto. É um amigo verdadeiro e faz bem aquele a que se dedica. Não é inimigo da volúpia e a vida lhe é indiferente. É um administrador inteligente de suas coisas pessoais; é nobre e ninguém melhor do que ele entende a medicina. Não é enganado e não engana. É ele quem sabe ter prazeres com sua mulher, com os filhos, com a vida. Não calunia e não poderia ser exilado.

A estas características os estóicos acrescentavam uma infinidade de outras que pareciam ser-lhes contrárias. Assim, após tomá-los pelos melhores dos homens, se lhes tomaria pelos piores. Era uma conseqüência de sua apatia, da perfeita imitação da divindade e das acepções particulares que atribuíam às suas palavras. A definição do estóico era muito semelhante àquela que Vanini dava de Deus.

A alma, semelhante a um globo perfeitamente esférico, é uniforme. Não é capaz de compressão nem de expansão. É livre, faz o que quer e tem sua própria energia. Nada do exterior a toca nem pode constrangê-la.

Caso se a considere relativamente ao todo, está sujeita ao destino, ou seja, não pode agir diferentemente de como atua. Segue o elo universal e sagrado que une o universo às suas partes. Deus está submetido ao destino e, assim, por que a alma humana, que dele é uma partícula, estaria liberta do fado?

Tão logo a imagem do bem a toca, ela o deseja.

O primeiro princípio que se desenvolve no animal é o da sua conservação. Se ele alcança o que é conforme a natureza, sua felicidade começa.

Os desejos seguem o conhecimento ou a opinião das coisas.

É do conhecimento da ordem universal que depende o do verdadeiro bem. Se se apresenta ao homem um bem conveniente com sua natureza, e ele se porta com moderação, age como sábio e não como apaixonado; se goza dele sossegadamente, é sereno e contente; se não receia perdê-lo, é tranqüilo. Se se engana sobre a natureza de um objeto, se o persegue com demasiado ardor, se teme sua privação, se goza dele com arroubos, se erra quanto ao seu valor, se demonstra estar por ele seduzido, se a ele se agarra e ama a vida, é um perverso.

Os desejos fundados sobre a opinião são fontes de equívocos e a intemperança é uma das fontes mais fecundas do equívoco.

O vício se introduz pela ignorância das coisas que causam a virtude. Há virtudes da teoria e virtudes da prática; existem as primárias e as secundárias.

A prudência nos instrui em nossos deveres; a temperança sofreia os apetites; a coragem nos ensina a suportar; a justiça nos ensina a distribuir. São as virtudes primárias.

Há entre as virtudes elos que as fazem concatenadas; e alguém a quem uma falte, não as possui. Aquele que possui uma em alto grau, tem todas.

A virtude não está somente nas palavras, mas nas ações; o meio termo entre o vício e a virtude é nada.

Forma-se um homem para a virtude e, assim, há homens ruins que podem se tornar bons.

É-se virtuoso pela própria virtude. Ela não se baseia nem no medo nem na esperança de outra coisa.

As ações constituem deveres, generosidades ou procedimentos indiferentes. A razão não ordena nem defende os procedimentos indiferentes. A natureza ou a lei comanda os deveres. A generosidade imola o interesse pessoal.

Há deveres relativos a si mesmo, ao próximo e a Deus. É recomendável dar a Deus um culto racional. Aquele que tem uma justa opinião dos deuses é o que crê em sua existência, bondade e providência.

É preciso adorá-los antes de tudo, pensar neles, invocá-los, reconhecê-los e submeter-se, abandonar-se-lhes e louvá-los mesmo na infelicidade.

A apatia é a finalidade de tudo o que o homem se dá a si mesmo. Aquele que a alcançou é sábio.

O sábio saberá quando lhe convém morrer. Ser-lhe-á indiferente receber a morte ou dá-la a si próprio. E não esperará um caso extremo para usar tal remédio. Ser-lhe-á suficiente crer que a sorte mudou e procurará a obscuridade.

À noite, lembrar-se-á de sua jornada, examinará suas ações, voltará a seus discursos, confessará seus erros e se proporá fazer melhor.

Seu estudo particular será sobre si mesmo. Desprezará a vida e suas distrações. Não temerá a dor, a miséria e a morte.

Amará seus semelhantes e amará até mesmo seus inimigos. Não fará injúrias a ninguém e estenderá sua benevolência a todos.

Viverá no mundo como se nada tivesse de próprio.

O testemunho de sua consciência será a primeira coisa a ser procurada. E todas as faltas lhe serão iguais.

Perante qualquer acontecimento, observará a comiseração e as virtudes desta natureza como uma espécie de oposição à vontade de Deus. Julgará da mesma maneira o arrependimento.

Não terá em vista a pequena e estreita benevolência, que distingue um homem de outro... Imitará a natureza. Todos os homens são iguais a seus olhos.

Se estende sua mão a quem naufraga, se consola a quem chora, se recebe quem busca asilo, se dá sua vida a quem está em perigo, se dá o pão a quem tem fome, ainda assim não se comoverá. Guardará sua serenidade, não se permitindo, face ao espetáculo da miséria, perder a tranqüilidade. Reconhecerá em tudo a vontade de Deus e a infelicidade dos outros; e na impossibilidade de socorrê-los, estará contente, pois saberá que nada pode ser mau.

Dos Discípulos de Zenão

Zenão teve por discípulos Fílon, Calipo, Possidônio, Zenódio, Scion e Cleanto. Perseu, Aristão, Herilo, Esfero e Atenodoro fizeram nome na seita. Vamos percorrer rapidamente o que pode haver de relevante em suas vidas e opiniões.

Perseu era filho de Demétrio de Cítio. Foi, segundo dizem alguns, amigo de Zenão; para outros, um dos escravos que Antígono enviou à sua escola para tomar lições. Vivia por volta da 80ª Olimpíada e já se encontrava em idade avançada quando foi à corte de Antígono Gonatas. Sua reputação na casa do príncipe fez com que lhe fosse dada a guarda da Acrocorinto. Sabe-se que a segurança da cidade e de todo o Peloponeso dependia daquela cidadela. O filósofo respondeu mal ao axioma estóico que assevera que apenas o sábio sabe mandar. Arato de Sícion surgiu subitamente em frente à Acrocorinto e o surpreendeu, impedindo Antígono de manter a palavra dada a Menedemo de Eretria, a de devolver a república aos eretrienses. Via nos deuses os primeiros inventores de coisas úteis para os povos que lhes haviam erguido altares. Teve como discípulo Hermágoras de Anfípolis.

Aristão de Quios era filho de Miltíades. Era eloqüente e não agradava a Zenão, quem preferia os discursos breves. Amava o prazer e, portanto, era pouco conveniente a uma escola severa. Aproveitou uma doença de seu mestre para deixá-lo. Seguiu então a Pólemon, mas não lhe ficou muito tempo ligado. Teve a pretensão de ser chefe de seita e estabeleceu-se no Cinosargo, onde reuniu alguns ouvintes, chamados *aristonianos*. Logo, no entanto, sua escola foi desprezada e desapareceu. Aristão atacou com violência Arcesílaos, como também as maneiras acadêmica e cética de filosofar. Inovou no estoicismo: pretendia que o estudo da natureza estava acima do espírito humano; que a lógica nada significava; que a moral era a única ciência importante; que não havia tantas virtudes quanto as que se contavam, mas que não se devia reduzi-las a uma só, como o fazia Zenão; que entre elas havia um elo comum; que os deuses não tinham inteligência ou vida, e que era impossível determinar-lhes as formas. Morreu de insolação e por sua calvície.

Teve por discípulo Eratóstenes de Cirene, poeta, gramático, filósofo e também distinguido entre os matemáticos. Pela variedade de seus conhecimentos mereceu o nome de filólogo, o primeiro a ser assim nomeado, e os Ptolomeus, Filopator e Epifânio, confiaram-lhe os cuidados da biblioteca de Alexandria.

Perseu não foi o único a abandonar a seita de Zenão. Faz-se a mesma repreensão a Dioniso de Heracléia. Dizia-se que para ele a volúpia era o fim último das ações humanas e que passou pelas escolas cirenaica e epicurista.

Herilo de Cartago não teve uma juventude inocente. Quando se apresentou a Zenão, este exigiu que cortasse o cabelo, muito bonito, como prova de sua mudança de hábitos. Herilo raspou a cabeça e foi aceito. Tinha a ciência e a virtude como os verdadeiros objetivos humanos, acrescentando que dependiam de algumas circunstâncias, e que, tanto quanto o bronze, que fundia estátuas de Alexandre ou de Sócrates, era preciso adaptar-se às circunstâncias; que elas não eram idênticas para todos os homens; e que o sábio possuía conhecimentos que não eram os dos loucos.

Esfero, o boristenita, segundo discípulo de Zenão, ensinou filosofia na Lacedemônia e formou Cleômenes. Passou de Esparta para Alexandria e modificou o princípio dos estóicos de que o sábio jamais opina publicamente. Dizia a Ptolomeu que era rei por possuir qualidades, sem as quais deixaria de sê-lo. Escreveu vários tratados que não temos.

Cleanto, nascido em Assos, na Lícia, sucedeu a Zenão na *stoa*. Tinha sido atleta e sua extrema pobreza fez-lhe aparentemente apreciar uma filosofia que pregava o menosprezo pelas riquezas. Ligou-se primeiramente a Crates, a quem deixou por Zenão. De dia estudava e de noite alugava-se para tirar água dos jardins. Os aeropagitas, comovidos por sua miséria e virtude, concederam-lhe dez minas do tesouro público, embora Zenão achasse que ele não as aceitaria. Um dia em que conduzia jovens ao espetáculo, o vento arrancou-lhe o traje e o deixou nu. A fortuna e a natureza o trataram com a mesma ingratidão. Tinha o espírito lento e o chamavam *o asno de Zenão*, apelido com o qual concordava, pois carregava sozinho toda a carga do filósofo. Antígono o enriqueceu, mas sem influência sobre a sua virtude. Cleanto prosseguiu na prática austera do estoicismo e com ele a seita nada perdeu de seu brilho. O pórtico nunca foi tão freqüentado; ele pregava como exemplo a continência, a sobriedade, a paciência e o desprezo das injúrias. Estimava os antigos filósofos por haverem negligenciado as palavras e se atido às coisas; e era a razão que dava pelo fato de, sendo menores em quantidade que os de seu tempo, contarem com mais homens sábios. Morreu com oitenta anos, atacado por uma úlcera bucal, contra o que os médicos recomendaram abstinência de alimentos. Dizia que estava muito próximo do fim para voltar atrás. Ergueram-lhe, tarde, é verdade, uma belíssima estátua.

Mas ninguém obteve maior reputação entre os estóicos do que Crisipo de Tarso. Escutou Zenão e Cleanto e abandonou suas doutrinas em diversos pontos. Era homem de espírito rápido e arguto. Louvaram-lhe por ter composto até quinhentos versos em um só dia, mas, entre tais versos, havia muitos a serem enaltecidos? A estima que fazia de si mesmo não era a de um medíocre. Interrogado por alguém que tivesse um filho a quem deveria entregar sua educação, respondia: “a mim, pois se eu conhecesse um preceptor melhor, eu o tomaria para mim”. Tinha um caráter altivo e não prezava os homens. Não dedicava suas obras aos reis, como era costume no tempo. Seu espírito ardente e levado às disputas criou-lhe inimigos. Educou Carnéades que apenas aproveitou a desaventurada arte de atiçar dúvidas. Crisipo foi-lhe uma das vítimas. Falava livremente dos deuses e explicava a fábula dos amores de Júpiter e de Juno de maneira tão indecente quanto irreligiosa. Se é verdade que aprovava o incesto e aconselhava a usar carne humana como alimento, então sua moral esteve cheia de manchas. Deixou uma quantidade enorme de obras e morreu aos 83 anos. A ele foi erguida uma estátua no bairro da Cerâmica.

Zenão de Tarso, a quem Crisipo transmitiu o pórtico, conseguiu muitos discípulos e produziu obra escassa.

Diógenes, o babilônio, teve por mestres Crisipo e Zenão. Acompanhou Critolaos e Carnéades a Roma. Um dia em que falava sobre a cólera, um jovem estouvado cuspiu-lhe no rosto, mas a tranqüilidade do filósofo não o desmentiu. Morreu com a idade de 98 anos.

Antípater de Tarso havia sido discípulo de Diógenes e lhe sucedeu. Foi um dos mais temidos antagonistas de Carnéades.

Panécio de Rodes deixou as armas, para as quais havia sido educado desde o nascimento, para seguir o seu desejo de entregar-se à filosofia. Foi estimado por Cícero que o introduziu nos círculos de Cipião e de Lélio. Panécio apegou-se mais à prática do estoicismo do que aos seus dogmas. Gostava dos filósofos que o precederam, mas sobretudo de Platão, a quem chamava *meu Homero*. Viveu muito tempo em Roma, mas faleceu em Atenas. Teve por alunos homens de grande mérito, como Mnesarco, Possidônio, Lélio, Cipião, Fânios, Hecatão, Apolônio e Políbio. Rejeitava a arte divinatória de Zenão. Escreveu *Os Ofícios* e ocupou-se com a história das seitas, mas nenhuma obra sua nos restou.

Possidônio de Apaméia exerceu em Rodes as funções de magistrado e de filósofo. E ao deixar a escola, assentou-se no tribunal de leis, sem que houvesse uma cadeira vaga. Pompeu o visitou certa vez e Possidônio, mesmo sofrendo de gota, não deixou de conversar com o general, tratando, em sua presença, do bem e da honestidade. Escreveu obras diversas e a ele se atribuiu a invenção de uma esfera que imitava os movimentos do sistema planetário. Morreu bastante idoso e Cícero o menciona como se o houvesse escutado.

Jasão, sobrinho de Possidônio, professou o estoicismo em Rodes após a morte de seu tio[23].

23. Ver em *Filosofia dos Romanos* a história do progresso da seita sob a república e império.

Houve mulheres também que tiveram a coragem de abraçar o estoicismo e distinguir-se, no interior da escola, pela prática de uma vida austera.

Restauradores da Filosofia Estóica entre os Modernos
Os principais entre eles foram Justus-Lipse, Scioppius, Heinsius e Gataker.

Juste-Lipse nasceu ao correr do ano de 1547. Fez seus primeiros estudos em Bruxelas e daí perdeu dois anos algures. Estudou escolástica com os jesuítas. O gosto pela eloqüência e pelas questões gramaticais o atraíram inicialmente, mas Tácito e Sêneca não demoraram a lhe afastar de Donato e Cícero. Sentiu-se atraído por se fazer jesuíta, mas seus pais, que não aprovavam o desejo, o enviaram a Louvain, onde a vocação se perdeu. Lá entregou-se inteiramente à literatura antiga e à jurisprudência. Ligou-se, sob Corneille Valère, mestre comum, a Delrio, Giselin, Lermet, Shott e a outros que se afamaram pelos conhecimentos. Escreveu desde cedo e já aos dezenove anos publicou seus livros *De variis lectionibus*, dedicados ao cardeal Perrenot de Granvelle, que dele gostava e o protegia. Em Roma, mergulhou nos estudos das antigüidades, tomando contato com Manutius, Mercurialis e Muret. De retorno à Flandres, abandonou-se aos prazeres e não pareceu lembrar-se de seu Epicteto. Mas este interregno de juventude, bastante perdoável num jovem que cedo ficou sem pais ou parentes, sem tutores, não durou muito. Voltou aos estudos e à virtude. Viajou para a França e Alemanha, para o Saxe e a Boêmia, satisfazendo sua curiosidade científica e intelectual. Permaneceu algum tempo na Alemanha, onde o mau estado de sua fortuna, arrasada pela guerra em seu país, fê-lo abjurar o catolicismo para obter uma cátedra entre os luteranos. No fundo, indiferente à religião, não era nem católico nem protestante. Casou-se em Colônia e afastou-se da cidade para encontrar um asilo onde pudesse viver em calma. Mas foi obrigado a preferir a segurança àquela vantagem, refugiando-se em Louvain, onde tomou o barrete de doutor em lei. Tal condição permitia-lhe comodidade, mas a guerra parecia persegui-lo. E ela o coagiu a se transferir e ir ensinar jurisprudência e política aos protestantes. Foi lá que pressupôs que não era necessário a um Estado ter uma só religião, nem prender, queimar ou massacrar quem se recusasse a se conformar com o culto público. Que moral atribuir a homens que acabavam de pôr em risco suas mulheres, seus filhos, seus países, suas fortunas e vida para assegurar a liberdade de consciência e onde a terra ainda fumegava com o sangue que a intolerância espanhola havia disseminado! Escrevia-se então calorosamente contra Juste-Lipse e tornou-se odiado. Pensou em se retirar da Holanda. Sua mulher, supersticiosa, o pressionava para mudar de religião; os jesuítas o atacavam e ele tinha dificuldades em vaticinar os sucessos da guerra nas Províncias Unidas. Simulou uma doença e dirigiu-se a Spa, depois a Liège e de lá foi para Colônia, onde voltou ao seio do catolicismo. Tal inconstância não prejudicou tanto a consideração quanto sua tranqüilidade; os jesuítas, amigos tão calorosos quanto inimigos perigosos, haviam preconizado. Foi chamado por cidades, por províncias e soberanos. A ambição não era um defeito seu, pois recusava proposições as mais vantajosas e honoráveis. Morreu em Louvain, em 1606, com a idade de 58 anos. Muito sofreu e muito trabalhou. Sua erudição era profunda e não havia nenhuma ciência em que não fosse versado: letras, crítica, filosofia; línguas antigas e modernas eram-lhe familiares, tanto quanto a jurisprudência e as antigüidades. Era um grande moralista e desenvolveu um estilo particular, sentencioso, conciso e incisivo. Recebera da natureza vivacidade, entusiasmo, sagacidade e justiça, imaginação e memória. Abraçara o estoicismo e detestava a filosofia das escolas. Dele não dependeu fazê-las melhorar. Escreveu sobre política e moral e, embora tenha deixado um grande número de obras, escritas em meio a uma vida tumultuada, não há nenhuma que não se leia com proveito: sua fisiologia estóica, seu tratado da constância, suas opiniões políticas, observações sobre Tácito são bastante estimadas. Sempre foi pessoa civilizada, agradável, humanitária e de pouca religião. Há em sua vida mais imprudência do que maldade e suas apostasias continuadas são conseqüências naturais de seus princípios.

Gaspard Scioppius, do qual muito se disse de bom e de ruim, caminhou sobre os passos de Juste-Lipse. Publicou elementos de filosofia estóica; não são nada a não ser um breviário do que já se sabia antes dele.

Daniel Hensius fez o contrário de Scioppius: diluiu em uma oração, *De philosophia stoica*, o que Scioppius havia condensado.

Gataker mostrou-se muito superior aos dois em seus comentários sobre o imperador Marco Antônio. Nele encontramos um homem profundamente conhecedor dos oradores, dos poetas e filósofos antigos. Mas tem seus preconceitos. Vê com freqüência Jesus Cristo, São Paulo, os evangelistas e os padres sob o pórtico, como se fossem discípulos de Zenão. Dacier não estava longe das idéias de Gataker.

JÔNICA, SEITA. A história da filosofia dos gregos divide-se em fabulosa, política e sectária; e a sectária em jônica e pitagórica. Tales encontra-se à frente da seita jônica, e de sua escola saíram os filósofos jônicos, Sócrates e a multidão de seus discípulos, os acadêmicos, os cirenaicos, os erísticos, os peripatéticos, os cínicos e os estóicos. Chama-se seita jônica devido à pátria de seu fundador, Mileto, na Jônia.

Pitágoras fundou a seita que leva seu nome, pitagórica, e esta deu nascimento à eleática, à heraclítica, à epicurista e à pirrônica[24].

Tales nasceu em Mileto, de Examias e de Cleobulina, da família dos Tálidas, uma das mais distintas da Fenícia, no primeiro ano da trigésima quinta olimpíada. As condições de

24. Ver verbete "Filosofia dos Gregos".

seus pais, os cuidados que tomaram com sua educação, seus próprios talentos, a elevação de seu espírito e uma infinidade de circunstâncias felizes o conduziram à administração dos negócios públicos. No entanto, sua vida foi inicialmente privada e passou algum tempo sob Trasíbulo, homem de um gênio incomum e de comprovada experiência. Alguns dizem que se casou, outros que permaneceu solteiro e dão-lhe como herdeiro o filho de sua irmã. A verdade mais se aproxima destes últimos. Quando se lhe perguntava por que recusava à natureza o tributo que todo homem lhe deve – se fazer substituir pelos filhos –, respondia que não os tinha porque os amava: os cuidados que exigem e os acontecimentos aos quais se expõem tornam a vida muito penosa e agitada. O legislador Sólon, que observava a propagação da espécie sob uma visão política, não aprovava este modo de pensar, e Tales, que não o ignorava, propôs-se a convencê-lo por um meio tão engenhoso quanto cruel. Um dia, enviou um mensageiro a Sólon com a notícia da morte de seu filho; o pai, carinhoso, mergulhou imediatamente em dor profunda. E então Tales se aproximou e lhe disse, com ar sorridente: "E então, ainda achas que é doce ter filhos?".

A tirania jamais teve um inimigo tão declarado. Acreditava que o conselho de um particular tinha mais peso na sociedade do que as ordens de um magistrado e jamais imitou a qualquer dos sete sábios que o precederam, pois todos haviam tomado parte em um governo. Seu gosto pela filosofia natural e pelas matemáticas cedo o arrastou para longe dos negócios. O desejo de conhecer as religiões e seus mistérios o fez ir a Creta; esperava deslindar no culto e na teogonia daquele povo o que os tempos mais recuados tinham pensado sobre o nascimento do mundo e suas revoluções. Dali foi à Ásia e encontrou-se com os fenícios, célebres então por seus conhecimentos astronômicos. Na velhice, quis conversar com os sacerdotes egípcios; e ensinou-lhes a medir a altura das pirâmides por suas sombras e a de um bastão. O que eram então esses geômetras egípcios?

De volta de suas viagens, os poderosos, a quem a curiosidade e o amor-próprio conduzem aos filósofos, buscaram sua convivência. Mas preferiu o estudo, o retiro e o repouso a todas as vantagens daquelas companhias. É dele que se trata na velha e ridícula fábula do astrônomo que olha os astros e não percebe o buraco que tem sob os pés. Bem ou mal imaginada, seria preciso entender sua moral relacionando-a com as grandes visões do homem e o breve espaço de sua existência. Ele se projeta no futuro, tendo o túmulo ao seu lado.

Tales alcançou a idade de noventa anos. Tendo se imiscuído imprudentemente na multidão que os jogos olímpicos atraíam, veio a morrer de calor e sede. Conta-se que, para mostrar a seus compatriotas quanto era fácil para um filósofo se enriquecer, comprou toda a produção dos olivais de Mileto e de Quios, baseando-se nas previsões de uma safra abundante que a astronomia lhe havia sugerido. Não foi apenas filósofo, mas também poeta. Alguns atribuem-lhe um *Tratado da Natureza das Coisas*, um outro sobre astronomia náutica e pontos tropicais e equinociais. Mas aqueles que asseguram nada ter deixado parecem ter razão. Não se deve confundir o filósofo de Mileto com o legislador e poeta de Creta. Teve por discípulo a Anaximandro.

Há muitas circunstâncias que tornam a história da seita jônica difícil de ser acompanhada. Poucos escritos e poucos discípulos; o mistério, o medo do ridículo, o desprezo popular, o pavor da superstição; a doutrina dupla, a vaidade que deixa os outros na ignorância, o gosto genérico pela moral, o distanciamento dos estudos das ciências naturais e a autoridade de Sócrates, que os abandonou; a inexatidão de Platão, que, ao submeter tudo à doutrina das Idéias, a tudo corrompeu; a brevidade e a infidelidade de Aristóteles, que mutila, trunca e altera o que toca; as mudanças do tempo que desfiguram as opiniões e não as deixam passar intactas aos espíritos lúcidos, que as poderiam expor claramente, se houvessem nascido antes; o furor para examinar dos contemporâneos, que faz recuar, tanto quanto possa, a origem das descobertas, e mais coisas que não saberia dizer. E após tudo isso, que fundamentos vamos encontrar para expor a doutrina de Tales?

Do Nascimento das Coisas

A água é o princípio de tudo. Tudo provém dela e a ela se reduz. Só há um mundo e ele é obra de Deus. Logo, é inteiramente perfeito. Deus é a alma do mundo. No espaço, o mundo é a coisa mais vasta que existe. Não há vácuo. Tudo está em movimento, em mudança, e as coisas são momentâneas. A matéria se divide sem cessar, mas esta divisão tem limites. Antes de tudo havia a noite. A combinação nasce da composição dos elementos. As estrelas são da mesma natureza das coisas terrestres, mas inflamadas. A lua é iluminada pelo sol. É a interposição da lua que eclipsa o sol. Só há uma Terra e ela está no centro do mundo. São os ventos etésios que, soprando contra o curso do Nilo, o retardam e causam as inundações.

Das Coisas Espirituais

Há um primeiro Deus, o mais antigo. Não teve começo e não terá fim. Este Deus é incompreensível. Nada lhe é oculto e vê no fundo dos corações. Há demônios ou gênios e heróis. Os heróis são nossas almas separadas dos corpos. São bons se as almas foram boas; maus se elas foram más. A alma humana sempre se move e por si. As coisas inanimadas também possuem sentimentos e alma. A alma é imortal. A necessidade governa tudo. Ela é o poder imutável e a vontade constante da Providência.

Geometria de Tales

Ela se reduz a algumas proposições elementares sobre linhas, ângulos e triângulos e sua astronomia, a algumas observações sobre o levantar e o pôr das estrelas e outros fenômenos. Mas é preciso observar, em defesa do filósofo, que a filosofia natural estava ainda em seu berço e que com ele deu os primeiros passos.

Quanto aos axiomas de sua moral, eis o que Demétrio de Falera nos transmitiu. Deve-se lembrar do amigo quando este estiver ausente. É da alma e não do corpo que se deve cuidar. Ter pelos pais os cuidados que se exigem com os filhos. A intemperança é, sob qualquer aspecto, perniciosa. O ignorante é insuportável. Ensinar aos outros o que melhor se sabe. Há sempre um ponto médio. Não emprestar sua confiança sem escolha.

Interrogado sobre a arte de bem viver, respondia: não faças ao outro o que nele reprovarias; serás feliz se fores são e bem nascido; é difícil conhecer-se, mas essencial. Sem tudo isso, como adequar-se às leis da natureza?

Anaximandro seguiu os passos de Tales. Nasceu em Mileto na quadragésima segunda olimpíada e passou toda a vida na escola. A época de sua morte é incerta, mas pretende-se que tenha vivido 74 anos. Considera-se que tenha levado as matemáticas bem além do ponto em que Tales as havia deixado. Mediu o diâmetro da Terra e o contorno do mar. Inventou o gnômon, fixou os pontos dos equinócios e dos solstícios. Construiu uma esfera e desenvolveu uma fisiologia.

Segundo ele, o princípio das coisas é indeterminado ou ilimitado (*ápeiron*), não em número, mas em grandeza; imutável no todo, mas variável nas partes. Dele tudo emanava e nele se resolvia. O céu é um composto de frio e de quente. Há uma infinidade de mundos que nascem, perecem e retornam ao indeterminado. As estrelas são receptáculos de fogo que elas aspiram e expiram; são redondas e atraídas em seu movimento por aquele das esferas. Os astros são deuses. O sol está no lugar mais alto e a lua, no mais baixo; depois da lua vêm as estrelas fixas e as estrelas errantes. A órbita do sol é 28 vezes a da Terra. Ele difunde o fogo no universo assim como o pó seria disperso por uma roda escavada e oca que girasse sobre si mesma. A órbita da lua está para a da Terra como 1 para 19. Atribuía os eclipses à obstrução dos orifícios pelas quais a luz escaparia. O vento é um movimento do ar; os relâmpagos e os trovões são efeitos das compressões do ar em uma nuvem e da ruptura da nuvem. A Terra está no centro; é redonda e nada a sustém. Ela permanece por sua eqüidistância de todos os corpos.

Cosmogonia de Anaximandro

O indeterminado produziu os corpos celestes e os mundos. A revolução perpétua é a causa da geração e da destruição. A Terra é um cilindro cuja altura corresponde a um terço do diâmetro. Uma atmosfera de partículas frias e quentes formou em torno da Terra um envoltório que a fecundou. Ao se romper o envoltório, suas partes formaram o sol, a lua, as estrelas e a luz.

Quanto aos animais, ele os faz nascer da água, em princípio cheio de espinhas. Depois secaram e morreram. O homem veio a nascer desses corpos.

Anaxímenes, discípulo de Anaximandro e seu compatriota, nasceu entre as qüinquagésimas quinta e oitava olimpíadas. Seguiu as opiniões do mestre, acrescentando e mudando o que julgou conveniente. Anaxímenes pensou que o ar fosse o princípio e o fim de todos os seres. É eterno e está sempre em movimento. É um deus e infinito. Há outros deuses subalternos, todos igualmente filhos do ar. Uma grande porção deste elemento escapa aos nossos olhos, mas se manifesta pelo frio e o quente, a umidade e o movimento. Condensa-se e se rarefaz. Nunca mantém uma só forma. O ar dissolvido, em último grau, é o fogo; em um grau médio, a atmosfera; em um menor, água; mais condensado, terra; mais denso ainda, pedra. O frio e o quente são as causas opostas da geração e instrumentos da destruição. A superfície exterior do céu é terrestre. A Terra é uma grande superfície plana, sustentada pelo ar; e assim acontece com a lua, o sol e todos os astros. Os vapores atenuados, inflamados e levados a grandes distâncias, formaram os astros. Eles giram em torno da Terra, mas não se situam abaixo dela. Se deixamos de ver o sol é porque ou está oculto por regiões elevadas, ou foi conduzido a grandes distâncias.

É um ar condensado que move as plantas e as conserva.

O sol é uma placa ardente. Os eclipses, em seu sistema, ocorrem como no de Anaximandro.

De sua moral não nos restam senão algumas sentenças esparsas sobre a velhice, a volúpia, o estudo, a riqueza e a pobreza, tiradas de sua própria experiência. Casou-se, sendo pobre, teve filhos e tornou-se ainda mais pobre. Ao envelhecer, conheceu tudo o que a miséria, essa amante cruel, tem por hábito ensinar aos homens.

Anaxágoras estudou com Anaxímenes. Nasceu em Clazomene, na septuagésima olimpíada. Eubulo, seu pai, era conhecido por sua fortuna e, mais ainda, pela avareza. De tudo isso o filho fez pouco caso. Negligenciou a riqueza que o pai lhe havia deixado, viajou e olhou com frieza o desastre que a ausência provocou em suas terras. Disse: "Non essem ego salvus, nisi istae perissent" (não estaria a salvo se estes bens não houvessem perecido). Não ambicionou nenhuma dignidade que seu nascimento lhe havia destinado. Respondia a quem lhe reprovava não se importar com a pátria: "Minha pátria, e mostrava o céu, é tudo para mim". Foi para Atenas com vinte anos, quando ainda não havia ali uma escola de filosofia propriamente dita. Tão logo conheceu Anaxímenes, exclamou entusiasmado: "Sinto que nasci para observar a lua, o céu, o sol e os astros". Seus êxitos não ficaram abaixo de suas esperanças. Foi à sua pátria interrogar Hermótimo. Na primeira vez, foi a Atenas para aprender; na segunda, para ensinar. Escutaram-no Péricles, Eurípides, Sócrates e Temístocles. Mas a inveja não lhe deixou muito tempo em paz. Foi acusado de impiedade por ter dito que o sol não era senão uma lâmina ardente. Posto na cadeia e prestes a ser condenado, foi salvo pela eloqüência e a autoridade de Péricles. As palavras que disse naquelas circunstâncias tão modestas marcam a firmeza de seu caráter. Como lhe anunciavam que ele e seus filhos morreriam, respondeu: "Há muito a natureza pronunciou esta sentença contra mim. Não ignoro que sou mortal e que meus filhos nasceram de mim".

Saiu de Atenas após um período de trinta anos. Foi a Lâmpsaco passar o resto de seus dias e ali se deixou morrer de fome.

Filosofia de Anaxágoras

Nada provém do nada. No início, tudo estava lá, mas confusamente e sem movimento. Não há senão um princípio de tudo, mas dividido em partes infinitas, similares, contíguas, opostas, tocando-se, sustentando-se mutuamente, ainda que fora umas das outras. Pelo fato das partes similares da matéria estarem sem vida e movimento, houve, desde a eternidade, um princípio infinito, inteligente, incorpóreo, fora das massas, automovente e causa de todos os demais movimentos. Tudo fez com as partes similares da matéria, unindo os homogêneos entre si. As regiões superiores do mundo são cheias de fogo ou de um ar muito sutil, movido por um impulso rápido e de natureza divina. Ele suspendeu massas arrancadas à Terra e as levou em sua veloz revolução lá onde se formaram as estrelas. É esta arte que conserva suas revoluções de um pólo a outro. O sol ainda acrescenta sua força por sua ação e compressão. O sol é uma massa ardente maior que o Peloponeso e cujo movimento tem por causa o das estrelas. A lua e o sol estão postos abaixo dos astros e é a grande distância que nos impede sentir-lhes o calor. A lua é um corpo opaco, e o sol a clareia. Ela é semelhante à Terra, com suas montanhas, vales, águas e, talvez, habitantes. A via Láctea é o efeito da luz do sol refletida, perceptível pela ausência de outro astro. Os cometas são astros errantes que parecem formados por vários em conjunto, reunidos fortuitamente; sua luz é o efeito comum dessa união. O sol, a lua e os demais astros não são inteligências divinas, nem seres que se devam adorar. A Terra é plana; o mar, formado por vapores rarefeitos pelo sol, sustenta-se em sua superfície. A esfera do mundo foi no começo reta e depois inclinou-se. Não há o vazio. Os animais, formados pelo calor e a umidade, saíram da terra, machos e fêmeas. A alma é aérea e princípio do movimento. O sono é uma afecção do corpo, e não da alma. A morte constitui uma dissolução simultânea do corpo e da alma.

A ação do sol, ao rarefazer ou atenuar o ar, causa os ventos. O rápido movimento da Terra, ao impedir a livre saída dos ventos encerrados nas cavidades da terra, excita os terremotos. Se uma nuvem está em oposição aos raios do sol, como num espelho, e sua luz a encontra e nela se fixa, produz-se o arco-íris. Se a Terra separa a lua do sol, a lua será eclipsada. O mesmo acontece com o sol, caso a lua se encontre entre a Terra e o astro. Quando o calor se aproxima de nuvens frias, o encontro ocasionará relâmpagos e trovões; o raio é uma condensação do fogo.

Diógenes, o Apoloniata, foi discípulo de Anaxímenes e condiscípulo de Anaxágoras. Orador e filósofo, seus princípios são bastante análogos aos de seu mestre. Nada vem do nada. Nada se corrompe ou deixa de ser. O ar é o princípio de tudo e uma inteligência divina o move e anima. Está sempre em ação e forma mundos ao infinito, condensando-se. A Terra é uma esfera alongada e está no centro. O frio que a envolve produz sua consistência e proporcionou sua primeira solidez. As estrelas são exalações do mundo. A alma encontra-se no coração. O som é uma ressonância do ar contido na cabeça, quando agitado. Os animais nascem quentes, mas inanimados. Possuem uma quantidade de ar e de razão, mas esta última é limitada, o que os mantém no estado de imbecilidade. Se o sangue e o ar se transportam para as regiões gástricas, ocorre o sono. Se escapam, sobrevém a morte.

Arquelau de Mileto sucedeu a Anaxágoras e o estudo da física interrompeu-se com ele. A superstição a tornava perigosa e a doutrina de Sócrates a fazia desprezível. E assim, Arquelau começou a discutir leis, honestidade e justiça.

Segundo ele, o ar e o infinito são os dois princípios das coisas. E a separação do frio e do quente, a causa do movimento. O quente é ação, o frio, repouso. O frio liquefeito forma a água; comprimido pelo calor forma a terra. O calor se eleva, a terra permanece. Os astros são terras queimadas. O sol é o maior dos corpos celestes. Após o sol, a lua. A grandeza dos outros astros é variável. O céu, estendido sobre a Terra, a ilumina e seca. A Terra era, no princípio, pantanosa. É redonda na superfície e oca no centro. Redonda porque o sol não se levanta e não se põe, simultaneamente, em todas as suas regiões. O calor e o limo produziram todos os animais, sem excetuar o homem, que é um animal. Os tremores de terra têm como causa os ventos que se infiltram em suas cavidades já cheias. A voz é um ar agitado. Nada existe de justo ou de injusto, de decente ou indecente em si; é a lei quem faz a distinção.

Eis o que a Antigüidade nos transmitiu da seita jônica, que se apagou com Sócrates e só veio a renascer com Guillelmet de Bérigard, nascido em Moulins, em 1598. Bérigard estudou primeiramente letras gregas e latinas, sem negligenciar as matemáticas. Já havia permanecido muito tempo em Paris quando foi chamado a Pisa. Apegou-se a Catarina de Lorraine, mulher do duque da Toscana, na qualidade de médico, o que prova que derivou seus conhecimentos para a arte de curar. Catarina conseguiu-lhe a proteção dos Médicis e ele lecionou matemáticas e botânica. Os venezianos lhe propuseram uma cátedra em Pádua, aceita e conservada até sua morte, em 1663. Sua obra intitulada *Cursus Pisani* possui reputação e méritos. Começou a filosofar em uma época na qual o peripatetismo, já abalado, perdera um pouco de crédito, apesar dos decretos das faculdades ligadas ao velho ídolo. Embora tenha vivido em um país no qual não se pode ser muito circunspecto, e visto o exemplo de Galileu, atirado a uma prisão por ter demonstrado o movimento da Terra e a imobilidade do sol, ousou afirmar que não se levasse muito em conta o que os teólogos pensassem das ciências naturais, tanto quanto os filósofos das ciências divinas. Que progressos teria obtido a ciência com este homem raro, se ele pudesse ter-se entregue inteiramente à força de seu gênio? Mas havia preconceitos populares a respeitar, protetores a serem preservados, inimigos a temer, invejosos a acalmar, sentenças filosóficas a atacar, fanáticos a serem enganados e intolerantes a surpreender. Em uma palavra, todos os obstáculos possíveis a serem suplantados. Mas chegou ao seu objetivo: derrubou Aristóteles expondo a impiedade de sua doutrina; combateu-o desvelando as conseqüências perigosas às quais foi levado Campanella e uma infinidade de outros. Aventurou nesse momento algumas idéias sobre uma melhor maneira de filosofar e ressuscitou pouco a pouco o pensamento jônico. E malgrado suas precauções, não escapou da calúnia. Foi acusado de irreligião e mesmo de ateísmo, embora não o fosse, felizmente. Confessaríamos, no entanto, que suas obras dialogadas, nas quais esteve personificado sob o nome de Aristeu, pedem um leitor instruído e circunspecto.

MEGÁRICA, SEITA. Euclides de Mégara foi o fundador desta seita, também chamada erística. Megárica, pela proveniência de seu fundador; erística, pela maneira contenciosa e sofística com que ali se discutia. Estes filósofos emprestaram de Sócrates a arte de perguntar e responder. Mas a corromperam pelas sutilezas do sofismo e pela frivolidade dos assuntos. Propunham-se menos a ensinar do que a complicar; menos a mostrar a verdade do que a reduzir o adversário ao silêncio. Divertiam-se com o bom senso e a razão. Entre aqueles que se destacaram particularmente neste abuso de tempo e talentos, estavam: Euclides (não o geômetra), Eubulides, Alexinos, Eufanto, Apolônio Cronos, Diodoro Cronos, Ictias, Clinômaco e Stílpon.

Euclides de Mégara recebeu da natureza um espírito alerta e sutil. Aplicou-se com prazer ao estudo e já havia lido as obras de Parmênides antes de ouvir Sócrates, cuja reputação o atraiu a Atenas. Na época, os atenienses, inimigos dos habitantes de Mégara, haviam decidido matar todo estrangeiro que dali resolvesse entrar na cidade. Euclides, para satisfazer sua curiosidadade, sem expor muito indiscretamente sua vida, saía de Mégara ao crepúsculo, travestido de mulher, para passar a noite em casa de Sócrates. A maneira fácil e tranqüila de filosofar de Sócrates não foi pacificamente aceita por um jovem tão inquieto. Assim, Euclides não demorou muito a deixá-lo, e a se lançar à ágora com os seguidores do eleatismo, e Sócrates, que sem dúvida lamentou a decisão, disse-lhe: "Euclides, tu sabes tirar partido dos sofistas, mas não sabes utilizar os homens".

De retorno a Mégara, Euclides abriu uma brilhante escola, na qual os gregos, adeptos das discussões, vieram em grande número. Sócrates havia deixado intacta a petulância de seu espírito, mas também suavizado seu caráter. Reconhecemos as lições de Sócrates na resposta que Euclides deu a alguém que, um dia, num momento de raiva, disse: "Quero morrer se não conseguir me vingar". "Quero morrer, respondeu Euclides, se eu não te acalmar e se tu não me seguires como antes".

Após a morte de Sócrates, Platão e outros de seus discípulos, receosos, procuraram em Mégara um asilo contra as conseqüências da tirania. Euclides os recebeu com cortesia e os ajudou até que o perigo passasse e lhes fosse permitido reaparecer em Atenas.

Pouco nos chegou dos princípios filosóficos de Euclides. Dizia em uma argumentação: deve-se proceder com um objeto segundo seu semelhante ou dessemelhante. No primeiro caso, é preciso assegurar sua similitude; no segundo, a comparação é nula. Não é necessário, na refutação de um erro, expor princípios contrários; basta seguir as conseqüências daquilo que o adversário admite; se é falso, chega-se a um absurdo. O bem é um só, mas lhe damos nomes diferentes. Exprimia-se sobre os deuses e a religião de maneira circunspecta. Isso não era de seu caráter, mas o destino infeliz de Sócrates o tinha tornado precavido. Indagado por alguém sobre o que eram os deuses e o que mais os agradavam, respondeu: "Sobre isso só sei que eles detestam os curiosos".

Eubulídes, o milésio, sucedeu a Euclides. Este homem tinha aversão por Aristóteles e não perdia a oportunidade de criticá-lo. Conta-se Demóstenes entre os seus discípulos. Distiguiu-se pela invenção de diferentes sofismas, cujos nomes chegaram até nós. Assim, entre outros, o mentiroso, o oculto, o electra, o velado, o sorites, o cornudo, o calvo. Daríamos exemplos deles se valessem a pena. Não sei quem mais desprezo – ou o filósofo que perde seu tempo a imaginar tais inépcias, ou um Filetas de Cós, que se cansou tanto em resolvê-los que por isso mesmo foi levado à morte.

Clinômaco apareceu depois de Eubulides. Foi o primeiro a fixar os axiomas, a discuti-los, a criar suas categorias e outras questões de dialética. Dividiu a cátedra de Eubulides com Alexinos, o mais temido sofista desta escola. Zenão, Aristóteles, Menedemo, Stílpon e outros incomodaram-se com suas argumentações. Retirou-se para Olímpia, onde se propôs a fundar uma seita chamada, pomposamente, olímpica. Mas as necessidades comuns da vida, as intempéries, a insalubridade do lugar desagradaram os ouvintes. Todos se foram, deixando-o apenas com um criado. Algum tempo depois, banhando-se no Alfeu, feriu-se com o caule de um junco e veio a falecer desse ferimento. Escreveu vários livros que não possuímos e que, nem por isso, merecem nossos pesares.

Alexinos, ou mais propriamente Eubulides, teve ainda por discípulo a Eufanto. Este aqui foi preceptor do rei Antígono. Não se entregou inteiramente às minúcias complicadas da escola erística, reservando-se momentos de estudo mais útil e sério. Escreveu uma obra sobre a arte de reinar que homens de bom senso aprovaram. Com idade avançada, disputou concursos trágicos e suas composições lhe renderam prestígio. Escreveu também a história de seu tempo e teve por condiscípulo a Apolônio Cronos, pouco conhecido. Este último formou Diodoro, que manteve seu nome e lhe sucedeu no ensino.

Diz-se de Diodoro que, constrangido por Stílpon em presença do rei Ptolomeu Soter, retirou-se confuso e encerrou-se para desfazer as dificuldades que o adversário lhe havia proposto, tendo morrido de muitos trabalhos e tristezas. Ceutón e Sexto Empírico, no entanto, o citam como um lógico orgulhoso de sua capacidade. Teve cinco filhas que também alcançaram grande reputação pela sabedoria e habilidade na dialética. Fílon, mestre de Carnéades, não se recusou a escrever-lhes a história.

Houve um grande número de Diodoros e de Euclides, que não devem ser confundidos com os filósofos da seita megárica. Diodoro ocupou-se muito com as proposições condicionais, mas duvido que suas regras valham mais do que as de Aristótoles e as dos nossos. Foi ainda um dos seguidores da física atômica. Encarava os corpos como sendo compostos de partículas indivisíveis, as menores possíveis, finitas em grandeza e infinitas em número. Mas se lhes atribuía outras qualidades, tais como forma ou posição, isso se ignora e, por conseguinte, não se sabe se seus átomos são ou não os mesmos de Demócrito.

De Ictias só nos resta o nome. E da seita, o mais célebre foi Stílpon.

Stílpon foi educado pelos mais proeminentes homens de seu tempo. Ouviu Euclides e foi contemporâneo de Trasímaco, de Diógenes, o cínico, de Pasiclés, o tebano, de Dioclés e de outros que deixaram grande reputação. Distinguiu-se tanto pela reforma de suas tendências ao vício, quanto por seus talentos. Na juventude, amou as mulheres e o vinho. Acusaram-no de haver convivido com a cortesã Micarate, mulher amável e instruída. Mas também sabemos que, naquele tempo, as cortesãs freqüentavam as escolas dos filósofos. Laís assistia às lições de Aristipo e Aspásia fez mais pela honra de Sócrates que qualquer outro discípulo. Teve uma filha que não lhe seguiu a severidade de hábitos e dizia àqueles que se referiam à sua má conduta: "Não me sinto mais desonrado por seus vícios, já que ela se vê honrada com minhas virtudes". A recusa das riquezas que Ptolomeu Soter lhe ofereceu, após a tomada de Mégara, demonstra que esteve acima das grandes tentações da vida. "Nada perdi – dizia aos que lhe perguntavam por suas condições, para que lhe fossem restituídos os bens após a pilhagem de sua cidade por Demétrio, filho de Antígono –, pois me restam meus conhecimentos e minha eloqüência". O vencedor poupou sua casa dos saques e se pôs a escutá-lo. Era simples de espírito, bonito e bastante erudito. Gozava de tamanha celebridade que, se ocorresse de aparecer numa rua de Atenas, as pessoas sairiam de suas casas para vê-lo. Conseguiu um grande número de seguidores para a filosofia que havia abraçado, atraindo-os de outras escolas: Metrodoro abandonou Deofrasto para ouvi-lo; Clitarco e Símias, Aristótoles; Peônio, Aristides. Arrastou consigo Frasidemos, o peripatético, Alcino, Zenão, Crates e vários outros. Os diálogos que lhe são atribuídos não são dignos de um homem como ele. Teve um filho chamado Drízon ou Bríson, que também cultivou a filosofia e que se conta entre os mestres de Pirro.

As sutilezas da seita erística conduzem, naturalmente, ao ceticismo. Na procura da verdade, parte-se de um fio que se perde nas trevas e que não deixa de ali nos levar se os seguimos sem discussão. Há um ponto intermediário no qual é preciso deter-se. E parece que a ignorância desse ponto foi o vício principal da escola de Mégara e da seita de Pirro.

Resta-nos pouca coisa da filosofia de Stílpon e mesmo este pouco permanece abaixo dos talentos e da reputação do filósofo. Pretendia não haver universais e a palavra homem, por exemplo, nada significava de existente. Acrescia que uma coisa não pode ser o predicado de outra. O bem soberano, segundo ele, era o de não ter o espírito perturbado pelas paixões. Em Atenas, suspeitava-se que fosse pouco religioso. Foi processado perante o areópago e condenado ao exílio por ter respondido a alguém que falava de Minerva que "ela não era filha de Júpiter, mas de Fídias". Outra vez, disse a Crates que o interrogava sobre os presentes e as honras que se oferecem aos deuses: "Agora estou distraído e esse tipo de questão só me faças na rua". Dele ainda se conta uma conversa em sonho com Netuno, no qual o deus não poderia ser tratado tão familiarmente senão por um homem livre de preconceitos. Mas do fato de Stílpon fazer pouco caso dos deuses de seu país segue-se que fosse ateu? Não o creio.

PIRRONISMO OU FILOSOFIA CÉTICA. Os gregos estavam cansados de tantas discussões sobre o verdadeiro e o falso, o bem e o mal, o belo e o feio, quando surgiu entre eles uma seita que, em pouco tempo, conseguiu muitos prosélitos – a pirrônica ou cética.

Em outras escolas, havia um sistema herdado, princípios confessos, tudo se provava e de nada se tinha dúvida. Nessa última, entretanto, seguia-se um método de filosofar completamente oposto, pretendendo-se que nada havia a ser demonstrado e nem mesmo de demonstrável; que a ciência real não passava de um nome vão e que aqueles que a reivindicavam eram homens ignorantes, inúteis ou mentirosos; que todas as coisas sobre as quais um filósofo podia discutir permaneciam, malgrado seus esforços, na mais densa escuridão; que quanto mais se estudava, menos se sabia, estando-se condenado a flutuar eternamente de incerteza em incerteza, de opinião em opinião, sem nunca se encontrar um ponto fixo de onde partir, para onde voltar ou nele permanecer. Daí, concluíam os céticos: era ridículo darem-se definições; era preciso nada assegurar; devia o sábio em tudo suspender o juízo e não se deixar enganar pela quimera da verdade, tanto quanto regular sua vida pela verossimilhança e mostrar, pela circunspecção, que se a natureza das coisas não era tão clara como para os dogmáticos mais decididos, ao menos a imbecilidade da razão humana lhe era mais conhecida. O cético era, portanto, o inimigo comum de todas as demais escolas.

Pirro, discípulo de Anaxarco, da seita eleática, foi o primeiro a exercer esta filosofia pusilânime e duvidosa que se chama, por seu nome, pirronismo, e, por sua natureza, cética.

Caso se examine o método dos acadêmicos, não o acharemos muito afastado daquele de Pirro.

Pirro nasceu em Eléia, de pais obscuros. Foi mau pintor antes de ser filósofo. Teve por primeiro mestre Bríson, filho de Stílpon, discípulo de Clinômaco, que o instruiu nesta dialética espinhosa, própria dos erísticos. Em seguida, escutou Anaxarco, discípulo de Metrodoro de Quíos, afeiçoando-se àquele filósofo. Juntos, seguiram Alexandre à Índia e ali conferenciaram com os brâmanes e os gimnosofistas. Reteve da doutrina desses mestres apenas os princípios que favoreciam sua natural tendência à dúvida. Começou de um modo que tanto deve ter ofendido quanto causado surpresa: disse não haver nada de honesto ou desonesto, nada de injusto ou de justo, nada de belo ou de feio, nem de verdadeiro ou falso. Tais foram suas primeiras palavras. Para ele, os únicos fundamentos das ações e das asserções humanas eram a educação, o uso comum e o hábito. Assegura-se que sua conduta foi conseqüência de sua filosofia, que não se precavia contra nada e de nada se desviava, caminhando diretamente na direção de uma carroça, de um precipício, de uma fogueira ou de um animal selvagem. Desafiava o testemunho evidente dos sentidos nas mais perigosas situações, devendo sua saúde à intervenção de amigos que o acompanhavam. Se tais histórias forem verdadeiras, é preciso olhar-se Pirro como uma dessas cabeças assombradas, para quem tudo está confundido. Mas não é bem assim. Ele raciocinava como um insensato e se conduzia como todo o mundo. Notava-se nele apenas um pouco mais de indiferença, de indulgência e de resignação. Não tendo uma opinião unívoca, não era difícil determiná-lo; sem nenhuma noção de bem e de mal, como se poderia ofendê-lo? Do que se queixaria um homem incapaz de distinguir o sofrimento do prazer? A suprema tranqüilidade de alma que havia adquirido surpreendeu Epicuro. Seus concidadãos o tinham como sumo sacerdote. Qualquer que tenha sido sua filosofia, o bem era a regra de sua vida; disso não se deve duvidar. A acatalepsia de

Pirro não se estendia aos sentidos; era uma arma que inventara contra o orgulho dos dogmáticos e não a empregava a não ser contra eles. Tinha suas opiniões particulares na escola e uma conduta comum em sociedade. Estava no auge na centésima décima olimpíada e morreu aos noventa anos. Os atenienses ergueram-lhe uma estátua ao lado do pórtico e teve um monumento em sua pátria.

Pirro aprendeu com Demócrito que nada havia de real senão os átomos; que aquilo que vemos como qualidades próprias dos corpos são apenas afecções de nosso entendimento, opiniões, uma certa disposição, ordem ou percepção. Na escola eleática, convenceu-se que o testemunho dos sentidos era enganador. Com Stílpon, aprendeu a arte funesta de discutir a favor ou contra, quase com o mesmo prazer. Era homem de caráter duro e via os filósofos espalharem-se em uma infinidade de escolas opostas, gritando: "Sou eu quem possui a verdade; é aqui que se aprende a ser sábio; venham, senhores, queiram entrar; meu vizinho é um charlatão que apenas vos infligirá opiniões". As circunstâncias concorreram para que fosse levado ao ceticismo que professou.

Pirro teve muitos adeptos. O primeiro a quem se faz menção é Eurîloco, homem violento, cuja conduta tornou ridícula, de tempos em tempos, uma seita que pregava a dúvida na procura da verdade e a ataraxia no uso das paixões. Ele conservou de seu mestre o ódio aos sofistas. No entanto, foi de tal modo acossado na Élida por perguntas espinhosas que, impaciente, jogou fora seu manto e se precipitou no Alfeu, deixando o rio entre ele e seus perseguidores.

Houve um Pirro de Atenas, discípulo de Pirro de Eléia, amante da solidão como seu mestre, e que fugia das discussões das escolas e do tumulto do mundo.

Tímon de Flasiano foi dançarino, antes de cético. Mas desgostoso daquela arte frívola, dirigiu-se a Mégara para estudar dialética com Stílpon e dali à Elida para ouvir Pirro. Amava a boa mesa e se honrava em beber. Sua devassidão reduziu-o à mendicância e então se pôs a percorrer o Helesponto e a Propôntida, ensinando filosofia e pregando a sobriedade. Fez reputação em suas viagens, restabeleceu seus negócios e reapareceu em Atenas, onde morou até a morte. Foi um homem de grande percuciência; ninguém observava mais rapidamente e com maior segurança o erro de um raciocínio ou a fraqueza de um sistema. Mestre na arte de utilizar a ironia, cobria de ridículo aqueles a quem havia arrasado. Escreveu sátiras. A calúnia e a maledicência não eram jamais perdoadas e afligia até mesmo as pessoas mais honestas, sendo agradável apenas com o povo ateniense. Deu uma das mais fortes provas do que se poderia exigir da sinceridade de sua indiferença filosófica: autor de obras, preocupava-se tão pouco com as cópias que estas acabavam apodrecidas, comidas por ratos, perdidas, obrigando-o a suprir de memória as lacunas existentes. Morreu aos noventa anos.

A escola pirrônica durou pouco. Foi-se extinguindo depois de Tímon e até Enesidemo, contemporâneo de Cícero. Estes são os seus principais axiomas.

O ceticismo é a arte de comparar entre si as coisas que se vê e as que se entende, colocando-as em oposição. Pode-se estabelecer oposição entre as coisas que se vê, entre as que se entende e entre ambas as classes.

A ataraxia é a finalidade do ceticismo. Seu grande axioma é que não há razão que não possa ser contrabalançada por outra de mesmo peso.

O cético nada decide. Não é que não seja afetado como os demais homens ou que a sensação não arraste o seu julgamento. Mas ele reserva sua dúvida para opô-la ao orgulho dos dogmáticos, para os quais tudo é evidente nas ciências. Sob tal ponto de vista, o cético não constitui uma seita, pois toda seita supõe um sistema de dogmas ligados entre si, e que enuncia coisas em conformidade com os objetos dos sentidos. Mas é um sectário na medida em que existem aparências segundo as quais ele se crê obrigado a regular sua conduta.

Não nega as aparências, mas sim tudo aquilo que se afirma do objeto aparente. Há três motivos que o conduzem a aquiescer com as aparências: a instrução natural, o esforço das paixões e as leis, os costumes e as tradições das artes.

Aquele que disser haver algo de bom ou de mau em si equivocar-se-á para o resto da vida; às vezes pela ausência do bem, às vezes pela presença do mal; buscará afastar uma coisa e aproximar uma outra e só a isso se dará o trabalho.

O cético pode praticar a ataraxia baseando-se na oposição das coisas que percebemos pelos sentidos e aquelas que conhecemos pela razão, ou ainda pela suspensão do juízo quando a oposição da qual se trata não pode ser captada. E há dez lugares comuns que conduzem à suspensão do julgamento.

O primeiro é que as imagens variam segundo a diferença dos animais. O segundo é que as imagens variam segundo a diferença dos homens, ou seja, elas não são as mesmas de um homem a outro. O terceiro provém da diferença dos sentidos – o que é agradável ao olfato é, com freqüência, desagradável ao gosto. O quarto motivo é o das circunstâncias, como os hábitos, as disposições pessoais, as condições de vida, o sono, a vigília, a idade, o movimento, o repouso, o amor, o ódio, a fome, a saciedade, a confiança, o medo, a alegria, o desgosto. Todas as coisas influenciam e de modo diferente aos homens no mesmo momento, e ao mesmo homem em momentos distintos; daí dizer-se que, pela experiência, as imagens variam. O quinto, em decorrência das posições sociais, dos tempos, dos lugares e dos intervalos. O sexto, da combinação, pois nenhum objeto permanece solitário sob os sentidos. Talvez possamos nos pronunciar sobre a combinação, mas não sobre os próprios objetos combinados. O sétimo, das quantidades e das constituições dos sujeitos. O oitavo, das relações. O nono, da freqüência e da raridade das sensações. O décimo, das constituições vigentes, dos costumes, das leis, das superstições, dos preconceitos e dogmas que estabelecem uma multidão de conflitos, fazendo com que, sobre este fundo, um homem circunspecto suspenda o juízo.

Além destes dez lugares comuns dos antigos céticos, foram acrescidos outros cinco pelos que vieram depois. Em primeiro lugar, a diversidade das opiniões do filósofo e do povo; de um filósofo a outro; de um filósofo perante um homem do povo; entre homens do povo; em segundo, o circuito infinito das razões; em terceiro, a condição daquele que vê ou compreende, relativamente ao objeto visto ou entendido; em quarto, as suposições que se tomam por princípios já demonstrados; finalmente, a petição de um princípio pelo qual se prova uma coisa por outra, e esta aqui pela primeira.

As etiologias dos dogmáticos podem ser refutadas de oito maneiras[25]: 1 – mostrando que a causa assinalada não é algo evidente, ou tampouco uma seqüência de causas evidentes; 2 – que entre os diferentes partidos que podem ser tomados, se conhecêssemos todas as razões para concluirmos, segue-se aquele que agrada aos dogmáticos, os quais ocultam ou ignoram as razões que causam perplexidade; 3 – que tudo o que é está submetido a uma ordem, cujas razões não se mostram; 4 – que admitem as aparências como elas se mostram e imaginam ter concebido a maneira como surgem as não-aparentes, enquanto que as aparentes e as não-aparentes talvez tenham uma maneira idêntica de ser, ou talvez um modo particular ou diverso; 5 – que quase todos atribuem causas conforme elementos supostos e não segundo leis gerais, comuns e evidentes; 6 – que escolhem fenômenos que se explicam facilmente conforme suas suposições, mas fecham os olhos sobre aqueles que lhes contradizem ou derrubam; 7 – que as causas que atribuem são algumas vezes incompatíveis não apenas com as aparências, mas com as próprias hipóteses; 8 – que outorgam verossimilhança ao que está em questão, embora não haja mais clareza de um lado do que de outro.

25. Os aforismos que se seguem são conhecidos como Tropos ou Modos de Enesidemo, tendo sido recolhidos e expostos por Fílon de Alexandria.

É impossível dar uma razão que convenha geralmente a todas as seitas filosóficas, aos sentidos, às coisas e às aparências. O cético não define seu assentimento e até mesmo se abstém de expressões que caracterizem uma afirmação ou uma negação formal. Assim, traz perpetuamente à boca frases como: “nada defino, nem isso aqui nem aquilo lá; talvez sim, talvez não; não sei se isso é possível ou impossível; o que se conhece?; ser e ver talvez sejam a mesma coisa”. Em uma questão proposta pelos dogmáticos, o contra e o a favor lhe convêm igualmente. Quando diz nada compreender, isso significa que de todas as questões postas pelos dogmáticos, nenhuma encontra entre elas que seja compreensível.

Não se deve confundir o ceticismo com as filosofias de Heráclito, de Demócrito, nem com o sistema de Protágoras, a filosofia acadêmica ou o empirismo.

Não há nenhum caráter teorético do falso ou do verdadeiro; nele deve haver um que seja prático. O fundamento teórico que se traz do falso ou do verdadeiro deve ter o seu; raciocino da mesma forma sobre este último e, assim, ao infinito. Pois o caráter teorético do falso ou do verdadeiro, para aquele que julga, não pode ser compreendido ou demonstrado.

Qual é, entre tantas opiniões opostas, aquela à qual nos devemos conformar?

O caráter do falso ou do verdadeiro, considerado relativamente ao sentido e ao entendimento, não é menos obscuro. O homem não julga apenas pelo sentido, ou apenas pelo entendimento, nem por um e outro, conjuntamente. O caráter do verdadeiro e do falso, relativamente à imaginação, é enganoso, pois o que é a imagem? Uma impressão feita no entendimento pelo objeto percebido. Como acontece dessas impressões virem uma após outras e não se confundirem? Por outro lado, se conseguíssemos explicar esta maravilha – a imaginação como faculdade do entendimento –, também ela não seria concebível, tanto quanto o entendimento. Se estivéssemos de acordo sobre o caráter de uma verdade, de que ele serviria, se os dogmáticos nos dizem que a verdade abstrata não subsiste, não é nada?

As coisas obscuras não possuem um caráter que demonstre ser antes uma coisa do que outra.

Mas o elo no raciocínio não se conhece melhor do que o objeto. É sempre necessário provar-se uma ligação com outra, ou esta por aquela, assim procedendo ao infinito, ou deter-se em algo não demonstrado. Donde se segue que nem mesmo se sabe o que é uma demonstração, pois todas as partes do raciocínio não coexistem juntas, nem a demonstração que daí resulta, nem a força conclusiva.

O silogismo simples é vicioso. Apóia-se em uma base arruinada ou sobre proposições universais cuja verdade é admitida por indução extraída dos singulares, ou por proposições singulares cuja veracidade é admitida sobre uma concessão precedente da verdade dos universais.

A indução é impossível, pois ela pressupõe exaurir todos os singulares, e os singulares são infinitos em número.

As definições são inúteis, pois aquele que define não compreende a coisa pela definição que dá, mas aplica a definição a uma coisa que compreendeu à sua maneira. E se quisermos tudo definir, cairemos na impossibilidade do infinito. Se concordarmos que há alguma coisa que se possa compreender sem definição, seguir-se-á então que as definições são inúteis e que, por conseqüência, não são necessárias. Outro motivo pelo qual as definições são inúteis: é preciso começar por estabelecer a verdade das definições, o que nos leva a discussões intermináveis.

O gênero ou a espécie são noções do entendimento ou substâncias. No primeiro caso, existe a mesma incerteza como se se tratasse do entendimento; no segundo, as espécies não podem estar compreendidas nos gêneros, não havendo nem espécies nem gêneros.

Entre os diferentes sofismas que se pode fazer, a dialética resolve apenas aqueles de solução inútil. Não é o dialético, mas o homem versado em arte ou ciência que os resolve. O mesmo se pode dizer das anfibologias. As distinções do dialético úteis no curso da vida; é o homem instruído na arte ou na ciência que perceberá a anfibologia enganosa.

Se o cético vê apenas incertezas na filosofia natural, crê-se que a filosofia moral lhe seja menos suspeita? Ele se adapta à vida comum, diz, com o povo, que os deuses existem, que é preciso adorá-los, que sua providência a tudo abarca. Mas discute com os dogmáticos a respeito de tudo isso, pois não lhe pode suportar o tom decisivo.

Entre os dogmáticos, alguns dizem que deus é corporal, outros que é incorpóreo. Alguns, que ele tem forma, outros que não. Alguns que ocupa um lugar, outros que não; que está no mundo ou fora dele. Mas o que se pode afirmar sobre um ser cuja substância, natureza, forma e lugar são desconhecidos? As provas que os dogmáticos apresentam de sua existência são más. Ou se procede pela evidência ou pela obscuridade. Pela evidência, é um absurdo, pois se é preciso conceber aquilo que se pretende demonstrar, a demonstração nada significa. Pelo lado obscuro, trata-se de uma impossibilidade.

Não se pode demonstrar a existência de Deus, nem reconhecê-la pela providência, pois se ele se imiscuísse nas coisas sublunares não haveria os males físico e moral. Se Deus não se mostra por sua providência, se não se reconhecem os traços de sua existência pelos efeitos, se não o concebemos nele próprio, nem fora de si, de onde se sabe que ele é? Ou é preciso negar que ele existe, ou torná-lo o autor do mal que, podendo, não impediu. Ou ainda, torná-lo impotente, se o mal ocorre sem que ele possa impedi-lo.

É verossímil que haja causa, pois, sem ela, como poderia haver crescimento, decréscimo, geração, corrupção, movimento, repouso, efeitos? Por outro lado, pode-se sustentar com a mesma primazia e verossimilhança que não há causa, pois esta só é percebida pelo efeito. E o efeito não se concebe sem causa; como então sair do círculo? Além disso, como se trata da existência de uma causa, desde o primeiro passo será necessário remontar à causa da causa, e assim sucessivamente. Ora, tal progressão ao infinito é impossível.

Também os princípios materiais não são melhor compreendidos. Sobre eles, os dogmáticos falam de uma infinidade de modos diversos e não há nenhum caráter de verdade que decida em favor de uma opinião ou de outra.

O corpo é incompreensível por si mesmo. Não é nada sem comprimento, largura, profundidade ou impenetrabilidade. E essas qualidades nada são sem o corpo. Isso no que concerne a um corpo simples. A incerteza é outra em se tratando dos compostos. Não se sabe o que é o contato, a combinação, a afinidade, a simpatia, a mistura. E a diversidade das opiniões é infinitamente maior. Os que asseveram haver movimento têm a seu favor a experiência; os que o negam se baseiam na razão. Como homem que julga segundo as aparências, o cético o admite; mas como filósofo que exige a demonstração de tudo o que admite, ele o rejeita.

O raciocínio que se segue, entre outros, suspende o juízo sobre a questão do movimento. Se algo se move, ou se move por si ou é por outra coisa movida. Se é movido por outra coisa, esta aqui será por si mesma movida, ou também por outra, e assim sucessivamente, até se chegar a um ser que se move unicamente por si mesmo, o que não se concebe.

O crescimento, a diminuição, a subtração, a translação oferecem as mesmas dificuldades que o movimento.

O todo não se compreende, pois o que é o todo, senão a agregação de partes? Se todas as partes forem retiradas, o todo reduz-se a nada. Mas, ou as partes são partes do todo e dele surgiram, ou são partes umas das outras, ou ainda partes de si mesmas. Se são partes do todo, isso é impossível, pois as partes e o todo são uma coisa só. Mas se são partes umas das outras, ou de si mesmas, também não há como, pois teriam de surgir de si mesmas. E não havendo uma noção exata nem do todo nem das partes, também não haverá a de adição, subtração, crescimento, diminuição, corrupção, geração ou a de qualquer outro efeito natural.

Se a substância é fluida, como pretendem os dogmáticos, e continuamente algo dela escapa ou a ela se junta, não existe corpo em repouso, nenhum estado permanente na substância.

Se o lugar é o espaço que o corpo ocupa, ou ele tem as mesmas dimensões do corpo, ou não as tem. Se as tem, é a mesma coisa que o corpo; se não, são coisas desiguais. Os dogmáticos não sabem o que são o lugar, o espaço e o vazio, sobretudo se distinguem o lugar do vazio. Se o espaço possui dimensões, segue-se que ou os corpos se penetram, ou o corpo é seu próprio espaço.

Julgar o tempo pelas aparências é saber alguma coisa; mas pelo que dizem os dogmáticos, não se sabe mais o que seja. A noção do tempo está ligada à do movimento e à do repouso. Se em alguma delas há algo de incerto, todas se tornam igualmente incertas. O tempo pode ser triplo? O passado e o futuro não são, pois um já não é, e o outro não é ainda. Quanto ao presente, ele nos escapa e sua velocidade o furta à nossa concepção.

O cético utiliza os números em sociedade e sabe o que é a quantidade, quando não discute com os dogmáticos. Mas não quis ouvi-los sobre o assunto, pois então as noções se confundiriam.

Quando os dogmáticos relacionam o bem àquilo que é o nosso desejo, ao que nos é útil, ao que nos faz feliz, eles especificam os efeitos do bem, mas não dizem o que ele é. Cada um possui o seu bem, em particular. Não há um só bem que seja idêntico para dois indivíduos. Portanto, a noção de bem é tão vaga quanto qualquer outra. O desejo do bem não é o bem em si mesmo, pois senão teríamos o bem que desejamos; também não é a coisa desejada, pois ela não é nem o bem nem o mal. O bem não está em nós nem fora de nós. É nada. Quando o cético estabelece entre as coisas as distinções do bem e do mal, do justo e do injusto, ele se conforma ao uso que delas se faz, enquanto o dogmático pretende conformar-se à evidência e à razão.

O cético não tem paixão com referência a certas coisas e é muito moderado em relação a outras. Trata-se, para ele, de convenções. Sabe que o bem, em um momento e apenas para ele, pode ser o mal para outro, no mesmo instante. Que o que é tido por honesto ou desonesto em Atenas ou Roma, considera-se indiferente em outros lugares. Para tudo o que veja, ouça ou faça, permanece impassível. Tudo lhe parece igualmente bom ou mau, ou nada em si mesmo. Mas se o bem e o mal nada são em si, não há mais regras ou hábitos na vida. A virtude é um hábito. Ora, não se sabe o que é um hábito em si, nem nos efeitos que provoca.

Palavras como artes e ciências não têm significado para o cético. De resto, mantém os paradoxos apenas para se distanciar das coisas, afastar as perturbações da alma, reduzir o que o circunda a um justo valor, nada temer, nada desejar, nada admirar, nada exaltar ou censurar, ser feliz e fazer com que o dogmático perceba sua miséria e temeridade.

De onde se conclui que a dúvida havia conduzido o cético à mesma conclusão que o estóico extraiu da necessidade. E que tais filósofos haviam prestado à filosofia um serviço muito importante ao descobrir as fontes reais de nossos erros e marcar os limites de nosso entendimento. Que ao sair de suas escolas deveríamos nos pronunciar com muita circunspecção sobre as coisas que achávamos compreender. Que suas doutrinas nos mostravam os objetos até então encobertos nas sombras e que jamais conheceríamos. Que suas doutrinas tendiam a tornar os homens mais indulgentes entre si e a amenizar em todos a impetuosidade das paixões. Conclusão: há no uso da razão uma sobriedade da qual não nos afastamos impunemente.

Não era possível a uma escola que abalava qualquer princípio, que dizia serem o vício e a virtude palavras desprovidas de idéias, que não havia nada em si de verdadeiro ou de falso, de bom ou de mau, de bem ou mal, de justo ou injusto, de honesto ou desonesto que fizesse grande progresso em meio a qualquer povo da Terra. O cético, embora protestasse por haver uma maneira de julgar própria à escola, e diferente da sociedade, estava certo de que sua doutrina tendia a envilecer tudo o que havia de mais sagrado entre os homens.

Nossas opiniões têm uma influência por demais imediata sobre nossas ações para que pudéssemos tratar o ceticismo com indiferença. Essa filosofia cessou de existir muito cedo em Atenas e fez poucos progressos em Roma, sobretudo na fase imperial. Augusto favoreceu os estóicos e os peripatéticos; e seus cortesãos eram quase todos epicuristas. O supersticioso Tibério inclinou-se pelo pitagorismo e suas divinações. Caio, Cláudio e Nero não fizeram caso das filosofias e dos filósofos. Os pitagóricos e os estóicos foram privilegiados nas cortes de Vespasiano e de Tito. Trajano e Adriano gostavam de todos, indistintamente. Os antoninos professaram, eles próprios, as filosofias dogmática e estóica. Júlia conseguiu o favor de Severo para os platônicos. De tempos em tempos apareciam alguns céticos. Entre eles, Cláudio Ptolomeu. É certo que fez pouco caso da razão e das luzes do entendimento. Cornélio Celso tinha uma erudição muito variada e superficial para ser um dogmático. Nada diremos de Sexto Empírico, pois quem não conhece suas hipóteses?[26] Era africano e escreveu no começo do terceiro século. Teve por discípulo Saturnino e por seguidor Teodósio Tripólito. O cético Urânio apareceu sob o reinado de Justiniano.

O ceticismo adormeceu desde essa época até 1562, quando nasceu o português Francisco Sanchez. Ele publicou uma obra intitulada *De multum nobili et prima universali scientia quod nihil scitur* (Sobre a mui Nobre e Primeira Ciência Universal de Que nada Se Sabe). Foi uma maneira bem pensada de atacar o aristotelismo, sem se comprometer. Sanchez queria aca-

26. As "Hypotyposes" de Sexto Empírico, derivadas dos tropos de Enesidemo, são, de modo sintético: há sempre discordância entre os juízos e as teorias; todas as provas regridem ao infinito; os objetos são relativos entre si e ao sujeito que os percebe e representa; a negação do caráter axiomático das proposições; o raciocínio silogístico é, na verdade, um dialelo, ou seja, um círculo vicioso.

bar com os erros que dominavam o seu tempo. Hieronymus Hirnhaym pretendia corrigir todos os erros do conhecimento humano, como parece pelo título de sua obra: *De typho generis humani, sive scientiarum humanarum inani ac ventoso humore, difficultate, labilitate, falsitate, jactantia, praesumptione, incommodis et periculis, tratactus brevis, in quo etiam vera sapientia a falsa discenitur, et simplicitas mundo contempta extollitur, idiotis in solatium, doctis in cautelam conscriptus* (Breve tratado acerca do tipo do gênero humano, ou do humor variável, da dificuldade, labilidade, falsidade, jactância, presunção, incômodos e perigos das ciências humanas, na qual se distingue a verdadeira sabedoria da falsa e se louva a simplicidade que o mundo desaprecia, escrito para a distração dos iniciantes e a cautela dos doutos). Hirnhaym era cônego da ordem de Prémontré e abade de Strahow, na Boêmia. Este cético piedoso levou a dúvida tão longe quanto se podia ir. Para ele, não há nenhum axioma filosófico infalível. Opôs a filosofia à teologia, a revelação à razão, a criação ao axioma *ex nihilo nihil fit* (nada se faz do nada); a Eucaristia ao axioma "é impossível que um mesmo corpo esteja simultaneamente em vários lugares"; a Trindade ao axioma "um e um fazem dois, dois e um fazem três". Segundo ele, os apóstolos que viveram com Cristo, que o viram, que o escutaram, que o tocaram e com ele comeram, estão seguros desses fatos pela fé e não pelo testemunho dos sentidos, que os podia enganar. Relaciona tudo à infalibilidade da igreja. O bom homem não percebe que uma tal proposição – a igreja é infalível – jamais pode obter a evidência das que se seguem: é impossível que uma coisa seja e não seja, ao mesmo tempo; o todo é maior do que a parte. Proposições que combate de boa fé.

O pirronista François la Mothe le Vayer nasceu em Paris, em 1586[27]. É o Plutarco francês. Leu muito e muito refletiu.

27. Na verdade, em 1588, morrendo em 1672. Outras obras importantes de le Vayer, no âmbito do ceticismo, são os *Dois Discursos* (o primeiro

É cético em seu *Horatius Tuberon* e cínico no *Hexamerão Rústico*. Livre em seus escritos e severo em seus hábitos, é um dos exemplos úteis para desmentir os que se apressam a julgar as ações dos homens por seus discursos.

Pierre Daniel Huet[28] andou nas pegadas de la Mothe e se mostrou um ousado contemptor da razão. Nasceu em Caen, em 1630, tendo sido um dos homens mais sábios que tivemos. As letras, a filosofia, as matemáticas, a astronomia, a poesia, as línguas hebraica, grega e latina, a erudição e todos os conhecimentos eram-lhe familiares. Manteve contatos estreitos com a maior parte dos grandes nomes do século – Petau, Labbé, Cossart, Bochart, Vavassor e Rapin. Inclinou-se desde cedo pelo ceticismo ao tomar consciência de que se encontrava aquém das dificuldades das questões e da limitada medida do espírito humano. Por isso, havia poucos homens a quem fazia injustiça, pois concluía consigo que não somos destinados a conhecer a verdade. Diariamente, esta noção se fortalecia e não se percebeu cético a não ser no momento em que escreveu uma obra sobre a fraqueza do entendimento humano. Chega-se ao pirronismo por duas vias totalmente opostas: ou porque não se sabe o bastante, ou porque se sabe demais. Huet seguiu a última e não é a mais habitual.

Mas entre os adeptos do pirronismo nos havíamos esquecido de Michel de Montaigne, o autor dos *Ensaios* que serão lidos enquanto houver homens amantes da verdade, da força das idéias e da simplicidade. A obra de Montaigne é a pedra de toque de um belo espírito. Podeis dizer àquele a quem a leitura desagradar que ele possui um vício de coração ou de entendimento. Não há quase nenhuma questão que não tenha tratado dos prós e dos contras, e sempre com o mesmo ar

sobre a pouca certeza que há na História; o segundo sobre o conhecimento de si) e os *Solilóquios Céticos*.

28. Erudito e matemático, escreveu *Demonstração Evangélica*, *Novas Memórias para Ajudar a História do Cartesianismo* e *Censura à Filosofia Cartesiana*.

persuasivo. As contradições de sua obra são a imagem fiel das contradições do espírito humano. Ele segue espontaneamente o encadeamento das idéias; importa-se pouco de onde parte, como vai ou onde termina. A coisa que diz é a que o afeta no momento. Não está nem mais nem menos atado ao escrever do que ao pensar ou sonhar. Ora, é impossível que o homem que pensa ou que sonha esteja completamente desligado; para isso, seria necessário que um efeito desaparecesse sem causa e um outro pudesse começar subitamente e por si mesmo. Há uma ligação necessária entre dois pensamentos os mais disparatados e ela está ou na sensação, ou nas palavras, ou na memória, dentro ou fora do homem. É uma regra à qual até mesmo os loucos estão sujeitos na mais ampla desordem da razão. Se tivéssemos a história completa de tudo o que se passa neles, veríamos que tudo ali se mantém como no mais sábio e sensato dos homens. Embora nada seja tão variado quanto a seqüência dos objetos que se apresentam ao nosso filósofo, aparentemente trazidos pelo acaso, todos eles se tocam de uma maneira ou de outra. E embora tenha havido uma grande distância entre assuntos como as diligências públicas e a arenga que os mexicanos fizeram aos europeus, quando estes puseram os pés pela primeira vez no novo mundo, ainda assim se vai de Bordeaux a Cuzco sem interrupção. Mas à verdade, dando-se longas voltas. Assim, Montaigne se mostra sob todas as visagens: às vezes bom, às vezes depravado, outras compassivo, vão, incrédulo, supersticioso. Após ter escrito com firmeza contra a verdade dos milagres, fará a apologia dos augúrios. Mas no que quer que diga, há interesse e instrução. Mas o ceticismo não contou, nem entre os antigos, nem entre os modernos, com um atleta tão temível quanto Bayle.

Pierre Bayle nasceu em 1647. A natureza deu-lhe imaginação, força, sutileza e memória, e a educação, tudo o que faz aprimorar as qualidades naturais. Aprendeu as línguas grega e latina e desde cedo entregou-se, sem descanso, a toda sorte de leituras. Plutarco e Montaigne foram seus autores favoritos.

Lá pegou o germe do pirronismo, que nele se desenvolveu de maneira surpreendente. Ocupou-se da dialética antes dos vinte anos. Era ainda muito jovem quando conheceu um eclesiástico que, aproveitando as incertezas na qual se debatia, fez-lhe um sermão sobre a necessidade de dirigir-se a uma autoridade superior que lhe ajudasse em suas decisões, determinando-lhe abjurar publicamente a religião recebida dos pais. Apenas dado esse passo, foi tomado pelo espírito de proselitismo. Bayle, que tanto criticou os conversores, veio a ser um deles. Buscou inspirar em seus irmãos, pais e amigos as mesmas opiniões que havia adotado. Mas seu irmão, que não era um homem sem méritos e exercia a função de ministro entre os reformados, o reconduziu ao culto da família. O catolicismo não teve do que afligir-se, nem o protestantismo do que se glorificar com o retorno. Bayle não tardou em conhecer a vaidade dos sistemas religiosos e em atacá-los todos, sob o pretexto de defender aquele que havia abraçado. A estada na França o expôs às perseguições e ele retirou-se para Genebra. Foi ali que, passando de uma abjuração a outra, deixou o aristotelismo pelo cartesianismo, mas sempre com pouco apego às doutrinas, pois logo o vimos comparar as opiniões dos filósofos e manejá-las igualmente. Não podemos nos impedir de lastimar aqui o tempo perdido com duas educações sucessivas a que se entregou. E aquele que passou como professor de filosofia em Sedan não foi melhor empregado. Vivia esta situação quando Poiret[29] publicou sua obra sobre Deus, a alma e o mal. Bayle fez algumas considerações ao autor e este respondeu, gerando-se uma controvérsia que envenenou a vida de ambos. Bayle o chamava de louco e Poiret o tinha por ateu. Acontece que se é louco, mas não ateu impunemente. Poiret amava madame Bourignon e Bayle dizia que era um cérebro ruim de mulher perturbada. Poiret, que Bayle era um fautor do

29. Pierre Poiret, autor de *Cogitationes rationales de Deo, anima ac malo,* de 1677.

spinozismo. Poiret desconfiava que Bayle havia estimulado a severidade dos magistrados contra Bourignon, e se vingava com uma acusação que, a seus olhos, comprometia seu adversário de modo mais perigoso. Bourignon poderia ter sido encarcerada, mas Bayle, queimado. O princípo de Descartes que constitui a essência do corpo, a extensão, o engajou em outra querela. Em 1681 apareceu aquele cometa famoso por sua grandeza, e ainda maior, talvez, pelos pensamentos suscitados em Bayle. Obra[30] com a qual, na ocasião do fenômeno e dos terrores populares que lhe acompanharam, nosso filósofo agita questões importantes sobre os milagres, a natureza de Deus e a superstição. Em seguida, ocupou-se da história do calvinismo, que Mainbourg publicou e elogiou. O grande Condé não se recusou a lê-la. Todo o mundo a devorara e o governo resolveu queimá-la. Em 1684, deu início à sua república das letras. Comprometeu-se neste tipo de trabalho a ler todos os livros, a aprofundar as matérias mais díspares, a discutir questões de matemática, filosofia, física, teologia, jurisprudência e história. Que campo para um pirroniano!

Foi então que o teósofo Malebranche apareceu em cena. Entre o grande número de opiniões que lhe eram particulares, afirmou que toda volúpia era boa. Arnaud viu nesta máxima a ruína da moral e o atacou. Bayle interveio na discussão, explicou os termos utilizados, desculpando Malebranche da acusão de Arnaud. Em outros escritos, Bayle já tinha deixado escapar princípios favoráveis à tolerância e a explicou claramente em seu *Comentário Filosófico*. Esta obra saiu em tomos. Inicialmente, agradou a todos os partidos; depois, desgostou os católicos e continuou a agradar aos reformadores; finalmente, descontentou a todos, mantendo, no entanto, constante aprovação dos filósofos. A obra é um primor de eloqüência. Mas não podemos esquecer que ela foi precedida de uma bro-

30. Trata-se de *Pensamentos Diversos Escritos a um Doutor da Sorbonne, por Ocasião do Cometa Surgido em Dezembro*.

chura intitulada *Junii Bruti, poloni, vindiciae pro libertate religionis*[31], na qual se encontra uma síntese de tudo o que Bayle disse. E se Bayle não é o autor desse discurso anônimo, sua glória poderia provir de lhe ter feito um excelente comentário. Havia muito tempo que o ministro Jurieu tinha ciúmes da reputação de Bayle e acreditava ter razões particulares para queixar-se. Via nos princípios da tolerância algo que inspirava a indiferença pela religião. Sentia-se devorado por um ódio secreto quando se produziu em todas as igrejas reformadas um verdadeiro escândalo. Um comunicado importante, escrito com fineza, e dirigido aos refugiados que proximamente retornariam à França, pedia desculpas pelas vexações que a corte ordenara contra os protestantes, mas em que a conduta dos fugitivos não era vista com olhos favoráveis. Jurieu persuadiu a todos que o folheto era de Bayle e com tal imputação tentou comprometê-lo, perigosamente.

Bayle havia elaborado há muito tempo o plano de seu dicionário histórico e crítico. Quando as discussões que ele havia miseravelmente vivido se apaziguaram, ocupou-se dia e noite do trabalho e publicou o primeiro volume em 1697. Já se conheciam seu espírito, seus talentos e dialética, e passava-se agora a conhecer sua imensa erudição e sua tendência decidida pelo pirronismo. Com efeito, quais são as questões de política, literatura, crítica, de filosofia antiga e moderna, teologia, história, de lógica e moral que não tenha examinado em prós e contras? É ali que o vemos parecido com o Júpiter de Homero, que reúne as nuvens, no meio das quais erramos espantados e sem esperanças. Tudo o que Sexto Empírico e Huet dizem contra a razão, o primeiro em suas hipotiposes, e o outro em seu tratado sobre a fraqueza do entendimento, não vale um artigo do dicionário de Bayle. Ali se aprende melhor a ignorar o que pensávamos saber. As obras que acabamos de mencionar

31. O opúsculo citado foi impresso em 1579, sendo atribuído a Theodore de Beze, que usou o pseudônimo constante do título: Júnio Bruto.

não são as únicas que este homem supreendente escreveu; e, no entanto, só viveu 59 anos, falecendo em 1706.

Bayle teve poucos iguais na arte de refletir, mas não superiores. Ninguém soube captar tão sutilmente os pontos fracos de um sistema, e ninguém soube tirar dos fortes as vantagens que possuía. Foi temível ao provar, e mais ainda quando objetou. Dotado de uma imaginação alegre e fecunda, ao mesmo tempo em que demonstra, diverte, descreve e seduz. Embora cumule dúvida sobre dúvida, segue uma ordem. É um pólipo vivo que se divide em vários outros viventes, encadeando-os. Qualquer que seja a tese a ser demonstrada, tudo lhe vem em auxílio – a história, a erudição, a filosofia. Se há verdade para ele, não se lhe pode resistir; se fala em favor da mentira, ela adquire com ele todas as cores da verdade. Imparcial ou não, sempre parece sê-lo. Nunca vemos o autor, mas a coisa.

Ainda que possamos dizer algo a respeito do homem de letras, não há nada que se lhe recrimine na qualidade de homem. Manteve o espírito reto e o coração honesto; foi útil, sóbrio, laborioso, sem ambição ou orgulho, amigo da verdade e justo, mesmo em relação aos inimigos, tolerante, pouco devoto e pouco crédulo, nada dogmático, alegre, agradável e, conseqüentemente, pouco escrupuloso em seus escritos, mentiroso como todas as pessoas de espírito, que não se isentam de suprimir ou de acrescentar uma circunstância ligeira a um fato, a fim de torná-lo mais cômico ou interessante. Conta-se que Jurieu começou a sentir-se *mal* com Bayle a partir do momento que este aqui começou a dar-se *bem* com sua mulher. Não creio que Bayle desse muita importância à continência, ao pudor, à fidelidade conjugal e a outras virtudes dessa classe. Se assim fosse, seria mais reservado em seus julgamentos. Dizia-se de seus escritos: *quandiu vigebunt, lis erit* (enquanto vigerem, o debate está aberto).

Segue-se do que foi dito que os primeiros céticos combateram a razão para mortificar os dogmáticos. Entre os modernos, alguns procuraram desacreditar a filosofia, mas para dar autoridade à revelação; outros, para atacá-la mais seguramente, minando a solidez da base sobre a qual é preciso estabelecê-la. Finalmente, que entre os céticos antigos e modernos houve alguns que duvidaram de boa fé, pois percebiam, na maioria das questões, motivos de incerteza.

Quanto a nós, concluiremos que, estando tudo relacionado na natureza, não há nada a respeito do qual o homem tenha um conhecimento perfeito, absoluto ou completo, nem mesmo dos axiomas mais evidentes, pois seria preciso que tivesse o conhecimento do todo.

Já que tudo se interliga e não se conhece o todo, é necessário que, de discusssão em discussão, chegue-se a algo desconhecido. Logo, chegando-se ao ponto desconhecido seremos obrigados a concluir pela ignorância, pela obscuridade ou ainda pela incerteza do ponto precedente, e do que o antecede, até o princípio mais evidente.

Há, pois, uma sobriedade no uso da razão, à qual é preciso sujeitar-se, ou então flutuar na incerteza, assim como existe um momento em que a luz da razão, que antes aumentava, começa a se enfraquecer, sendo indispensável parar todas as discussões.

Quando, de uma conseqüência à outra, tiver conduzido um homem a alguma proposição evidente, suspenderei a controvérsia. Não escutarei mais aquele que nega a existência dos corpos, as regras da lógica, o testemunho dos sentidos, a distinção entre o verdadeiro e o falso, entre o bem e o mal, entre o prazer e a dor, o vício e a virtude, o decente e o indecente, o justo e o injusto, a honestidade e seu contrário. Darei as costas àquele que procura me afastar de uma questão simples e embarcar-me em dissertações sobre a natureza da matéria, do entendimento, da substância, do pensamento e de outros assuntos que não têm margem ou fundo.

O homem uno e verdadeiro não terá duas filosofias, uma caseira e outra em sociedade; não estabelecerá para a especulação princípios que será forçado a esquecer na prática.

Que direi àquele que pretende que tudo que veja, toque, perceba e entenda é somente a sensação daquilo que percebe? Que ele poderia ter sido organizado de maneira que tudo se passasse nele, como se passa, sem que houvesse nada ao redor e que, talvez, ele seja o único ser que existe. Sentiria imediatamente o absurdo e a profundidade desse paradoxo. E me resguardaria de perder tempo em destruir no homem uma opinião que ele não tem e a quem nada oporia de mais claro que suas objeções. Para refutá-lo precisaria sair da natureza, e também dela retirá-lo, e raciocinar de algum ponto exterior a ambos, o que é impossível. A um tal sofista falta o decoro da conversação, que consiste em não se fazer objeções a não ser com coisas às quais nós mesmos emprestamos solidez. Por que me esgoelaria para dissipar uma dúvida que vós não tendes? Meu tempo vale tão pouco a vossos olhos? O mesmo valor dais ao vosso? Não há mais verdades a procurar ou a esclarecer? Ocupemo-nos de algo mais importante ou, se não temos outra coisa senão tais frivolidades, é preferível dormir e comer.

RENASCENÇA ITALIANA.

Bruno

Giordano Bruno[32], homem singular, nasceu em Nola, cidade do reino de Nápoles. É anterior a Cardano, Gassendi, Bacon, Leibniz, Descartes ou Hobbes e, qualquer que seja a opinião que se tenha de sua filosofia e de sua pessoa, ninguém poderá retirar-lhe a glória de ter sido o primeiro a atacar o ídolo da escolástica, a sacudir o jugo do aristotelismo e a estimular os homens, com seus exemplos e escritos, a pensar por si mesmos. Oxalá fosse dotado de menos imaginação e de mais razão!

32. Na opinião de José Bermudo, o artigo é muito limitado quanto à capacidade de explanar as teses brunianas. Mas contém duas boas intuições: a de que Bruno antecipa Spinoza, ainda que desordenadamente, e está na raiz da filosofia de Leibniz.

Viveu uma vida agitada e variada. Viajou pela Inglaterra, França, Alemanha e regressou à Itália, onde foi detido e feito prisioneiro nos cárceres da inquisição, dos quais só sairia para morrer na fogueira. Sua resposta aos juízes que pronunciaram sua sentença nos mostra sua coragem: "Majori forsam cum timore sententiam in me dicetis quam ego accipiam" (talvez tenhais mais medo de pronunciar a sentença contra mim do que eu ao recebê-la).

Os escritos desse autor são muito estranhos, e a mescla constante de geometria, teologia, física, matemáticas e de poesia fazem a leitura tediosa. Na seqüência, resumimos os principais axiomas de sua filosofia.

Os astros que vemos brilhar acima de nossas cabeças são outros mundos.

Os três seres por excelência são Deus, a natureza e o homem. Deus ordena, a natureza executa e o homem conceitua. Deus é uma mônada e a natureza, uma medida. Entre todos os bens que o homem pode adquirir, o conhecimento é o mais doce. Deus, que deu ao homem a razão, e que nada cria inutilmente, não prescreveu limites ao seu uso.

Quem aspira a saber deve começar por duvidar. Deve-se ter presente que as palavras servem igualmente ao sábio e ao ignorante, ao bom e ao mau. A língua da verdade é sensível; a da duplicidade, equívoca; e a da vaidade, rebuscada.

A substância não muda, em absoluto; é imortal, sem aumento, sem diminuição, sem corrupção. Dela, tudo provém e a ela regressa. Como a substância é imperecível, nada morre: passa, circula, como a concebeu Pitágoras.

O *minimum* é o elemento do todo, o princípio da quantidade.

Não são suficientes o movimento, o espaço e os átomos; precisa-se também de um meio de união entre eles.

A mônada é a essência do número e o número, um acidente da mônada.

A matéria encontra-se em fluxo permanente e o que hoje é corpo não o será amanhã.

Falando com exatidão, o composto não é, em absoluto, a substância.

A alma é um ponto ao redor do qual os átomos se reúnem no instante do nascimento, acumulam-se durante um tempo da vida, para depois se separarem até a morte, momento em que o átomo central torna-se livre.

A passagem da alma para outro corpo não é nada fortuita; ela tem uma predisposição para o corpo, gerada em um estado precedente. O que não é uno, não é nada.

A mônada reúne todas as qualidades possíveis: par e ímpar, finito e infinito, extenso e inextenso. Deus é um bom exemplo.

O maior ou mais rápido movimento possível, o movimento lento e o repouso são a mesma coisa. Tudo se transfere ou tende a ser transferido.

Da idéia da mônada se passa à idéia de finito; da idéia de finito, à de infinito, descendo-se pelos mesmos graus de extensão.

Toda a duração não é outra coisa que um instante infinito.

A Terra não está mais no centro do que qualquer outro ponto do universo. Se o espaço é infinito, o centro encontra-se em todas as partes e em nenhuma, assim como o átomo é tudo e não é nada.

O *minimum* é indefinido[33]. Convém não confundir o *minimum* da natureza com o *minimum* da arte e o *minimum* sensível.

Não há bondade nem maldade, beleza ou fealdade, dor ou prazer absolutos. Há uma grande diferença entre uma qualidade qualquer comparada a nós mesmos, e a mesma qualidade quando considerada em relação ao todo; daqui surgem as noções verdadeiras e as falsas do bem e do mal, do prejudicial e do útil. Não há falso ou verdadeiro para aqueles que não se elevam para além do sensível. A medida das coisas sensíveis é variável. É impossível que tudo seja idêntico em dois indivíduos

33. Para Bruno, há um *minimum* metafísico (o Uno), um *minimum* físico (o átomo), um *minimum* matemático (o ponto) e um *minimum* sensível.

diferentes, e em momentos diferentes num mesmo indivíduo. Enumerai as causas, mas, sobretudo, ponde a visão no que influi e no que é influenciado.

Não há pleno absoluto além da solidez do átomo, nem vazio absoluto além dos intervalos dos átomos.

A natureza da alma é atômica. É a energia do nosso corpo em nossa duração e espaço.

Por que a alma não haveria de conservar alguma afinidade com as partes que animou? Segui esta idéia e encontrareis uma infinidade de efeitos que julgais impossíveis durante sua união com o corpo e após sua separação.

O átomo não se corrompe, não nasce nem morre jamais.

No todo, não há nada tão pequeno que não possa diminuir ou crescer, nada tão bom que não possa piorar ou aperfeiçoar-se. Mas isso só é relativo a um ponto da matéria, do espaço e do tempo. Do ponto de vista do todo, não há nada grande ou pequeno, bom ou mau.

O todo é o melhor dos possíveis; é uma conseqüência da harmonia necessária, da existência e das propriedades.

Caso se faça uma reflexão sobre tais proposições, encontrar-se-á o germe da razão suficiente, do sistema das mônadas, do otimismo, da harmonia pré-estabelecida: em uma palavra, de toda a filosofia leibniziana.

Ao se comparar o filósofo de Nola com o de Leipzig, o primeiro me parece um louco que joga seu dinheiro na rua, e o outro um sábio que o segue e recolhe o que foi lançado. Convém não esquecer que Giordano Bruno residiu e praticou a filosofia na Alemanha.

E se reunirmos o que Bruno espalhou em suas obras sobre o tema da natureza de Deus, poucas coisas da filosofia de Spinoza permaneceriam como de sua propriedade.

Segundo ele, a essência divina é infinita. A vontade de Deus é a própria necessidade. A necessidade e a liberdade são uma só coisa. Ser livre consiste não apenas em seguir a ação necessária da natureza, como agir de outra maneira suporia deixar de ser. É melhor ser do que não ser, atuar do que ser inerte: o mundo, pois, é eterno; uno. Só há uma substância, um só agente. A natureza é Deus.

Nosso filósofo não acreditava na quadratura do círculo nem na transmutação dos metais.

Havia imaginado que os cometas eram corpos que se moviam no espaço como a Terra e os outros planetas.

Para dizer o que penso deste homem, haveria poucos filósofos que se lhe pudessem comparar, caso a impetuosidade de sua imaginação lhe permitisse ordenar suas idéias e dispô-las em um quadro sistemático. Mas havia nascido poeta.

Estes são os títulos de suas obras:*De umbris idearum* (1582), *Ars memoriae*, *Il candelaio* (Comédia, 1582), *Cantus circaeus ad memoriae praxim ordinatus* (1582), *La cena de le ceneri* (1584), *Della causa, principio ed uno* (1584), *De l'infinito, universo e mondi* (1584), *Spaccio de la bestia trionfante* (1584), *Cabala del cavallo pegaseo com l'aggiunta del asino cillenico* (1585), *De gli heroici furori* (1586), *De progressu et lampade venatoria logicorum* (1587), *Acrotismus, sive rationes articulorum physicorum adversus Aristotélicos* (1588), *Oratio valedictoria habita ad professores atque auditores in academia Witebergensi* (1588), *De specierum scrutinio et lampade combinatória Raimondi Lulii* (1588), *Oratio consolatoria habita in academia Julia in fine exequiarum principis Julii, ducis Brunsvicesium* (1589), *De triplici mínimo et mensura* (1591), *De monade, numero et figura, consequens quinque de mínimo, magno et mensura, item de innumerabilibus, inmenso et infigurabili, seu de universo et mundis* (1591), *De imaginum, signorum et mundis* (1591), *Summa terminorum metaphysicorum ad capessendum logicae et metaphysicae studium* (1595), *Artificium perorandi* (1612)[34].

34. Além dos livros citados, Bruno escreveu: *Idiota triumphans seu de mordentio inter geometras due dialogui*, *Dialogus qui de somnii interpretatione seu geometrica sylva inscribitur*, *Praelectiones geometricae* e *Ars deformationum*.

Bruno cita algumas outras obras das quais não dispomos, como *Sigillum sigillorum*, e os livros *De imaginibus*, *De principiis rerum*, *De sphaera*, *De physica*, *De magia*.

Seus juízes fizeram o que estava em suas mãos para salvá-lo. Só exigiam uma retratação, mas ninguém jamais venceu a obstinação desta alma azedada pelo infortúnio e pela perseguição e, ao fim, foi necessário abandoná-la à sua própria sorte. Sinto-me indignado pela maneira indecente com que Scioppius se expressou sobre um acontecimento que só poderia excitar o terror ou a piedade: "Sicque ustulatus misere periit, renontiaturus credo in reliquis illis, quos finxit mundis, quonan pacto homines blasphemi et impii a romanis tractari soleant" (E assim morreu miseravelmente queimado, segundo creio, por ter anunciado a todos os outros mundos saídos de sua imaginação de que maneira os blasfemos e os ímpios são ordinariamente tratados pelos romanos). Esse Scioppus tinha, sem dúvida, uma alma cruel: estava bem longe de adivinhar que essa idéia dos mundos, que apresenta como ridícula, daria luzes um dia a dois grandes homens.

Campanella[35]

Campanella nasceu em Stilo, pequena cidade da Calábria. Com a idade de treze anos tomou o hábito dominicano. Foi acusado de heresia, pelo que os juízes da inquisição o encarceraram por 25 anos. O papa Urbano VIII obteve sua liberdade. Chegou em Paris em 1634. O cardeal Richelieu, que sentia uma estima particular pelos sábios, prestou-lhe grande ajuda. Morreu em 1639, em Paris, com 71 anos, após um período de grande melancolia e de tédio extraordinário.

Campanella sentia-se chamado a dar um novo sentido à filosofia: seu espírito audaz e independente não podia apegar-se

35. Texto original do abade Pestré, revisto por Diderot. Campanella nasceu em 1568 e foi acusado de heresia pelas idéias contidas no livro *Philosophia sensibus demonstrata* (A Filosofia Demonstrada pelos Sentidos), como também de conspirar contra a dominação espanhola em sua terra natal.

à autoridade de Aristóteles, nem à de seus comentadores. Quis dar o tom ao século e talvez o tivesse conseguido se lhe fossem suficientes espírito e imaginação. Não se pode negar que não tivesse percebido os defeitos da filosofia escolástica e entrevisto os meios de remediá-los. Mas sua falta de firmeza o incapacitou para o êxito em tão grande projeto. Suas obras estão cheias de galimatias, contaminadas de erros e de absurdos. No entanto, é necessário reconhecer que, às vezes, existem bons intervalos. Poderíamos dizer dele o que Horácio disse de Ênio: "cum flueret lutulentus, erat quod tollere velles" (como o estilo fluísse pesado, podia-se suprimir o que se quisesse).

Dele se diz que pretendia conhecer o pensamento de uma pessoa colocando-se na mesma situação que ela e dispondo seus órgãos aproximadamente da mesma maneira que a pessoa os dispõe. Este sentimento deve parecer muito singular quando se ignora que, para aquiescer a coisas extraordinárias, não é necessário crê-las verdadeiras, mas basta esperar que o povo acredite serem prodigiosas e, por seu intermédio, elas mesmas se convertam em prodígio.

Dialética de Campanella

Para que os leitores possam formar uma idéia do espírito filosófico de Campanella, enunciamos a seguir suas opiniões.

A dialética é a arte ou o instrumento que ensina ao sábio conduzir sua razão nas ciências.

A lógica se divide em três partes, correspondentes a três atos do entendimento: concepção, juízo e raciocínio.

A definição não é diferente do termo; pois bem, os termos são perfeitos e imperfeitos.

Os termos são as sementes, e as definições formam os princípios das ciências.

A lógica natural é uma espécie de participação da inteligência de Deus, pelo que somos seres racionais. A lógica artificial é a arte de dirigir nosso espírito mediante certos preceitos.

Os termos ou as palavras são os signos de nossas idéias.

O gênero é um termo que expressa uma similitude essencial que se encontra em muitos seres comuns.

A espécie é um termo que expressa uma similitude essencial em muitos indivíduos.

A diferença é um termo que divide o gênero e constitui a espécie.

A definição é um termo complexo que encerra o gênero e a diferença.

O próprio é um termo que significa o estado particular das coisas.

O acidente é um termo que significa o que não é essencial.

A substância primeira, base de tudo, e que não se encontra em nenhum sujeito, é o espaço que recebe todos os corpos. Neste sentido, e falando impropriamente, Deus é uma substância.

A substância é um ser finito, real, auto-subsistente, perfeito; a primeira causa de todos os acidentes.

A quantidade, que é a segunda predicação, constitui a medida íntima da substância material. Há três classes nela: o número, o peso e a massa (ou medida).

A divisão é a redução de um todo em suas partes, desde que possa ser visto como *integral, quantitativo, essencial, potencial ou universal.*

Há muitas maneiras de definir, pois há muitas maneiras de ser.

Deus não pode nunca ser definido, porque só possui uma diferença negativa.

A descrição é um discurso que indica a essência de uma coisa por suas propriedades, efeitos e semelhanças.

O nome (o substantivo) é um termo que significa propriamente a *essência* das coisas. O verbo é um termo que significa a *ação* das coisas.

A argumentação é a ação pela qual o espírito vai do que conhece para o que não conhece, a fim de conhecê-lo, explicá-lo e prová-lo.

Os sentidos são o fundamento de todas as ciências humanas.

O silogismo se compõe de duas proposições, em uma das quais se encontra o sujeito da conclusão e, na outra, o seu atributo.

A indução é um argumento que vai da enumeração das partes ao todo.

A exposição é a prova de uma proposição mediante outras proposições mais claras e eqüipolentes.

O entimema é um silogismo truncado em que se subentende a premissa maior ou a menor.

A ciência consiste em compreender as coisas por suas causas.

Isto é o que há de mais racional na lógica de Campanella. O leitor pode julgar se é mais claro ou metódico que Aristóteles e se abriu um caminho mais fácil e curto do que esse antigo filósofo.

Física de Campanella

Os sentidos são a base da física. Os conhecimentos que nos dão são certos porque nascem da presença dos objetos.

A essência de algo não é diferente de sua existência, pois o que não tem existência não pode ter essência.

O que existe fisicamente, existe em algum lugar.

O lugar é a primeira substância: é espiritual, imóvel e capaz de receber todos os corpos.

O vazio não existe, porque todos os corpos sentem que estão dotados do sentido do tato, mas é possível que a violência crie o vazio.

O tempo é a duração sucessiva dos seres. É a medida do movimento; não na realidade, mas em nosso pensamento.

O tempo pode medir o repouso, sendo este concebido sem o movimento. Está sensivelmente composto de partes indivisíveis, mas a imaginação pode dividi-lo até o infinito.

Não se provou ainda como o tempo começou, mas pode-se acreditar que tenha sido com o espaço.

Deus pôs a matéria em meio ao espaço e deu-lhe dois princípios ativos: o calor e o frio. Esses dois princípios deram origem a duas classes de corpos. O calor dividiu a matéria e fez com ela os céus; o frio a condensou e fez com ela a Terra.

Um calor violento dividiu velozmente uma porção da matéria, que se derramou em lugares que chamamos *altos*; o frio, ao fugir de seu oposto, estendeu-se ao céus. Notando sua impotência, reuniu algumas de suas partes e brilhou no que chamamos estrelas.

A lua está composta por partes que não brilham por si mesmas, pois estão intumescidas pelo frio da Terra. Os lugares em que os céus se encontram muito distantes do globo terrestre já não o temem e se enchem de uma infinidade de estrelas.

O sol contém um calor tão considerável que pode se defender da Terra.

Ao girar em redor da Terra, combatendo-a, o sol divide parte dela (o ar e os vapores), a dissolve (água) ou a endurece (pedras). Se a dissolve e, ao mesmo tempo, a endurece, origina as plantas. Se a dissolve e, ao mesmo tempo a endurece e divide, dá origem aos animais.

A matéria é invisível e, por conseguinte, negra.

Todas as cores se compõem de trevas, de matéria e da luz do sol.

A luz é uma brancura vivaz. E a brancura tem uma grande semelhança com a luz.

Os céus não estão sujeitos à corrupção, porque se compõem de fogo, e este não admite corpos estranhos que, por sua vez, dão origem à putrefação.

Dos elementos, o sol e a Terra engendram todas as coisas.

Os cometas se constituem de vapores sutis, iluminados pela luz do sol.

O ar não é um elemento, pois não gera nada. Ao contrário, é gerado pelo sol, como a água.

A diferença entre o macho e a fêmea tem sua origem na intensidade distinta dos calores.

Somos compostos de três substâncias: corpo, espírito e alma. O corpo é o órgão; o espírito é o veículo da alma; e a alma dá vida ao corpo e ao espírito.

Essa é uma reduzidíssima parte dos princípios e opiniões sobre a física que encontramos nas obras de Campanella. É estranho que um homem que se acreditava restaurador da filosofia não tivesse mais cuidado em dissimular seus plágios. Basta ter um conhecimento medíocre das idéias filosóficas dos antigos e dos modernos para reconhecer as fontes em que Campanella bebeu a maior parte das idéias aqui expostas. Não falo dos absurdos que enchem as obras do nosso dominicano. Necedade por necedade, parece-me que os antigos são tão bons quanto os modernos. Foi inútil aturdir o mundo dos sábios com projetos de reforma quando apenas se propuseram quimeras.

Como o livro no qual Campanella admite sensibilidade aos seres mais insensíveis teve grande repercussão em seu tempo, talvez lhe aprecie o leitor um extrato, tanto mais que a obra é extremamente rara. Intitula-se *De sensu rerum*[36].

1. Não se dá o que não se tem. Por conseguinte, tudo o que está no efeito está também na causa. Pois bem, como os animais têm sensibilidade, e esta não provém do nada, a conclusão é que os elementos que formam os princípios dos animais possuem também sensibilidade. Logo, o céu e a Terra sentem.
2. A sensibilidade não é só uma paixão, mas está acompanhada amiúde de um raciocínio tão rápido que é impossível dar-se conta dele.
3. Se a sensibilidade é uma paixão, e se os elementos e os seres são constituídos por paixões, então os seres têm sensibilidade.
4. Sem a sensibilidade, o mundo seria um caos.
5. O instinto é um impulso da natureza e esse impulso prova alguma sensibilidade; logo, os que pretendem que todos os seres ajam por instinto, devem supor, conseqüentemente, que todos eles agem por sensibilidade. Já que estão de acordo que todos os seres naturais atuam tendo em vista uma finalidade, então devem conhecê-la. Portanto, o ins-

36. *De sensu rerum et magia* (Do Sentido das Coisas e da Magia, 1620).

tinto é um impulso que tem por pressuposto o conhecimento na natureza.

6. Todos os seres têm horror ao vazio; logo, têm sensibilidade e se pode ver o mundo como um animal.
7. Seria ridículo dizer que o mundo não tem sensibilidade, porque não tem pés, mãos, nariz ou orelhas. As mãos do mundo são os raios de luz; seus olhos, as estrelas e seus pés são apenas a forma redonda que o faz apropriado ao movimento.
8. Pela origem dos animais, parece que a alma é um espírito sutil, quente, móvel e adequado a receber as paixões e sentir.
9. Todos os seres têm alma, do que se pode convencer pelas coisas que nascem de si mesmas e possuem calor.
10. As coisas mais duras têm pouca sensibilidade; as plantas têm mais e os humores ainda mais. O vento e o ar sentem com facilidade, mas a luz e o calor são os seres de maior sensibilidade.

Creio que as opiniões acima são suficientes para se dar conhecimento de Campanella ao leitor. Terminaremos o artigo citando o julgamento que Descartes manifestou a seu respeito:

> Faz quinze anos, escreveu ao padre Mersene, que li o livro *Do Sentido das Coisas*, de Campanella, juntamente com outros tratados; mas encontrei tão pouca solidez em seus escritos, que não me lembro de nada. Não saberia dizer-te agora outra coisa, senão que os extraviados, simulando seguir caminhos extraordinários, parecem-me menos desculpáveis do que aqueles que andam em companhia, seguindo as pegadas de muitos outros.

Cardano[37]

Girolamo Cardano nasceu em primeiro de outubro de 1508, em Milão. Ensinou em quase todas as academias da Itália. Em

37. Texto inicialmente escrito pelo abade Pestré, e recomposto por Diderot. O objetivo talvez tenha sido o de mostrar o caráter contraditório e irreverente de um pensador capaz de lançar mão, simultaneamente, de idéias racionais e mágicas, panteístas e anti-religiosas.

1570, foi encarcerado e, ao sair da prisão, dirigiu-se a Roma, onde o papa concedeu-lhe uma pensão. Seus hábitos eram estranhamente desiguais e sua vida está cheia de aventuras sobre as quais ele mesmo escreveu com uma sensibilidade, ou uma liberdade, nada costumeira entre homens de letras. Com efeito, parece ter exposto a história de sua vida apenas com a intenção de ensinar ao público que se pode, ao mesmo tempo, estar louco e ser genial. Usando a mesma medida, Cardano reconhece suas qualidades boas e más. Parece ter sacrificado tudo pelo desejo de ser sincero, e essa sinceridade exagerada chega a deslustrar sua reputação. Embora um autor não se equivoque quando expressa seus hábitos e dá suas opiniões, temos o impulso de contradizê-lo e não lhe dar crédito, pois nos parece muito difícil que a natureza haja formado um caráter tão caprichoso e desigual como o seu. Cardano se felicitava por não ter um amigo sobre a Terra, mas possuía, em troca, um *daimon* (demônio) que lhe mantinha em contato com Saturno e Mercúrio, e que sempre o orientava e o advertia de todos os deveres. Sabe-se também que era tão desigual em seu caminhar, que o tomavam por louco. Algumas vezes, caminhava muito devagar, como um homem absorvido em profunda meditação; e logo depois acelereva o passo, com gestos estranhos. Gostava de passear em Bolonha em um carro de três rodas. Enfim, não se poderia melhor representar a singularidade deste filósofo do que com os versos de Horácio, os quais, o próprio Cardano reconhece, ajustam-se-lhe muito bem: "Nil aequale homini fuit illi: saepe velut qui / currebat fugiens hostem, persaepe velut qui / Junonis sacra ferret: habebat saepe ducentos, / saepe decem servos" (Nada houve de igual àquele homem: com freqüência comportava-se como quem foge, correndo, e também com freqüência como quem oferece sacrifícios a Juno. Em um momento, tinha duzentos servos; noutro, apenas dez).

Quando a natureza não lhe fazia sentir nenhuma dor, dava-se a si mesmo essa desagradável sensação, mordendo os lábios e puxando os dedos até chorar. Agia assim, dizia, para moderar arrebatamentos ou ímpetos violentos que lhe seriam mais insuportáveis ainda do que a dor e para melhor desfrutar o prazer do alívio posterior. Enfim, Cardano assegura que era vingativo, invejoso, traidor, bruxo, maledicente, caluniador e se entregava aos mais sujos e execráveis excessos que se possam imaginar. De outro lado, nunca houve ninguém que se tenha auto-elogiado como Cardano. Eis aqui alguns elogios que se faz:

> Fui admirado por muitos povos. Escreveu-se uma infinidade de coisas para louvar-me, tanto em verso quanto em prosa. Nasci para livrar o mundo de uma infinidade de erros. O que inventei não pôde ser descoberto por nenhum de meus contemporâneos, nem pelos que viveram antes. Por isso, os que escrevem alguma coisa digna de permanecer na memória dos homens, não se envergonham de reconhecer que a devem a mim. Escrevi um livro de dialética em que não há uma letra supérflua. Acabei-o em sete dias, o que parece um prodígio. Só se poderia encontrar alguém que se vangloriasse de tê-lo bem entendido após um ano; e àquele que o compreendeu, parecerá ter sido instruído por um demônio familiar. *Natura mea in extremitate humanae substantiae conditionisque, et in confinio immortalium posita* (minha natureza acha-se situada na extremidade da substância e da condição humana, e na proximidade da dos imortais).

Se considerarmos em Cardano as qualidades de espírito, não se pode negar que possuía toda sorte de conhecimentos e ter feito mais progressos na filosofia, na medicina, na astronomia e nas matemáticas do que os que se haviam dedicado, em sua época, a uma só dessas disciplinas[38]. Embora Scaliger[39]

38. Na condição de matemático, Cardano escreveu ao menos duas grandes obras – *Ars Magna*, sobre álgebra, e *Líber de ludo aleae* (Livro dos Jogos de Azar), primeiro grande tratado sobre o cálculo de probabilidades, o que, aliás, o ajudava no vício do carteado. Como físico, descreveu as diferenças de ação elétrica entre o âmbar e o íman (magnetita).

39. Joseph-Jules Scaliger (1540-1690), autor de *Opus de enmendatione temporum*.

tenha criticado Cardano com muita veemência, reconheceu possuir um espírito profundo, afortunado e até mesmo incomparável. De modo que não podemos evitar de convir que sua alma tinha um caráter singular.

Alguns o acusaram de impiedade e, inclusive, de ateísmo. De fato, em seu livro *De subtilitate rerum* (Da Sutileza das Coisas) menciona dogmas de diversas religiões, junto com argumentações de apoio; propõe os argumentos pagãos, judaicos, maometanos e cristãos, mas estes aqui são sempre os mais frágeis. No entanto, lendo seu livro *De vita propia* (Minha Vida), encontramos em Cardano o caráter de um homem mais supersticioso do que de espírito forte. É verdade que reconhece não ser um devoto, um *parum pius* em absoluto, mas assegura que, embora sendo muito vingativo, abandonava o ato da vingança quando surgia a ocasião. E fazia isso por respeito a Deus, *Dei ob venerationem*. Não há oração, diz, que valha a pena o culto que se rende a Deus, obedecendo à sua lei contra a mais forte tendência natural. Vangloriava-se de haver recusado uma soma alta, oferecida pelo rei Eduardo da Inglaterra, para que interferisse na devolução dos títulos que o papa lhe havia retirado. Enfim, não se pode ver nada mais sólido nem mais sábio do que as reflexões que faz no capítulo 22, onde expõe sua religião. A razão de seu gosto pela solidão parece ímpia: "quando estou só, diz, estou com os que amo, mais do que em qualquer outro momento; Deus é o meu anjo bom".

Cardano tinha um espírito vasto e desordenado, mais audaz do que judicioso, mais amante da abundância do que da eleição. A mesma estranheza da conduta aparece na composição de suas obras. Possuímos deste autor uma multidão de escritos em que a obscuridade e as digressões detêm o leitor a cada passo. Em sua aritmética se encontram discursos sobre o movimento dos planetas, a criação e a torre de Babel. Em sua dialética há um julgamento dos historiadores e dos que compuseram o alfabeto. Reconhece que fazia digressões com o intuito de encher rapidamente as folhas, pois seu acordo com o editor era por folha e porque trabalhava para ganhar o pão e adquirir glória. Cardano despertou nos últimos séculos toda a filosofia secreta da cabala e dos cabalistas, que enche o mundo de espíritos, aos quais achava que podia se apresentar, purificando-se por meio da filosofia.

Cardano havia adotado este formoso lema: *tempus mea possessio, tempus ager meus*[40].

Telésio

Bernardino Telésio nasceu no reino de Nápoles, em 1508, de família ilustre. Por sua reconhecida inteligência, foi encorajado a estudar letras e filosofia. O exemplo e as lições de seu tio, Antônio Telésio, não lhe resultaram inúteis. Os primeiros anos passou em escolas de Milão e dali foi a Roma, onde cultivou a amizade de todos os homens célebres. Mas a necessidade de tomar posse de um privilégio que lhe foi concedido, fê-lo retornar à pátria. Vivia ali ignorado e tranqüilo quando a cidade foi tomada e saqueada pelos franceses. Telésio foi enviado ao cárcere e ali teria morrido sem a ajuda de alguns protetores que se puseram de acordo e obtiveram sua liberdade. Refugiou-se em Pádua, dedicando-se então à poesia, à filosofia e à moral. Realizou surpreendentes progressos nas matemáticas e se dedicou a aperfeiçoar a ótica, não sem um certo êxito. De Pádua voltou a Roma, onde conheceu Ubaldo Bandinelli e Juan de la Casa. Obteve, além disso, o favor de Paulo IV e se casou com Diana Serfali, que lhe deu três filhos. A morte prematura de sua mulher o afetou profundamente e o devolveu à solidão e ao estudo das ciências, coisas das quais os assuntos domésticos lhe haviam afastado. Releu os antigos, escreveu seus pensamentos e publicou a obra intitulada *De rerum natura iuxta propia principia* (Da Natureza das Coisas segundo Seus Próprios Princípios, 1565). A obra foi elogiada e os napolitanos o convidaram para dar aulas em suas esco-

40. O tempo é o bem que possuo, o campo que cultivo.

las. Cedeu às solicitações e passou a ensinar sua doutrina na pequena cidade. Mas não parou aí, fundando uma espécie de academia. Fernando Caraffe uniu-se a ele. Era amado, honrado e feliz, quando os monges, que sofriam impacientemente com o desprezo que Telésio mostrava por Aristóteles em suas lições e escritos, insurgiram-se contra ele e o afligiram, tirando-lhe a tranqüilidade e a vida. Morreu em 1588. Além daquela já citada, publicou outras obras[41].

Física de Telésio

Existem três princípios das coisas: dois ativos e incorpóreos – o frio e o calor – e um instrumental e passivo – a matéria.

O calor, móvel por natureza, é anterior ao movimento, com prioridade de tempo, de ordem e de natureza – é sua causa. O frio é imóvel.

A Terra e todas as suas propriedades pertencem ao frio. O céu e os astros correspondem ao calor.

Os dois agentes incorpóreos, o calor e o frio, necessitam de uma massa corpórea que os sustente e faça agir: a matéria.

A quantidade de matéria não aumenta ou diminui no Universo. A matéria não tem ação, é negra e invisível por natureza; e, além disso, apropriada para prestar-se à ação dos dois princípios.

Os dois princípios ativos têm a propriedade de multiplicar-se e estender-se. São sempre opostos e tendem a se trasladar incessantemente. Um e outro têm a faculdade de conhecer e sentir, não apenas em suas ações e paixões, como também nas de seu antagonista. Engendraram primeiramente o céu e a Terra, e o sol fez o resto.

A Terra gerou os mares e os gera diariamente.

Deve-se atribuir ao calor, à diversidade de sua ação e à oposição do princípio contrário tudo o que diferencia os seres entre si.

41. Trata-se de: *De his, quae in aere fiunt, et de terrae motibus*; *De colorum generatione*; *De mari*, todas de 1570.

Não é impossível ter noções muito diferentes desses efeitos.

O céu é a morada própria do calor. Ali ele se retira e está ao abrigo dos ataques do frio.

Lugares situados sob os abismos do mar servem de asilo ao frio; ali ele reside e o calor do céu não penetra.

A Terra possui quatro propriedades principais: o frio, a opacidade, a densidade e o repouso. Desses quatro, dois residem tranqüilos em suas entranhas; os demais se combatem perpetuamente em sua superfície.

Esse combate é a origem de tudo o que se produziu entre o céu e a Terra, sem excetuar os corpos que a recobrem e que nutriu. Tais corpos contêm, em maior ou menor grau, o princípio que predominou em sua formação.

O calor predominou na formação do céu e dos corpos celestes. O céu e os astros possuem um movimento que lhes é próprio. Esse movimento varia, mas os fenômenos não supõem que alguma inteligência os presida.

O céu é lúcido, por natureza; os astros também, ainda que entre eles haja muitas diferenças.

As plantas têm uma espécie de alma; essa alma é um pouco menos sutil que a dos animais.

Existem diferentes graus de perfeição entre os animais.

A alma do homem pertence a Deus. Ele a coloca em seus corpos confome nascem. É incorpórea e imortal.

Todos os sentidos, exceto o da audição, são como tatos.

A razão é uma particularidade do homem. Os animais não a possuem.

Os que desejam conhecer mais extensamente o sistema de Telésio, e no que concorda com os princípios de Parmênides, podem consultar a obra do chanceler Bacon. Ali se comprovarão os esforços realizados pelo frio e pelo calor para se superarem e se mesclarem; os da Terra para modificar o sol e os do sol para modificar a Terra. São esforços que permanecem sem fim, já que, em caso contrário, ao desaparecem os princípios do repouso e do movimento, tudo acabaria. Verão, como disse antes, que o frio e o calor, ao passarem por vicissitudes contínuas, geram uma infinidade de fenômenos.

Esses fenômenos nascem da força do calor, da disposição da matéria, da resistência ou do concurso de causas opostas.

O calor varia em intensidade, quantidade, duração, meios e sucessão. A sucessão varia segundo a proximidade, afastamento, ida, retorno, repetição e intervalos. Ao debilitar-se, o calor parece ter algo em comum com o frio, e produz seus efeitos.

Ao calor do sol deve-se atribuir, principalmente, as gerações. Esse astro chega a todas as partes da Terra, sem deixar nenhuma sem calor.

Telésio argumenta sobre o frio como o fez a respeito do calor. Distingue graduações, assim como efeitos proporcionais aos graus. Tais efeitos são contrários aos do calor.

Projetando um olhar sobre a matéria subjugada alternativamente pelos dois princípios, percebe a propriedade de aumentar, diminuir e mudar o calor.

Não alongaremos mais essa análise. O que antecede basta para mostrar o quanto se pode deduzir dos efeitos de tão reduzido número de princípios, e quantos permanecem também inexplicados.

Mas o particularmente ridículo nas idéias de Telésio é que a Terra, esse ponto no espaço, converte-se no teatro de uma guerra que decide o estado do Universo.

Este filósofo deve vangloriar-se menos do edifício construído do que do êxito com que atacou o que subsistia em sua época.

Le repas des philosophes, tela de Jean Huber, 1772-1773. De frente, braço erguido, Voltaire; à sua direita, La Harpe e, de perfil, Diderot; à esquerda, à sua frente, *père* Adam, observado pelo abade Mauri; de costas, Condorcet e, a seu lado, D'Alembert.

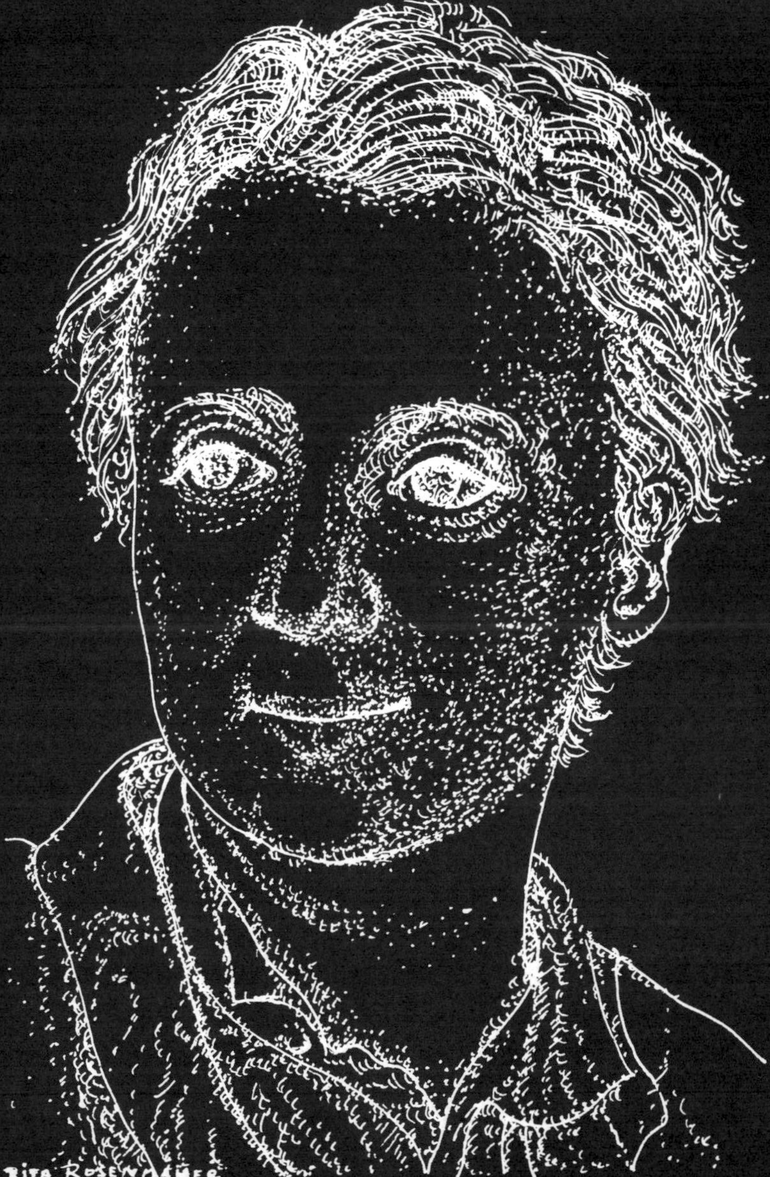
RITA ROSENMAYER

COLEÇÃO TEXTOS

1. *Marta, A Árvore e o Relógio*
   Jorge Andrade
2. *Antologia dos Poetas Brasileiros da Fase Colonial*
   Sergio Buarque de Holanda
3. *A Filha do Capitão e o Jogo das Epígrafes*
   Aleksandr S. Púchkin / Helena S. Nazario
4. *Textos Críticos*
   Augusto Meyer (João Alexandre Barbosa, org.)
5. *O Dibuk*
   Sch. An-Ski (J. Guinsburg, org.)
6. *Panaroma do Movimento Simbolista Brasileiro (2 vols.)*
   Andrade Muricy
7. *Ensaios*
   Thomas Mann (Sel. de Anatol Rosenfeld)
8. *Leone De'Sommi: Um Judeu no Teatro da Renancença Italiana*
   J. Guinsburg (org.)
9. *Caminhos do Decadentimo Francês*
   Fulvia M. L. Moretto (org.)
10. *Urgência e Ruptura*
    Consuelo de Castro
11. *Pirandello: Do Teatro no Teatro*
    J. Guinsburg (org.)
12. *Diderot: Obras I - Filosofia e Política*
    J. Guinsburg (org.)

Diderot: Obras II - Estética, Poética e Contos
J Guinsburg (org.)
Diderot: Obras III - O Sobrinho de Rameau
J Guinsburg (org.)
Diderot: Obras IV - Jacques, o Fatalista, e seu Amo
J Guinsburg (org.)
Diderot: Obras V - O Filho Natural
J Guinsburg (org.)
Diderot: Obras VI (1)- O Enciclopedista.
J Guinsburg e Roberto Romano (orgs.)

13. *Makunaíma e Jurupari: Cosmogonias Ameríndias*
Sergio Medeiros (org.)
14. *Canetti: O Teatro Terrível*
Elias Canetti
15. *Idéias Teatrais : O Século XIX no Brasil*
João Roberto Faria
16. *Heiner Müller: O Espanto no Teatro*
Ingrid Dormien Koudela (org.)
17. *Büchner: na Pena e na Cena*
J. Guinsburg e Ingrid Dormien Koudela (org.)
18. *Teatro Completo*
Renata Pallottini
19. *A República de Platão*
J. Guinsburg (org.)
20. *Barbara Heliodora: Escritos sobre Teatro*
Claudia Braga (org.)

Impresso em outubro de 2007,
nas oficinas da Gráfica Palas Athena,
para a Editora Perspectiva S.A.